U0670591

多个大股东对高管薪酬契约的影响研究

宋冰洁　著

中国农业出版社

北　京

本专著得到教育部人文社会科学研究青年基金项目"中小股东异议与独立董事履职行为：机制、效应与对策研究"（23YJC790111）的资助。

现代企业所有权和经营权的分离，产生了一系列的委托代理问题。完善的公司治理机制能够有效缓解股东与管理层之间的代理冲突，有利于提高企业经营效率、促进经济高质量发展。在众多影响公司治理效应的因素中，股权结构是主要决定因素，而多个大股东是股权结构的主要类型之一，普遍存在于世界各国的公司中，在中国，存在多个大股东的公司比例也达到了30％左右。多个大股东的公司治理效应已受到学术界较强的关注，现有研究主要从股东制衡的视角探讨多个大股东是否有助于抑制大股东的机会主义行为，进而提升公司价值，而从管理层监督与激励视角研究多个大股东公司治理效应的还较少，并且尚未得出一致结论。高管薪酬契约是股东与管理层之间关于管理层薪酬激励的制度安排，设计良好的高管薪酬契约能够有效缓解股东与管理层之间的委托代理冲突，提升公司价值；而在实践中，高管薪酬契约也可能被管理层操纵以攫取私利。高管薪酬契约的有效性反映了公司治理的效率，目前尚未有文献系统研究多个大股东对高管薪酬契约的影响及其作用机制。因此，多个大股东对高管薪酬契约的影响研究是重要的研究话题，并且具有很大的研究空间。

本书基于多个大股东普遍存在的现实和相关理论基础，系统地研究了多个大股东对高管薪酬契约的影响。以2007—2019年中国资本市场存在大股东的非金融类上市公司为研究对象，在梳理回顾多个大股东与高管薪酬契约相关文献的基础上，实证检验了多个大股东对高管超额薪酬水平、高管员工薪酬差距和高管薪酬业绩敏感性的影响及其作用机制，为多个大股东产生的经济后果及高管薪酬契约的影响因素提供了经验证据，丰富和拓展了相关研究，具有重要的理论与现实意义。本书的研究主要包括如下七章内容：

第一章，导论。主要介绍本书的研究背景和研究问题、理论和现实意义、核心指标、研究内容与结构安排，同时提出本书的研究创新与贡献。

第二章，文献综述。基于国内外研究文献，对多个大股东以及高管薪酬契约相关的研究进行了系统的梳理与归纳，为本书的后续研究奠定了理论与文献基础。在系统总结现有研究成果的基础上进行评述，指出现有文献存在的不足并提出存在的研究机会。

第三章，理论分析。本章首先介绍了本书的理论基础，即委托代理理论、信息不对称理论、最优契约理论以及管理层权力理论，然后从高管超额薪酬、高管员工薪酬差距以及高管薪酬业绩敏感性三个方面分析了多个大股东对高管薪酬契约的影响，构建了多个大股东对高管薪酬契约影响的理论分析框架。

第四章，多个大股东与高管超额薪酬。本章从高管超额薪酬的视角研究了多个大股东对高管薪酬水平的影响。多个大股东对高管超额薪酬的影响取决于多个大股东对管理层的监督效率，如果多个大股东之间协调合作提升了监督效率，那么多个大股东将降低高管超额薪酬水平；如果多个大股东之间摩擦冲突降低了监督效率，那么多个大股东将提高高管超额薪酬水平。研究结果显示，多个大股东之间相互制衡与摩擦降低了多个大股东对管理层的监督效率，使管理层权力得以扩张，从而提高了高管超额薪酬水平。

第五章，多个大股东与高管员工薪酬差距。本章从高管员工薪酬差距的视角研究了多个大股东对高管薪酬契约公平性的影响,旨在考察存在多个大股东的公司中,其高管在攫取超额薪酬的同时,是否会考虑与员工薪酬的公平性问题。研究结果显示,相比于单一大股东的公司,多个大股东公司的高管员工薪酬差距更大,并且多个大股东对高管员工薪酬差距的影响在民营企业更加显著。

第六章,多个大股东与高管薪酬业绩敏感性。本章从高管薪酬业绩敏感性的视角研究了多个大股东对高管薪酬契约有效性的影响,考察了公司高管在面对社会各界对超额薪酬与薪酬差距质疑的压力时如何应对的问题。是为自身高额薪酬进行辩护,在既定的薪酬契约下提高薪酬业绩敏感性,还是对薪酬契约进行操纵,直接在薪酬契约的制定过程中降低薪酬业绩敏感性?研究结果显示,相比于单一大股东的公司,多个大股东公司的高管薪酬业绩敏感性更低。

第七章,结论与展望。本章总结了本书的主要研究结论、根据研究结论提出政策建议、指出本书研究的不足,并进一步对未来研究方向作出展望。

本书的主要创新和贡献体现在如下几个方面:

第一,本书的研究弥补了多个大股东对管理层监督与激励效应研究的不足,同时拓展了股东协调摩擦的相关文献,为股东协调不佳产生的代理成本提供了经验证据。一方面,已有研究多集中在多个大股东相互监督与制衡效应上,对管理层的监督与激励方面的深入研究却相对缺乏,从而导致对我国资本市场普遍存在的多个大股东的公司治理效应的认识存在偏差。本书分别从高管超额薪酬、高管员工薪酬差距以及高管薪酬业绩敏感性等三个视角较为系统地对多个大股东影响高管薪酬契约的机制和结果进行探讨,丰富了多个大股东对管理层监督与激励效应方面的研究。另一方面,现有关于股东协调的文献非常有限,并且少有实证研究深入探讨股东协调摩擦对公司决策和经营产生的影响,本书的研究为该学术领域提供了新证据,证明了股东协调不佳会降低股东决策效率并增加公司成本。

第二，本书拓展和丰富了高管薪酬契约影响因素的文献。现有文献大多从管理层、控股股东以及公司内外部治理环境等视角研究高管薪酬契约的影响因素，少有研究探讨股东异质性和股东之间的博弈对高管薪酬契约的影响。本书从多个大股东这一普遍存在的股权结构形式出发，系统探讨了多个大股东之间的博弈对高管薪酬契约产生的影响及其作用机制，进一步拓展和丰富了高管薪酬契约方面的文献。

第三，本书的研究为大股东治理效应的发挥提供了新思路。本书的研究发现，其他大股东的数量越多、持股比例越高，高管超额薪酬水平越高、高管员工薪酬差距越大、高管薪酬业绩敏感性越低，然而股东向公司委派董事长或 CEO 能够显著降低多个大股东对高管薪酬契约的负面影响，由此可知，大股东持股并不能保证其治理作用的发挥进而保障其股东权益，要确保股东的应有权利，向公司委派董事长或CEO 参与高层治理是一种有效的方法。本书的研究为股东治理效应的提高以及股东利益的保护提供了新思路。

第四，本书为进一步促进我国资本市场健康发展以及经济高质量发展目标的实现提供了企业层面的经验参考。一方面，本书的研究从管理层激励的视角为多个大股东的公司治理效果提供了负面证据，这为公司以及监管部门有针对性地提出改进措施，优化股权结构以及提高多个大股东的公司治理效应提供了依据，有利于促进资本市场健康发展。另一方面，本书研究发现多个大股东降低了高管薪酬契约有效性，从而加剧了股东与管理层之间的代理问题，在经济转向高质量发展的今天，本书的研究结论对于处理好管理层与股东的关系，进一步完善对公司高管的监督与激励机制，促进经济高质量发展具有重要意义。

宋冰洁

2024 年 1 月

目录

第五章　多个大股东与高管员工薪酬差距

第七章 结论与展望

第一章

导　　论

一、研究背景与问题提出

现代企业所有权和经营权的分离，产生了一系列的委托代理问题，完善的公司治理机制能够有效缓解股东与管理层之间的代理冲突，有利于提高企业经营效率、促进经济高质量发展。在众多影响公司治理效应的因素中，股权结构是主要决定因素（Shleifer and Vishny，1997），多个大股东的股权结构普遍存在于世界各国的公司中，对公司治理效应的发挥具有重要影响。就东亚的公司而言，拥有两个及以上持股比例大于 10％的大股东的公司占 32.2％（Claessens et al.，2000）；在西欧 13 个国家的 1 657 家公司中，这一比例大约为 34％（Laeven and Levine，2008）；而在芬兰的上市公司中，这一比例达到了 48％（Maury and Pajuste，2005）；Edmans 和 Manso（2011）对美国公司进行研究，发现即使是在美国这样股权高度分散的国家，存在两个或两个以上持股比例超过 5％的大股东的公司也占了 70％左右。在中国，存在多个大股东的公司比例也达到了 30％左右，这其中包含了拥有 4 个或 5 个持股比例大于 10％的大股东的公司①。因此，多个大股东的股权结构具有怎样的公司治理效应是一个值得深入探讨的问题。

---

① 数据来源于 CSMAR 数据库，并经过手工整理一致行动人数据计算得出。

现有对于多个大股东公司治理效应的研究尚未达成共识，并且大多从大股东相互监督与制衡的视角展开。Attig 等（2008）的研究表明多个大股东的股权结构有利于外部股东了解公司更多的信息，监督和抑制控股股东攫取私利的行为，提升公司价值（Attig et al.，2009；Edmans and Manso，2011）。具体而言，多个大股东可以抑制公司控股股东通过盈余操纵（Boubaker and Sami，2011）、股利发放（Faccio et al.，2001）、关联交易（姜付秀等，2015）以及资金占用（严也舟，2012）等方式侵占公司利益的行为，这有利于缓解公司的融资约束（姜付秀等，2017）、降低债务融资成本（王运通和姜付秀，2017）以及降低股价崩盘风险（姜付秀等，2018）。然而，也有研究指出多个大股东并不总是比单一大股东具有更高的治理效率（朱红军和汪辉，2004），多个大股东也有可能导致监督过度，抑制企业创新（朱冰等，2018），多个大股东之间还有可能进行合谋，损害中小股东利益（Maury and Pajuste，2005；Laeven and Levine，2008）。多个大股东对第二类代理问题治理效应的研究取得了较为丰富的成果，相对而言，从股东对管理层监督与激励的视角研究多个大股东对第一类代理问题的治理效应的文献较为匮乏，并且该类研究尚存在较大争议。Bennedsen 和 Wolfenzon（2000）、Jiang 等（2018）研究认为多个大股东可以缓解信息不对称问题，进而降低管理层的代理成本，罗宏和黄婉（2020）从高管机会主义减持的视角研究了多个大股东的治理效应，研究结果表明多个大股东可以显著抑制公司高管的机会主义减持行为。然而，部分学者研究发现多个大股东对管理层的监督效率会随着多个大股东之间摩擦的增大而降低（Fang et al.，2018）。由此可知，在多个大股东对管理层的治理效应方面尚存在较大的研究空间。高管激励机制是公司治理的核心机制，有利于缓解公司管理层与股东之间由于利益冲突而引发的代理问题（Jensen and Meckling，1976），而设计良好的薪酬契约是实现管理层目标与股东目标兼容的主要机制（Jensen and Murphy，1990）。因此，本书旨在从高管薪酬契约的视角考察多个大股东对管理层监督与激励产生的影响，具体地，本书研究了多个大股东对公司高管薪酬契约水平、高管薪酬契约公平性和高管薪酬契约有效性的影响，为多个大股东参与公司治理的经济后果提供进一步的经验证据。

二、 研究意义

本书不仅拓展了股权结构公司治理效应的研究，还从大股东博弈的视角丰富了高管薪酬契约影响因素的研究，弥补了多个大股东治理效应在针对第一类代理问题方面研究的不足，为优化股权结构、完善高管激励制度以及提高公司治理效率提供了参考，具有重要的理论和现实意义。

〉（一） 理论意义

以多个大股东为切入点，探讨多个大股东的股权结构对高管薪酬契约的影响，拓展了股权结构公司治理效应的研究。股权结构是公司治理的主要决定因素（Shleifer and Vishny，1997），现有研究主要从股权性质、股权集中度与股权制衡的视角研究股权结构的公司治理效应，并取得了丰硕的研究成果，然而从多个大股东博弈的视角展开的研究相对匮乏。本书从多个大股东并存的视角研究其对高管薪酬契约的影响，是对股权结构公司治理效应领域研究文献的有益补充。

本书研究多个大股东对高管薪酬契约的影响，实际上是从大股东博弈的视角丰富了高管薪酬契约影响因素的研究。现有文献研究了董事会（Devos et al.，2009；谢德仁等，2012）、公司财务特征（Firth et al.，2006；陈骏和徐玉德，2012）、内部控制（陈晓珊和刘洪铎，2019）、股权结构（雷宇和郭剑花，2012；窦超和罗劲博，2020）、管理层权力（Bebchuk et al.，2010；权小锋等，2010）、高管特征（Hill and Phan，1991；刘慧龙等，2010）、媒体监督（罗进辉，2018）、政府补助（罗宏等，2014；刘剑民等，2019）、资本市场改革（马惠娴和佟爱琴，2019；洪昀等，2020）等对高管薪酬契约的影响，但是尚未有文献系统地研究过多个大股东对高管薪酬契约的影响及其作用机制。本书的研究为公司高管薪酬契约的影响因素提供了新的研究视角。

以高管薪酬契约为落脚点，为多个大股东的公司治理效应提供了第一类代理问题方面的经验证据。已有文献发现多个大股东能够对控股股东攫取私利的行为产生监督和抑制作用（Attig et al.，2009；Edmans and Manso，2011），从而降低公司面临的成本与风险（王运通和姜付秀，2017；姜付秀等，2018）。也有文献发现多个大股东进行合谋以共同侵占中小股东利益（Maury and Pajuste，2005；Laeven and Levine，2008）。以上这些文献都是基于第二类代理问题展开的，而基于第一类代理问题展开的研究较少并且尚未形成一致结论（Jiang et al.，2018；Chakraborty and Gantchev，2013）。本书基于第一类代理问题展开研究，系统探究了多个大股东如何影响高管薪酬契约，为多个大股东参与公司治理的潜在负面影响提供了进一步的经验证据。

▐二▌ 现实意义

多个大股东不仅是世界上其他国家普遍存在的股权结构，也是我国上市公司中普遍存在的股权结构，本书研究多个大股东对我国上市公司高管薪酬契约的影响及其机制，对进一步提高公司治理水平、促进资本市场高质量发展具有重要的实务参考价值。从公司层面讲，不仅要看到多个大股东在股东监督与制衡方面产生的正面效应，同时也应该看到多个大股东在公司高管监督与激励方面的负面效应，做到"扬长避短"；同时，对于公司大股东也具有一定的警示作用，大股东之间不仅要互相监督，更应该加强合作，发挥多个大股东的资源和能力优势，并且大股东应采用适当的方式参与公司治理，切实提高公司治理效率，提升公司价值和股东财富。从上市公司监管层面讲，本书的研究结论对监管机构进一步完善上市公司的监管措施具有一定的参考意义。良好的公司外部治理机制能够有效降低公司代理成本，而外部治理环境的改善有赖于监管部门的引导和监督；同时，监管部门也应当引导公司不断完善内部治理机制，当公司治理的某一个环节出现问题时，良好的公司治理机制可以发挥替代治理或者是缓解不良影响的作用。因此，本书的研究结论不仅对我国上市公司进一步优化股权结构、改善公司治理、缓解代理问题具有重要启示，也对引导我国资本市场的健康平稳发展以及促进经济高质量发展具有重要意义。

三、核心概念：多个大股东

由于各国的制度背景不同，学者们在大股东的界定标准上存在分歧，多个大股东的界定标准也存在差异。比如，La Porta 等（1999）、Attig 等（2013）、Ben‐Nasr 等（2015）、姜付秀等（2017）、罗宏和黄婉（2020）等将持股比例大于 10％的股东界定为大股东，当公司拥有两个及以上这样的大股东时，该公司的股权结构类型即为多个大股东；也有学者将拥有两个及以上持股比例大于 5％的股东的股权结构定义为多个大股东（Edmans et al.，2013；Edmans and Manso，2011）。

在多个大股东的衡量方式上，学者们大多采用虚拟变量的形式，当公司中持股比例超过 10％（或 5％）的大股东数量大于或等于两个时，取值为 1，否则取 0（Jiang et al.，2019；姜付秀等 2017；朱冰等，2018；罗宏和黄婉，2020）。也有学者采用其他方式来衡量多个大股东，比如，Fang 等（2018）参考 Chakraborty 和 Gantchev（2013）的做法，使用 Shapley 值作为大股东投票权和协调成本的主要衡量指标，他们用虚拟变量（Multi）衡量多个大股东，当第二大股东的 Shapley 值大于 10％时，Multi 取值为 1，否则取 0。

本书对多个大股东的定义为：在合并一致行动人①持股比例后，将一致行动人视为一个股东，如果公司中存在两个或两个以上持股比例大于 10％的股东，即为多个大股东。采用该定义的理由如下：从我国的现实情

---

① 本书的一致行动人是指我国上市公司中存在的股东通过持股、亲缘、签署"一致行动人"协议等方式共同持股，他们在行使表决权时会采取一致行动，故本书将其界定为一致行动人（罗宏和黄婉，2020）。具体地，一致行动人的原始数据来源于东方财富 Choice 金融数据库，通过与 CSMAR 数据库中前十大股东名称与持股比例数据进行比对，手工合并了一致行动人持股数据。

形来看，按照《公司法》的规定，单独或者合计持有公司 10％以上股份的股东有权请求召开临时股东大会；代表 1/10 以上表决权的股东，可提议召开董事会临时会议。此外，由于一致行动人在行使表决权时会采取一致行动，故本书将其视为同一个股东。同时，我们在稳健性检验部分重新将持股比例超过 5％作为大股东的衡量标准，以考查本书研究结论的稳健性。

需要说明的是，多个大股东与股权制衡不同（朱冰等，2018），原因如下：①多个大股东的内涵更丰富，因为大股东之间不仅存在监督制衡效应，还可能存在合作效应；②多个大股东之间或者相互制衡摩擦，或者协调合作，二者对管理层的监督效应是不同的；③股权制衡并不考虑股东具体的持股比例是多少，通常采用股东之间的持股比例之比来衡量，不考虑股东持股比例而计算的股权制衡指标可能会存在偏差，进而影响研究结论的可靠性。比如，在排名前五或者前十的股东中，有的持股比例还不足 1％，这样的"大股东"很难对公司治理产生实质性影响，并且这样计算的股权制衡指标并未考虑大股东之间可能存在的一致行动人关系。因此，本书采用的多个大股东指标是比股权制衡更优的用以表征股权结构的指标。

四、研究内容与结构安排

本书基于多个大股东普遍存在的现状和相关理论基础，系统考察了多个大股东对高管薪酬契约的影响。本书以我国 2007—2019 年存在大股东的非金融类上市公司为研究对象，在梳理回顾多个大股东与高管薪酬契约相关文献的基础上，实证检验了多个大股东对高管超额薪酬水平、高管员工薪酬差距和高管薪酬业绩敏感性的影响及其作用机制，并进一步探讨了公司内外部治理机制对上述关系的影响。

本书的研究内容总共分为七章，各章的结构安排如下（图 1－1）：

第一章，导论。主要介绍本书的研究背景和研究问题、理论和现实意义、核心指标、研究内容与结构安排，同时提出本书的研究创新与贡献。

第二章，文献综述。基于国内外研究文献，对多个大股东以及高管薪酬相关的研究进行了系统梳理与归纳，为本书的后续研究提供了契机并奠定了理论与文献基础。主要包括的内容有：股权结构与公司治理、多个大股东的形成与公司治理效应、高管薪酬契约（包含高管超额薪酬、高管员工薪酬差距、高管薪酬业绩敏感性）的影响因素研究，在系统总结现有研究成果的基础上进行评述，指出现有文献的不足并提出存在的研究机会。

第三章，理论分析。本章首先介绍了本书的理论基础，即委托代理理论、信息不对称理论、最优契约理论以及管理层权力理论，然后，根据相关理论从高管超额薪酬、高管员工薪酬差距以及高管薪酬业绩敏感性三个方面分析了多个大股东对高管薪酬契约的影响，构建了多个大股东对高管薪酬契约影响的理论分析框架。

第四章，多个大股东与高管超额薪酬。本章从高管超额薪酬的视角实证检验了多个大股东对上市公司高管薪酬契约水平的影响及其作用机制。实证研究发现，与单一大股东相比，多个大股东加剧了高管攫取超额薪酬的水平。本章还对多个大股东的持股治理效应和高层治理效应进行了实证检验，研究发现，其他大股东的数量越多、持股比例越高，高管超额薪酬水平越高，然而股东向公司委派董事长或 CEO 能够有效抑制多个大股东对高管超额薪酬的正向影响。进一步地，机制检验表明，多个大股东对管理层的监督效应降低，管理层权力趁机扩张，而管理层权力是多个大股东提高高管超额薪酬水平的中介变量。最后，审计监督力量会对多个大股东提高高管超额薪酬水平产生调节作用，当上市公司被"四大"会计师事务所审计时，多个大股东对高管超额薪酬的影响不再显著。本章的研究为后文的研究埋下了伏笔。

第五章，多个大股东与高管员工薪酬差距。本章从高管员工薪酬差距的视角研究了多个大股东对高管薪酬契约公平性的影响，对高管员工薪酬差距的形成原因、经济后果进行分析，并从多个维度进行了异质性检验。研究发现，相比于只存在单一大股东的公司，存在多个大股东公司的高管员工薪酬差距更大，并且多个大股东对高管员工薪酬差距的影响仅在民营企业中显著。进一步地，本章分析了高管员工薪酬差距的形成原因和经济后果，实证检验发现，从整体上看，多个大股东显著提升了公司高管和员工的平均薪酬水平，但是公司高管平均薪酬水平的提升幅度显著高于员工平均薪酬水平的提升幅度，在国有企业子样本中，高管平均薪酬水平与员工平均薪酬水平同步提升，而在民营企业子样本中，高管平均薪酬水平的提升幅度显著高于员工平均薪酬水平的提升幅度，也就是说国有企业和民营企业高管在攫取超额薪酬时不同程度地考虑了与员工薪酬的"公平性"问题；然而，经济后果分析的结果显示，由多个大股东引起的高管员工薪酬差距降低了公司业绩；本章还发现，其他大股东数量越多、持股比例越高，高管员工薪酬差距越大；最后，我们检验了产业类型和行业类型对多个大股东与高管员工薪酬差距之间关系的调节作用，结果显示，多个大股东对高管员工薪酬差距的影响在资本密集型行业以及非管制行业的企业中更为显著。

第六章，多个大股东与高管薪酬业绩敏感性。本章从高管薪酬业绩敏感性的视角研究了多个大股东对高管薪酬契约有效性的影响，并进一步分析了大股东的持股治理效应和高层治理效应以及公司信息环境和内部监督机制的影响。研究发现，相比于单一大股东，多个大股东降低了高管薪酬业绩敏感性。进一步地，研究发现其他大股东数量越多、持股比例越高，高管薪酬业绩敏感性越低，而股东向公司委派董事长或 CEO 能够有效缓解多个大股东降低薪酬业绩敏感性的问题；根据信息环境好坏和内部治理水平高低分组检验后发现，在信息环境较好和内部治理水平较高的分组中，多个大股东对薪酬业绩敏感性的影响不显著，而在信息环境较差和内部治理水平较低的分组中，多个大股东对薪酬业绩敏感性的影响显著为负，这表明良好的内外部治理机制可以有效缓解多个大股东降低高管薪酬业绩敏感性的问题。最后，本章还检验了多个大股东对高管薪酬黏性的影响，以更深入地理解多个大股东影响薪酬业绩敏感性的机理，研究发现，多个大股东强化了高管的薪酬黏性，表现为在公司业绩下滑时，多个大股东对高管薪酬业绩敏感性的抑制作用更为显著。

第七章，结论与展望。本章总结了本书的主要研究结论、依据研究结论提出政策建议、指出本书研究的不足，并进一步对未来研究方向作出展望。

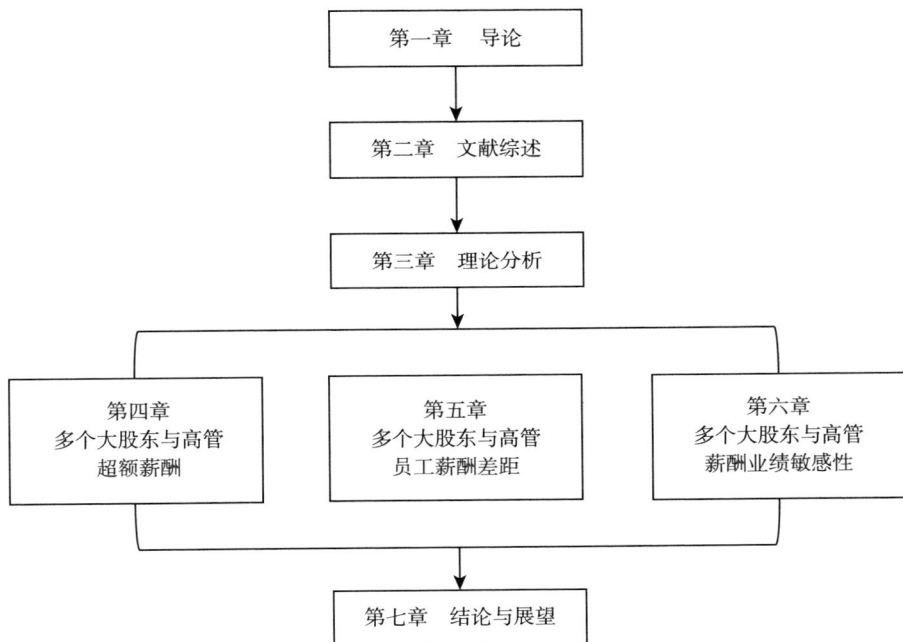

```
┌─────────────────┐
│  第一章  导论   │
└────────┬────────┘
         │
         ▼
┌─────────────────┐
│  第二章  文献综述 │
└────────┬────────┘
         │
         ▼
┌─────────────────┐
│  第三章  理论分析 │
└────────┬────────┘
```

第四章	第五章	第六章
多个大股东与高管超额薪酬	多个大股东与高管员工薪酬差距	多个大股东与高管薪酬业绩敏感性

```
┌─────────────────┐
│ 第七章  结论与展望 │
└─────────────────┘
```

图 1-1　本书内容结构图

五、研究创新

本书在以往理论和实证研究的基础上，梳理相关文献，从高管薪酬契约的视角探讨多个大股东对公司的影响。本书首先研究了多个大股东对高管超额薪酬水平的影响，进而探讨在多个大股东并存的公司，其高管在攫取超额薪酬的同时，是否会考虑与员工薪酬的公平性问题。更进一步地，多个大股东公司的高管在攫取超额薪酬、加大高管员工薪酬差距时，是否会操纵高管薪酬业绩敏感性以为其高额薪酬提供辩护？高管员工薪酬差距和高管薪酬业绩敏感性，涉及高管薪酬契约的公平性与有效性问题，因此本书的研究从高管超额薪酬、高管员工薪酬差距以及高管薪酬业绩敏感性三方面系统地考察了多个大股东对高管薪酬契约的影响。回顾已有文献，本书的主要创新和贡献体现在如下几个方面：

第一，弥补了多个大股东对管理层监督与激励效应研究的不足，同时拓展了股东协调摩擦的相关文献，为股东协调不佳产生的代理成本提供了经验证据。已有研究多集中在多个大股东相互监督与制衡效应上，探讨多个大股东相互制衡与监督是否抑制了大股东的机会主义行为，是否有利于公司价值的提升，对管理层监督与激励层面的深入研究却相对缺乏，这可能导致对我国资本市场普遍存在的多个大股东股权结构的公司治理效应的认识存在偏差。本书分别从高管薪酬契约水平、高管薪酬契约公平性以及高管薪酬契约有效性三个视角较为系统地对多个大股东影响高管薪酬契约的机制和结果进行研究，具体地，本书探讨了多个大股东对高管超额薪酬、高管员工薪酬差距以及高管薪酬业绩敏感性的影响，丰富了多个大股东的股权结构对管理层监督与激励效应方面的研究。此外，现有关于股东协调的文献较少，并且少有实证研究深入探讨股东协调摩擦对公司决策和经营产生的不利影响，本书的研究为该学术领域提供了新证据，证明了股东之间的协调摩擦会降低股东决策效率并增加公司成本。

第二，拓展和丰富了高管薪酬契约影响因素的文献。现有文献大多从公司特征、高管特征、股票特征、公司内外部治理环境等视角研究高管薪酬契约的影响因素，少有研究探讨了股东异质性和股东之间的博弈对高管薪酬契约的影响。本书从多个大股东这一普遍存在的股权结构形式出发，系统探讨了多个大股东之间的博弈对高管薪酬契约产生的影响及其作用机制，进一步丰富了高管薪酬契约方面的文献。

第三，为大股东治理效应的发挥提供了新思路。本书的研究发现，其他大股东的数量越多、持股比例越高，高管超额薪酬水平越高、高管员工薪酬差距越大、高管薪酬业绩敏感性越低，然而股东向公司委派董事长或CEO能够显著降低多个大股东对高管薪酬契约的负面影响，由此可知，大股东持股只是从法律层面赋予了其股东权利，并不能保证其治理作用的发挥进而保障其股东权益，要确保股东的应有权利，向公司委派董事长或CEO参与高层治理是一种有效的方法。本书的研究为股东治理效应的提高以及股东利益的保护提供了新思路。

第四，为进一步促进我国资本市场健康发展以及经济高质量发展目标的实现提供了企业层面的经验参考。一方面，本书研究发现多个大股东提高了高管超额薪酬水平、加大了高管员工薪酬差距以及降低了高管薪酬业绩敏感性，表明多个大股东对管理层激励产生了负面影响，这为公司以及监管部门有针对性地提出改进措施、优化股权结构以及提高多个大股东的公司治理效应提供了依据，有利于促进资本市场健康发展。另一方面，本书研究发现多个大股东降低了高管薪酬契约有效性，从而加剧了股东与管理层之间的代理问题，在经济转向高质量发展的今天，本书的研究结论对于处理好管理层与股东的关系，进一步完善对公司高管的监督与激励机制，促进经济高质量发展具有重要意义。

第二章

文 献 综 述

一、股权结构与公司治理

股权结构，是指公司股权构成及各股权所占比例的关系，是所有权安排的结果（刘银国等，2010）。股权结构在很大程度上决定了股东在公司治理中的行为倾向和公司内部的权力资源配置。Demsetz 和 Lehn（1985）认为决定股权结构的首要因素是公司价值最大化目标，公司的股权结构以及公司治理结构等都应该为此目标服务。LLSV（1998，2002）从投资者法律保护的视角对股权结构展开研究，他们认为大股东普遍存在于投资者法律保护较弱的新兴市场国家，大股东持股比例的提高使得大股东可以控制和更换公司管理层，对管理层的行为进行强有力的监督，股权集中是法律保护的替代机制。施东晖和司徒大年（2004）通过实证检验发现股权结构对公司治理水平的影响因股东类型、股东持股比例、股权集中或者分散程度而异（葛蓉蓉，2006）。因此，我们从股权性质、股权集中度与股权制衡等视角对股权结构的公司治理效应及其对公司业绩的影响进行综述。

（一）股权性质

国有股东和非国有股东具有不同的公司治理效应。理论上讲，国有股东比非国有股东具有更弱的公司治理效率：一方面，国有股东对政治目标感兴趣，比如支付更多的税收、促进就业和地区发展（Zhang et al.，2016），国有股东倾向于将公司资源转移到那些有助于实现政治目标而非公司经济目标的项目上；另一方面，国有股东参与公司治理的动机弱于非国有股东（Fang et al.，2018）。也有研究认为国有股东具有更强的公司治理效力（徐晓东和陈小悦，2003；施东晖和司徒大年，2004；林晚发等，2020）。

关于股权性质对公司业绩的影响，现有研究尚未达成一致结论。主流观点认为，由于国有企业目标存在多元化，并不是以利润最大化为首要或者唯一目标，而是兼顾社会效益最大化、承担政治任务等目标，并且国有企业委托代理问题较为严重，导致国有企业效率低下，价值较低（Vickers and Yarrow，1988；Djankov and Murrel，2002；田利辉，2005）。余明桂（2004）研究认为，相比于最终控制人为家族企业、外资企业的上市公司，最终控制人为政府的公司绩效更低。也有观点认为国有企业拥有政府给予的政策扶持和优待，有利于改善国有企业的业绩，从而提升国有企业价值（朱信贵，2017）。杨典（2013）的研究结果显示，国有股权比例与公司业绩呈倒 U 形关系，国有上市公司业绩显著高于非国有上市公司，这表明在我国特定的制度背景下，适度的国有股权有利于企业业绩的提升。林晚发等（2020）研究了产权性质与公司债券信用评级的关系，结果表明，由于国有企业能够获得更多的财政补贴和银行长期贷款等，使得国有企业债券违约率较低，从而提高国有企业的债券信用评级。公司第一大股东性质与上市公司性质是否匹配，也会影响公司价值的高低，第一大股东为国有股东时，会提高国有上市公司的业绩（徐向艺和张立达，2008）。

（二）股权集中度

学术界对于股权集中度与公司治理效应关系的研究主要形成了如下两种对立的观点：一是"利益趋同观"，认为大股东或控股股东与中小股东的利益是一致的，大股东出于自身利益的考虑，有动机去掌握公司更多的信息，降低了与公司信息的不对称，大股东在追求公司价值和自身利益最大化的同时也保护了中小投资者利益（Shleifer and Vishny，1986）；二是

"利益侵占观"，认为大股东或控股股东与中小股东存在利益冲突，大股东有动机和能力侵占公司和中小股东利益（Demsetz and Lehn，1985）。

而股权集中度与公司业绩关系的研究分歧较大，并未形成一致观点，归纳起来，主要有以下四种关系：①经典观点。Berle 和 Means（1932）研究认为股权分散使得股东之间协调成本上升、治理效率低下，小股东通常存在"搭便车"的心理并"用脚投票"，公司实际上被管理层控制，管理层趁机谋取私利，损害公司利益（Grossman and Hart，1980）。管理者与股东之间的利益目标随着内部股东与管理层持股比例的增加趋于一致，有利于公司业绩的提升（Jensen and Meckling，1976）。②线性关系。股权集中度与公司业绩之间存在或正或负的线性关系。Pedersen 和 Thomsen（1999）对欧洲多国企业控股股东持股比例与公司业绩之间的关系进行研究，发现控股股东持股比例越高，公司业绩越好。贺炎林等（2014）研究认为股权集中加强了股东对管理层的监督，从而促进公司业绩的提升。我国学者徐莉萍等（2006）研究发现股权集中度与公司经营业绩之间呈现显著的正向线性关系；也有研究发现股权集中度与公司绩效负相关（高明华和杨静，2002）。③非线性关系。股权集中度与公司业绩之间存在倒 U 形或者正 U 形关系。McConnell 和 Servaes（1990）、吴淑琨（2002）、刘银国等（2010）发现二者之间呈现倒 U 形关系。而熊风华和黄俊（2016）却发现正 U 形关系的存在。④不相关。股权集中度对公司业绩没有显著影响。Demsetz 和 Lehn（1985）以美国大公司为样本，研究发现股权集中度对公司业绩没有显著影响；我国部分学者的研究也表明股权集中度对公司业绩没有影响（吴淑琨，2002；张宗益和宋增基，2003；钱美琴等，2015）。

（三） 股权制衡

股权制衡是指公司控制权由少数几个大股东共享，而非由一个控股股东掌握。关于股权制衡与公司治理效应之间的关系，学术界也尚未形成一致结论。大部分学者研究证明了股权制衡具有积极作用，大股东之间相互制衡，可以缓解大股东与中小股东之间的利益冲突，同时，大股东之间共同分享控制权，互相监督，增大了控股股东或个别大股东攫取私利的难度，有效抑制控制权私利（Pagano and Röell，1998；Bennedsen and Wolfenzon，2000）。也有学者指出股权制衡会产生负面的治理作用，多个大股东的存在，使得大股东对于公司决策都有足够的发言权，公司决策很难由某个大股东决定，这就导致决策效率的下降；同时，大股东还可能共谋以侵占中小股东和公司整体利益，因此，股权制衡并不具有积极的治理作用，甚至产生消极的作用（朱红军和汪辉，2004）。

在股权制衡对公司业绩的影响方面，与股权制衡的公司治理效应相对应，现有文献也得出了股权制衡能有效提升公司业绩或降低公司业绩两种结论。有学者研究认为，股权制衡有利于提升公司业绩（陈德萍和陈永圣，2011），相比于"一股独大"的公司，具有股权制衡的公司，其经营业绩更好（赵景文和于增彪，2005）。阮素梅等（2014）、陈乾坤和卞曰瑭（2015）通过实证检验发现，股权制衡与公司绩效之间呈非线性相关关系。王耀光等（2018）对我国家族企业进行研究发现，股权制衡能够提升公司业绩。赵国宇和禹薇（2018）也发现股权制衡可以提升公司业绩。也有学者研究得出相反的结论，认为高度的股权制衡一方面抑制了大股东的侵占行为，但是另一方面却损失了决策效率，不利于公司业绩的提升，所以最优的股权制衡度需要权衡制衡收益和效率损失（张光荣和曾勇，2006；徐莉萍等，2006），基于此逻辑，周红根和范昕昕（2020）研究发现股权制衡度与公司并购绩效呈倒 U 形关系。

二、多个大股东的相关研究

（一）多个大股东的特征研究

多个大股东的普遍存在性是其显著特征。在过去 30 多年里，一系列研究围绕股权分散和股权集中而展开（Jensen and Meckling，1976；La Porta et al.，1999；Denis and Mcconnell，2003）。然而，Laeven 和 Levine（2008）研究发现欧洲上市公司的大股东数量大于1，拥有多个大股东的公司，其市场价值与其他公司具有显著差异。世界范围内，越来越多的公司股权结构正发生着变化，其中一个显著的特征是多个大股东股权结构的出现。多个大股东的股权结构如何定义？学者们给出了不同的观点。Maury和Pajuste（2005）认为，持有10％以上投票权的股东可以称为大股东，如具公司同时拥有两个及以上这样的股东，那么该公司的股权结构可以被定义为多个大股东。我国学者根据我国公司的实际情况，对多个大股东进行了更为严格的定义，他们对公司第一大股东和第二大股东的具体持股比例分别作了界定（赵景文和于增彪，2005）。

根据上述定义，一系列研究发现，多个大股东的股权结构在全球范围内普遍存在。Claessens等（2000）研究发现约32.2％的亚洲上市公司存在多个大股东；La Porta等（1999）研究发现在27个发达国家中，大约有25％的上市公司存在多个大股东；马来西亚和西欧的公司股权结构也呈现出多个大股东并存的现象（Thillainathan，1999；Faccio and Lang，2002）。王奇波和宋常（2006）提出，我国学者也应该对我国公司是否存在多个大股东的股权结构进行探索并研究其治理作用。俞红海和徐龙炳（2011）发现，在股权分置改革后，我国公司的股权结构也呈现出制衡性和多元化的态势。赵景文和于增彪（2005）以我国1992—2001年上市公司为样本，发现有13.26％的上市公司存在多个大股东。贾钢和李婉丽（2008）测量了我国A股上市公司2003—2005年的股权结构，发现17.11％的上市公司存在两个以上大股东。刘鑫等（2014）按照《公司法》规定的10％的持股比例认定大股东，发现约有36.2％的上市公司存在多个大股东。姜付秀等（2017）、朱冰等（2018）、罗宏和黄婉（2020）等的研究也表明，在我国上市公司中，具有多个大股东的公司比例在30％左右。由此可见多个大股东股权结构的普遍性。

（二）多个大股东的形成动因研究

多个大股东股权结构的形成受到内外部因素的影响。从外部影响因素来看，公司所在地区的法律环境和投资者保护水平对多个大股东股权结构的形成产生重大影响。Bennedsen 和 Wolfenzon（2000）研究发现，在法治环境不佳、投资者保护水平较低的国家和地区，由于中小股东利益得不到保障，他们会通过增加持股比例的方式增加自身对公司决策的影响力，进而容易出现多个大股东的股权结构。我国学者对我国上市公司进行分析考察的结果也与之一致，他们发现上市公司注册地法治水平较低时，公司内部更容易出现多个大股东（贾钢和李婉丽，2008）。从内部影响因素来看，股东出于保护和提高自身收益的动机倾向于提高持股比例以增大自身在公司中的决策权。Bethel 等（1998）对 20 世纪 80 年代激进的大宗股票购买行为进行研究，分析了财富 500 强中 425 家上市公司 1980—1989 年的数据，他们认为多个大股东出现的本质是股东通过提高持股比例来对公司的经营管理产生实质性影响。我国学者从分享企业经营成果的视角对公司股权结构进行研究，他们认为大股东的持股数量内生于公司业绩，如果股东预期公司会有较好的业绩，他们会倾向于持有公司更多的股份以分享公司的经营成果，从而形成多个大股东并存的状态（宋敏等，2004）。总结起来，多个大股东的形成动因归根结底是股东为了实现自身收益的最大化。

（三）多个大股东的公司治理效应研究

现有文献关于多个大股东公司治理效应的研究主要从股东视角和管理层视角两个方面展开。

1. 基于股东视角的研究

多个大股东可能相互制衡，也可能进行合谋。如果多个大股东相互制衡，那么制衡的结果是有效缓解代理冲突、抑制大股东攫取控制权私利的行为，还是产生消极的制衡效果？多个大股东对公司价值会产生怎样的影响？目前学术界对这些问题的探讨尚未得出一致结论。为有效缓解大股东与中小股东之间的利益冲突，抑制大股东掏空公司的行为，理想的股权结构是公司内部存在多个大股东相互制衡、相互监督、共同参与公司经营决策（Pagano and Röell，1998）。

相关研究表明，其他大股东能够有效抑制控股股东攫取私利的行为（Maury and Pajuste，2005；Attig et al.，2009；陈晓和王琨，2005；姜付秀等，2015），还能够降低公司的融资约束、降低融资成本以及股价崩盘风险（Attig et al.，2008；王运通和姜付秀，2017；姜付秀等，2017；姜付秀等，2020），从而增加企业资源投入；同时，多个大股东共同参与创新决策可以提高创新效率（张其秀等，2012；孙早和肖利平，2015；朱德胜和周晓珮，2016；毕晓方等，2017），进而提升公司业绩（Lehmann and Weigand，2000；Attig et al.，2009；刘星和刘伟，2007；Ouyang et al.，2020）。Cao 等（2019）从企业社会责任报告质量的视角研究多个大股东的治理效应，研究发现，控股股东持股比例越高，企业社会责任报告的质量越差，而多个大股东可以对此产生缓解作用。陈晓和王琨（2005）以关联交易作为控股股东侵占上市公司和中小股东利益行为的衡量指标，从第一大股东持股比例与大股东数量等方面考察了股权结构对关联交易的影响，研究发现，第一大股东持股比例越高，关联交易规模越大，而大股东数量的增加可以有效抑制关联交易的发生。姜付秀等（2015）研究发现，其他大股东的退出威胁可以发挥治理作用，提升公司业绩。Attig 等（2008）以东亚 8 个国家和西欧 13 个国家 1 165 家公司为研究样本，实证检验发现公司股权融资成本会随着其他大股东的存在、数量和持股比例的增加而降低，并且这种影响在东亚公司更为显著，也从侧面反映出多个大股东的出现是为了弥补外部制度环境的缺陷。姜付秀等（2017）认为多个大股东可以通过抑制控股股东的掏空行为降低公司融资约束水平，而多个大股东的这种监督制衡作用也能被债权人所识别，从而降低债务融资成本（王运通和姜付秀，2017）。总的来说，如果公司多个大股东发挥了相互制衡的作用，公司的业绩将会得到提升（陈德萍和陈永圣，2011；Lehmann and Weigand，2000；Attig et al.，2009）。

然而，需要指出的是，尽管多个大股东相互制衡可以对控股股东的私利行为产生监督作用，但是这种监督也可能会过度（Ortega‐Argilés et al.，

2005），从而降低多个大股东共同治理的效率。在其他大股东的严密监督之下，控股股东的行为可能会变得保守，决策的主动性和效率也将随之降低，这就是所谓的"过度监督"效应（Dhillon and Rossetto，2015）。尤其在决策风险较高时，控股股东可能受到的束缚更大，因为高风险项目带来的回报由全体股东共享，而高风险项目失败则归责于控股股东。朱冰等（2018）也认为多个大股东会导致其他大股东对控股股东的监督过度，抑制了控股股东的创新热情，进而阻碍了企业创新，有损公司长远利益。

此外，也有证据表明多个大股东之间并不总是相互制衡的关系，而是形成了利益联盟，共同侵占中小股东和公司利益。Zwiebel（1995）、Kahn 和 Winton（1998）的研究认为公司中同时存在多个大股东时，他们之间并非相互监督，而是更倾向于利用私有信息进行合谋以谋取私利，共同侵占中小股东的利益。多个大股东之间串通合谋减少了能为公司创造长期价值的行为，比如多个大股东降低了公司的环保投资（Wei and Zhou，2020）。更进一步地，学者们对多个大股东之间的关系进行研究发现，多个大股东均为家族企业时，大股东之间更容易进行合谋，侵占公司利益（Maury and Pajuste，2005；Laeven and Levine，2008）；当多个大股东之间存在关联关系时，他们之间也更容易形成合谋关系，共同对公司进行掏空（Cheng et al.，2013）。

2. 基于管理层视角的研究

多个大股东并存是否加强了股东对管理层的监督，有效缓解了股东与管理层之间的代理问题，现有研究仍未形成一致结论。现有研究提出了"监督有效"和"监督无效"两种不同的观点并提供了相应的实证证据。基于"监督有效"假说，学者们发现多个大股东能够缓解股东与管理层之间的代理冲突（Attig et al.，2013；Edmans et al.，2013；Jiang et al.，2018）。Attig 等（2013）以 22 个国家 2 723 家公司为研究样本，考查了多个大股东的治理效果，他们发现多个大股东提高了公司的现金持有价值，多个大股东能够改善内部监督机制并降低与公司现金持有相关的代理成本。Jiang 等（2018）以中国沪深两市 1 640 家上市公司为样本，比较了多个大股东并存的公司与只存在单一大股东公司的投资效率差异，研究发现多个大股东公司的投资效率更高，说明多个大股东能够降低代理成本与信息不对称对投资效率的影响。Jiang 等（2019）研究发现其他大股东与控股股东合作，促使公司发放更多的股利，进而缓解了管理层的代理问题。罗宏和黄婉（2020）研究认为，多个大股东能够提高对管理层的监督效率，有效抑制管理层通过机会主义减持攫取私利的行为。Chen 等（2019）研究发现多个大股东可以缓解国有企业的代理问题，表现为多个大股东的进入降低了管理层的在职消费并提高了高管薪酬业绩敏感性。

基于"监督无效"假说，有研究认为，多个大股东并存时其监督效率降低，因为他们之间的协调成本上升了（Chakraborty and Gantchev，2013；Fang et al.，2018；Zhong et al.，2021）。Kahn 和 Winton（1998）研究发现，多个大股东并存的公司中，大股东更倾向于利用私人信息进行投机交易，而不是监督管理层。Cheng 等（2013）也发现了多个大股东恶化两类公司代理问题的证据。

三、高管薪酬契约的影响因素研究

薪酬激励是现代经济学和管理学中的基本问题，长期以来受到学术界和实务界的广泛关注。高管薪酬契约是作为委托人的所有者与作为代理人的经营者之间关于经营者薪酬激励的制度安排，这项制度安排对所有者和经营者的利益产生直接或间接的复杂影响。因此，所有者和经营者均会重视薪酬契约的制定和执行，并且有强烈的动机利用自身权力去影响薪酬契约以实现自身利益最大化。关于高管薪酬契约影响因素的研究引起了学者们的持久关注，并形成了两种主流观点："最优契约理论"和"管理层权力理论"。"最优契约理论"基于委托人的视角指出委托人可以通过设计良好的高管薪酬契约，激励高管努力工作，有效约束代理人攫取私利的行为，因此高管薪酬契约是缓解委托人与代理人之间代理冲突的有效机制（Jensen and Meckling，1976；Jensen and Murphy，1990）。高管薪酬水平主要由高管能力和努力决定，事前约定的高额薪酬反映了所有者对经营者能力的期望，而事后发放的高额薪酬则是经营者取得良好业绩的报酬（Bizjak et al.，2008；Wowak et al.，2011）。由于高额的薪酬水平会引起在任高管与潜在高管之间的竞争，进而对在任高管产生激励与约束作用，促使高管努力提升公司业绩（Lazear and Rosen，1981）。"管理层权力理论"是基于代理人视角的理论，理性的经理人并不是以公司利益和股东利益最大化为目标，而是以自身利益最大化为目标，由于董事会、经理人市场、控制权市场以及资本市场等存在的固有缺陷，使得管理层可以利用自身权力对高管薪酬契约的制定和执行产生重大影响，并通过影响薪酬契约进行寻租（Bebchuk et al.，2002；Bebchuk and Fried，2003），这就使得高管薪酬契约本身成了代理问题的一部分。

现有文献基于"最优契约理论"和"管理层权力理论"，从公司特征（Firth et al.，2006；王雄元和何捷，2012）、高管特征（Hill and Phan，1991；李四海等，2015）、股票特征（苏冬蔚和熊家财，2013）、公司内外部治理环境（Core et al.，1999；卢锐等，2011）等角度对高管薪酬契约的影响因素进行了实证分析，两种观点均得到了相应的证据支持。基于本书的研究内容，我们分别从高管超额薪酬、高管员工薪酬差距、高管薪酬业绩敏感性三个方面对高管薪酬契约的影响因素进行梳理。

（一）高管超额薪酬的影响因素

1. 最优契约 VS 管理层权力

从超额薪酬产生的原因来看，现有文献主要提出了最优契约理论和管理层权力理论两种不同的观点：前者指出高管超额薪酬实际上是对高管人力资本溢价的补偿，也就是说高管获取的超额薪酬是其能力和努力的表征（Holmstrom，1979）。Kaplan 和 Minton（2006）对过去 40 年美国高管薪酬特征的研究结果表明，其高管超额薪酬水平的持续上升可能是对高管能力与不可预测风险上升的补偿。后者指出超额薪酬是管理层利用其权力扭曲薪酬契约并攫取私利的结果（Coakley and Lliopoulou，2006；Bebchuk and Fried，2003；权小锋等，2010）。高管超额薪酬会降低其薪酬与业绩的相关性（郑志刚，2006），对企业发展不利（Core et al.，2008）。从现有公司管理实践和学术研究成果来看，大都认为超额薪酬是管理层利用自身权力为自身谋私利的体现，是超过公平薪酬契约规定薪酬的那部分所得。尤其是在我国资本市场发展的现阶段，市场制度和环境有待进一步完善，并且股东委派公司高管的情况也屡见不鲜，这都有利于高管扩大手中的权力，进而使得管理层对薪酬契约产生重大影响以便于攫取超额薪酬（吴育辉和吴世农，2010）。在超额薪酬的衡量方面，通常分两步计算：一是，构建以高管薪酬为因变量、影响高管薪酬的因素作为自变量的回归模型，回归得出高管的期望薪酬，其中，影响高管薪酬的因素包括公司规模、公司业绩、无形资产占比、公司所处地区等；二是，用高管的实际薪酬减去回归模型拟合的高管期望薪酬得到的差值，即为高管超额薪酬（Core et al.，2008；罗宏等，2014；刘剑民等，2019）。

2. 公司治理机制

从内部治理机制来看，现有文献主要研究了股权结构、董事会特征、内部控制以及党组织治理等对高管超额薪酬的影响。

在股权结构方面，现有研究从多个角度探讨了股权结构对超额薪酬的影响，但研究结论尚存争议。部分学者从家族控股的角度研究了股权结构对超额薪酬的影响，认为家族成员担任家族企业高管时，可以拥有更大的权力来影响董事会，从而制定出便于自身攫取私利的薪酬契约（Bebchuk et al.，2002）；家族控股股东为了配合家族成员高管"掏空"，倾向于向家族成员担任的高管或董事支付超额薪酬作为回报（Barontini and Bozzi，2011；陈林荣和刘爱东，2009）。也有研究认为，家族企业的家族成员高管与家族企业最终控制人的利益是一致的，因此家族成员担任高管可以抑制高管超额薪酬。与职业高管相比，家族成员担任的高管薪酬水平更低（McConaughy，2000），家族控股的股权结构能够显著抑制家族成员高管的超额薪酬水平（Elston and Goldber，2003；Croci et al.，2012）；我国学者对中国家族上市公司的研究也得出了相同的结论（李豫湘和米江，

2016)。也有学者从股权控制链长度的角度探讨了股权结构对超额薪酬的影响，高梦捷和柳志南（2019）研究发现金字塔结构的层级与高管超额薪酬水平正相关，而管理层权力正向调节了两者之间的关系。刘慧龙（2017）对我国金字塔结构企业的研究结果表明，控制链长度越长，高管薪酬水平越高。还有学者探讨了股权性质对超额薪酬的影响（蔡贵龙等，2018）。

在董事会特征方面，郭科琪（2014）考察了董事性别对高管超额薪酬的影响，研究发现女性董事能够在管理层权力较弱的情况下抑制高管超额薪酬；刘汉民等（2020）、刘鑫和张雯宇（2019）研究发现独立董事可能促进也可能抑制高管超额薪酬。也有研究认为董事会在高管超额薪酬的治理方面并没有发挥积极的监督作用，董事会与公司高管可能存在"合谋"现象（Jensen，1993；Bebchuk and Fried，2003），高管的超额薪酬与董事的超额薪酬显著正相关（Brick et al.，2006）。如果董事是在公司高管在任期间新加入的，那么新加入的董事通常不会对高管薪酬契约投反对票，以表现出对在任高管的"忠诚"（Core et al.，1999；Cyert et al.，2002）。郑志刚等（2012）研究发现任人唯亲的董事会文化显著提升了高管的超额薪酬水平。此外，董事的任期也会影响公司高管的超额薪酬（段海艳，2016）。

在内部控制方面，由于内部控制是着眼于企业整体运营的监督系统，能够在一定程度上反映企业的内部治理水平，通过发挥内部控制体系的监督作用可以缓解代理冲突，有效约束管理层的自利行为（陈林荣等，2017；牟韶红等，2016），在企业完善的内部控制监督下，企业内部控制质量与高管超额薪酬水平显著负相关（陈晓珊和刘洪铎，2019）。在党组织参与公司治理方面，马连福等（2013）研究发现国有企业党委会参与公司治理也可以发挥积极作用。

从外部治理机制来看，现有文献主要研究了债权人治理、媒体监督、市场监管等对高管超额薪酬的影响。

在债权人治理方面，黄志中和郗群（2009）研究发现，银行借款越多，高管薪酬水平越低。夏雪花（2013）对我国 A 股上市公司 2005—2011 年间的数据进行分析，研究了银行借款的期限对于高管超额薪酬的影响，研究发现债务期限结构与高管超额薪酬呈现显著的负相关关系。

在媒体监督方面，杨德明和赵璨（2012）对媒体报道影响我国上市公司薪酬的情况进行了实证分析，研究发现媒体监督可以有效抑制高管超额薪酬，然而媒体对高管超额薪酬治理作用的发挥得借助政府的"帮助"，总的来说，媒体参与公司治理，可以促使高管薪酬趋于合理。

此外，证券交易所向上市公司发送问询函，可以缓解公司信息不对称程度和加强对管理层的监督，从而有效抑制公司高管攫取超额薪酬的行为（柳志南和白文洁，2021）。而机构投资者的抱团行为会加剧高管攫取超额薪酬的行为（刘新民等，2021），全球化增加了高管通过薪酬寻租的机会，促进了高管薪酬的快速增长（Keller and Olney，2021）。

除了上述内外部公司治理机制对高管超额薪酬的影响外，学者们还探讨了政府补助（罗宏等，2014；刘剑民等，2019）、政治关联（唐松和孙铮，2014）、同业参照（Elson，2003；罗昆，2015）等因素对高管超额薪酬的影响。

（二）高管员工薪酬差距的影响因素

Faleye 等（2013）认为管理层和员工的议价能力差异是高管员工薪酬差距的形成原因。其中，管理层的议价能力受到企业规模、公司业绩、公司风险、管理层权力等因素的影响；员工议价能力受到专业技能、工会组织、公司资本密集度等因素的影响。现有文献关于高管员工薪酬差距的研究主要集中于其导致的经济后果，学者们主要基于"锦标赛"理论和"社会比较理论"两个视角展开研究，"锦标赛"理论指出薪酬差距有助于激励公司员工努力工作，提升公司业绩（Lazear and Rosen，1981；Kale et al.，2009；林浚清等，2003；张正堂，2008；黎文靖和胡玉明，2012），而"社会比较理论"则认为薪酬差距伤害了公司员工的情感，是不公平的，会显著降低公司业绩（Crosby，1976；Fredrickson et al.，2010；Bloom and Michel，2002）。然而，对高管员工薪酬差距影响因素的探讨相对较少，我们将从以下几方面进行梳理。

1. 最优契约 VS 管理层权力

多数学者认为高管员工薪酬差距不断扩大是薪酬激励机制被管理层扭曲的结果，因此，他们基于管理层权力理论对薪酬差距的影响因素展开了研究（卢锐，2007；方军雄，2011）。卢锐（2007）首次从管理层权力的视角探讨了高管员工薪酬差距的形成原因；方军雄（2011）研究发现，当公司业绩上升时，高管薪酬比员工薪酬增长更多，当公司业绩下降时，高管薪酬并没有比员工薪酬增长更少，并且在业绩下滑时，高管薪酬存在黏性，而员工薪酬并不存在黏性，因此，公司高管与员工薪酬存在严重的"尺蠖效应"，正是高管与员工薪酬的这种非对称性变化拉大了高管员工薪酬差距。步丹璐和王晓艳（2014）研究发现公司高管会利用管理层权力通过政府补助提升公司业绩，以此增加高管薪酬，从而加大了高管员工薪酬差距。

少部分学者认为高管员工薪酬差距是最优契约设计的一部分，薪酬差距可以缓解股东与管理层的代理问题（Lee et al.，2008）。吴昊旻等（2018）从公司战略的视角对高管员工薪酬差距的形成原因进行探讨，他们认为，当公司实施进攻型战略时，需要高管付出更多的精力并承担更大的风险，作为对高管精力和风险溢价的补偿，股东会提高高管薪酬（陈闯等，2017），而员工的人力资本较低，并且对战略实施成败的影响较弱，从而缺乏薪酬议价能力，员工薪酬水平不会因进攻型战略的实施而提高，因此，相比于防御型战略，进攻型战略加大了高管员工薪酬差距；进一步地，他们还对进攻型战略引起的薪酬差距的经济后果进行了研究，实证结果表明，进攻型战略引起的高管员工薪酬差距使得公司投资效率和经营绩效均得到提升。

2. 公司治理机制

从公司内部治理机制视角来看，雷宇和郭剑花（2012）研究认为，相比于非国有企业，国有企业的高管员工薪酬差距更小；股权集中度、高管持股比例、监事会规模等均与高管员工薪酬差距显著负相关。陈晓珊（2017）研究发现，独立董事比例越高，高管员工薪酬差距越大。国有企业党委会参与公司治理也会缩小高管员工薪酬差距（马连福等，2013）。国有企业的混合所有制融合度和混合所有制多元化与高管员工薪酬差距显著正相关（耿艳丽等，2021）。此外，女性董事（Cook et al.，2019）、高管性别（张长征和张姣，2018）、高管背景（柳光强和孔高文，2021）以及企业的金融资产配置（万旭仙等，2019）也会对高管员工薪酬差距产生影响。

从公司外部治理机制的视角来看，上市公司所处的制度及其外部环境也会对高管员工薪酬差距产生影响。就公司所处的行业而言，由于不同行业所需的劳动力和素质不同，在劳动力需求较少但素质要求较高时，员工薪酬水平会提高，进而缩小高管员工薪酬差距（雷宇和郭剑花，2012）。就公司所处的地区而言，相比于经济欠发达地区，经济发达地区的员工对较大的薪酬不公平的接受度更高，因此高管员工薪酬差距在经济发达地区更大（董志勇，2006）；同理，市场化程度越高地区的企业，其薪酬差距也越大（张泽南和马永强，2014）；胡秀群（2016）也得出类似的结论，该研究发现市场化进程与高管员工薪酬差距正相关，并且这种关系在非国有企业中更为明显。在非正式制度的影响方面，柳光强和孔高文（2018）探讨了中西方文化冲突对高管员工薪酬差距的影响，他们以上市公司高管的海外经历衡量其文化特征，研究结果表明，由于具有海外经历的高管受个人主义思想的影响，更多地关注自身利益而非集体利益，导致高管员工薪酬差距显著提升；公司所处地区的文化也能够对高管员工薪酬差距产生影响，比如余威等（2019）研究发现红色文化能够缓解高管员工薪酬差距，并且该效应在民营企业、内部治理水平较低以及外部市场竞争较弱的企业中更为明显；陈仕华等（2020）研究认为受儒家文化影响的强度与高管员工薪酬差距显著负相关。还有研究从资本市场开放程度的视角探讨高管员工薪酬差距的影响因素，比如张昭等（2020）以沪港通的开通这一"准自然实验"研究了资本市场开放对高管员工薪酬差距的影响，他们认为资本市场开放引入了国际机构投资者，有利于优化公司治理机制（Aggarwal et al.，2011）从而缩小了高管员工薪酬差距。此外，杨晶等（2017）研究认为媒体负面报道可以通过声誉机制和引入行政部门对企业的监督来缩小高管员工薪酬差距。

（三）高管薪酬业绩敏感性的影响因素

1. 最优契约 VS 管理层权力

在委托代理关系中，经理人所追求的利益最大化目标通常与股东利益最大化目标产生背离。因此，寻求有效的治理机制缓解代理问题是公司治理领域的重要课题。委托代理问题源于契约的不完备，通过提高契约的完备程度可以有效降低委托代理成本，故设计良好的高管薪酬契约是缓解股东与经理人代理问题的有效机制之一（Jensen and Meckling，1976；Jensen and Murphy，1990）。根据标准的委托代理理论，支付给经理人固定的薪酬是在经理人的行为能够被观察时的最优薪酬契约，此时可以对经理人的次优行为进行惩罚（辛清泉和谭伟强，2009）。然而在现实中，将经理人薪酬与企业业绩挂钩是信息不对称情况下的一个次优但可行的方案（Jensen and Murphy，1990），这也是基于最优契约理论进行的薪酬制度设计。

然而，随着对高管薪酬契约研究的深入，以及近年来频频出现的高管天价薪酬问题，最优契约理论受到了极大的挑战（方军雄，2012）。有学者研究指出，高管薪酬契约本身也是代理问题的一部分，因为管理层有能力对薪酬契约产生实质性影响，由此提出了管理层权力理论（Bebchuk and Fried，2003）。大量经验研究也发现了管理层权力影响薪酬契约有效性的证据。在我国的国有企业中，公司高管薪酬与操纵性业绩之间的敏感程度随着管理层权力的增大而增大，并且这种操纵性薪酬会对公司价值产生负面影响（权小锋等，2010）。刘坤鹏等（2017）以我国上市公司2009—2015 年的数据为样本，研究发现管理层权力越大，薪酬业绩敏感性越高，而这实际上是高管利用手中的权力进行薪酬辩护的自利行为。尽管管理层权力对薪酬契约有效性产生了负面影响，但是有学者研究认为最优契约理论的适用性依然存在，现实中公司高管薪酬出现的一些乱象并不意味着最优契约理论的无效和管理者权力理论的胜利，按照最优契约理论设计的高管薪酬与业绩挂钩的方式仍然具有一定的有效性，而管理层权力只是影响高管薪酬的一个重要因素。整体上讲，公司高管薪酬与公司业绩之间的正相关关系普遍成立（方军雄，2012；罗进辉，2018）。会计信息质量的提高可以大大缓解信息不对称问题，约束管理层的自利行为，对提升高管薪酬契约的有效性具有积极作用（张列柯等，2019）。

2. 公司治理机制

在内部治理机制方面，董事会作为代表股东权利的常设机构，不可避免地会对高管薪酬业绩敏感性产生影响。Devos 等（2009）研究发现连锁董事更有可能出现在经行业调整后业绩较低的公司，并且连锁董事的存在降低了 CEO 的薪酬业绩敏感性。Sun 和 Cahan（2009）研究发现薪酬委员会质量越高，高管薪酬业绩敏感性也越强。与此同时，监事会特征（汤晓建等，2021）以及 CEO 特征（贺立龙等，2020）均会对高管薪酬业绩敏感性产生影响。股东参与公司治理也会对薪酬契约有效性产生影响，比如孙光国和孙瑞琦（2018）以股权分置改革这一准自然实验为背景，在较好地克服控股股东参与公司治理的内生性问题的情况下，采用我国上市公司 2001—2015 年的数据考察了控股股东委派执行董事的公司治理效应，研究发现，控股股东向上市公司委派执行董事增强了高管薪酬业绩敏感性。Hartzell 和 Starks（2003）研究发现机构投资者持股对高管薪酬契约产生积极的影响，机构股权集中度越高，高管薪酬业绩敏感性越高，而高管薪酬水平越低。更进一步地，按照机构投资者的监督能力和与公司的关联程度，将机构投资者分为主动型和被动型两类，研究发现，主动型机构投资者的股权集中度对高管薪酬业绩敏感性的影响更为显著（Almazam et al.，2004）。非国有大股东能够提高薪酬业绩敏感性（耿云江和马影，2020），混合所有制企业的民营化程度越高，高管薪酬业绩敏感性越高（陈晓珊和刘洪铎，2019）；窦超和罗劲博（2020）还发现了中小股东积极参与公司治理提高高管薪酬业绩敏感性的证据。张路和张瀚文（2017）研究认为上市公司首次公开发行超募资金增大了管理层的话语权，降低了业绩在薪酬契约中的重要程度，进而降低薪酬业绩敏感性，同时增强了薪酬黏性。王欣和欧阳才越（2021）研究认为公司战略越激进，薪酬业绩敏感性越低；董事高管责任保险的购买能够提高薪酬业绩敏感性（李从刚等，2020）。

在外部治理机制方面，资本市场的改革会对高管薪酬业绩敏感性产生影响。马惠娴和佟爱琴（2019）研究发现卖空机制能够有效提高高管薪酬业绩敏感性，刘贝贝（2021）的研究结论与之一致。洪昀等（2020）研究发现，融资融券一方面可以促使公司提升会计信息质量，进而提高高管薪酬与会计业绩的敏感性；另一方面也能提高股票价格信息含量，股票价格可以更好地反映管理层的经营决策能力，因此，融资融券的标的公司也会提升市场业绩在高管薪酬契约中的应用权重。罗进辉（2018）研究发现媒体报道可以促使董事会在制定高管薪酬契约时更为尽责，增强业绩与薪酬考核的相关性，同时，媒体可以促使上市公司提高信息披露水平和整体治理水平，进而提高高管薪酬业绩敏感性。贾凡胜等（2017）从非正式制度的视角探讨了社会信任对高管薪酬契约有效性的影响，认为在信任环境较好的地区，上市公司的股东与管理层都更加诚信，这在客观上为薪酬契约的执行提供了基础，因此高管薪酬业绩敏感性也越高。此外，还有学者研究了新会计准则的施行（徐新鹏等，2019）、国资监管职能的转变（卜君和孙光国，2021）对高管薪酬业绩敏感性的影响。

3. 其他因素

大部分研究认为，将高管薪酬水平与业绩水平挂钩是有效的薪酬激励机制，因此，高管薪酬业绩敏感性越高，薪酬契约越有效（方军雄，2009；Cai and Zheng，2016；洪昀等，2020）。然而，也有部分研究认为，业绩型薪酬契约具有潜在的弊端，过分强调高管薪酬与公司业绩挂钩可能会导致高管的短视或冒险行为（Bebchuk et al.，2010），王生年和尤明渊（2015）、许丹（2016）研究发现业绩型薪酬促使高管进行盈余管理以提高公司业绩，甚至采取选择性披露等机会主义行为，也有文献认为高管会通过操纵公司业绩提高薪酬业绩敏感性进行薪酬辩护（高梦捷和柳志南，2019；罗宏等，2014）。因此，为了避免业绩型薪酬契约可能导致的问题，适当降低薪酬业绩敏感性可能是一种较好的选择。在此逻辑下，刘慧龙（2017）研究认为由于控制链的延长增加了最终控制人对管理层的监督难度，因此股东会降低薪酬业绩敏感性以规避管理层操纵薪酬带来的风险。陈婧和方军雄（2020）研究认为高铁开通加快了资源、信息、人才等要素的流动速度，加剧了经理人市场的激励和约束作用，从而降低公司对高管薪酬激励的依赖程度，因此，高铁开通降低了高管薪酬业绩敏感性。此外，公司获奖也能够提高薪酬业绩敏感性（Deng et al.，2020）。

四、文献评述

本章首先对股权结构与公司治理的相关文献进行综述，主要包括股权性质、股权集中度与股权制衡三方面的内容；其次，对多个大股东的相关文献进行梳理，主要包括多个大股东的特征、形成动因以及公司治理效应三方面的内容；最后，对高管薪酬契约的影响因素方面的文献进行了综述，主要包括高管超额薪酬的影响因素、高管员工薪酬差距的影响因素以及高管薪酬业绩敏感性的影响因素三方面内容。通过对以上文献的梳理与总结，发现以下值得探索的研究空间，本书将展开进一步的研究工作。

第一，股权结构的研究文献。股权结构是公司治理的主要决定因素（Shleifer and Vishny，1997），现有文献对于股权性质、股权集中与分散以及股权制衡方面的研究取得了丰富的成果，而对于多个大股东公司治理效应的研究起步较晚，研究成果也相对较少。然而，多个大股东是与股权集中或股权制衡不同的概念，多个大股东之间可能相互监督，也可能合谋，多个大股东对管理层的监督效率也可能更高或更低，并且多个大股东的股权结构是普遍存在的。因此，对多个大股东的股权结构进行深入研究是必要的，具有理论和现实意义。

第二，多个大股东的研究文献。通过对多个大股东的特征和形成动因以及多个大股东的公司治理效应三方面的文献进行梳理，发现多个大股东的股权结构普遍存在于世界上各个国家，也包括中国，多个大股东形成的动因归根结底是股东为了实现自身收益的最大化。在多个大股东的公司治理效应方面，现有文献大多基于股东视角进行探讨，主要认为多个大股东相互监督和制衡，降低了第二类代理成本，提升了公司价值，也有文献认为多个大股东之间进行合谋，共同侵占中小股东利益，反而增加了第二类代理成本。基于管理层视角的研究相对匮乏，现有的几篇关于多个大股东对管理层监督与激励方面的文献也尚未形成一致结论，有研究认为多个大股东比单一大股东更有监督效率，也有研究认为多个大股东对管理层的监督效率更低。因此，多个大股东对于管理层的治理效应如何，仍有待展开进一步的探索和检验。

第三，高管薪酬契约影响因素的研究文献。薪酬激励是现代经济学和管理学中的基本问题，长期以来受到学术界和实务界的广泛关注。通过对上述薪酬契约相关文献的梳理发现高管薪酬契约影响因素方面的文献已相当丰富，可见高管薪酬激励的重要性。然而，尚未有文献系统地研究多个大股东对高管薪酬契约的影响，并且多个大股东与高管薪酬契约之间的关系并非显而易见的。多个大股东并存时，是发挥多个大股东的能力与资源优势，加强对管理层的监督，还是多个大股东之间的摩擦增大，反而降低对管理层的监督效率？这是有待检验的。这体现在高管超额薪酬方面，多个大股东有可能降低高管超额薪酬水平，也有可能提高高管超额薪酬水平。进一步地，如果多个大股东公司的高管趁机攫取了超额薪酬，那么他们是否会平衡与员工薪酬的公平性问题，多个大股东对高管员工薪酬差距的影响如何，也是未知的。因此，如果多个大股东公司的高管攫取了超额薪酬并加大了高管员工薪酬差距，那么高管是否会通过对薪酬业绩敏感性的操纵为自身高额薪酬进行正当性辩护？这些问题都需要进一步的研究工作来分析和证实。

　　通过本章的文献综述，本书认为多个大股东对高管薪酬契约影响的研究有丰富的文献可参考，理论证据殷实，彰显了本书研究的重要理论价值；与此同时，相关领域的研究也存在一些尚未探索的问题，这为本书的研究提供了契机和空间。综上，本书认为多个大股东对高管薪酬契约影响的研究是一个十分值得深入探讨和分析的研究话题。

第三章

理 论 分 析

本章首先介绍了本书的理论基础，即委托代理理论、信息不对称理论、最优契约理论和管理层权力理论；然后，基于上述理论提出了本书的理论分析框架，即多个大股东与公司管理层之间力量的博弈决定了高管薪酬契约制定和执行的有效性，如果多个大股东之间合作监督，充分发挥各自的优势，提高多个大股东的监督效率，那么高管薪酬契约制定和执行的有效性将提高；如果多个大股东之间制衡与摩擦冲突增大，使得管理层权力趁机扩张，降低多个大股东的监督效率，那么高管薪酬契约制定和执行的有效性将下降。

一、理论基础

（一）委托代理理论

委托代理理论最早出现于 Berle 和 Means（1932）的文章中，他们指出委托代理问题缘于股东与经理人之间存在的利益冲突和信息不对称。Jensen 和 Meckling（1976）详细阐述了股东与经理人之间的委托代理关系以及代理冲突导致的代理成本。由于二者之间各自追求的效应最大化目标函数不同，委托人需要花费成本对代理人进行监督并且承受代理人带来的利益损失，由此便产生了委托人的代理成本。具体地，委托人的代理成本包括：①监督成本，委托人采取一定措施降低代理人的背离行为所产生的成本；②剩余损失，代理人采取的背离委托人利益最大化的行为导致委托人遭受的福利损失。委托代理理论的根本目的是通过设计合理的激励机制以解决委托人与代理人之间的信息不对称问题，缓解二者之间的利益冲突，将代理成本降到最低。

随着委托代理问题研究的深入，委托代理理论的相关研究分为了两类，即第一类代理问题和第二类代理问题。第一类代理问题是指所有权和经营权分离时，经营者有动机和能力为了自身利益最大化目标行事，由此产生所有者与管理者的利益冲突问题。比如，管理层可能通过操纵盈余、在职消费、过度投资等方式构建"帝国大厦"，以损害股东利益为代价实现自身效用最大化。第一类代理问题主要发生在股权结构高度分散的公司中，相关研究在 20 世纪 80 年代较为流行。第二类代理问题是大股东与中小股东之间的利益冲突问题。20 世纪 90 年代，Shleifer 和Vishny（1997）最早关注到该问题，随后，La Porta 等（1999）也发现世界范围内许多大型公司都面临大股东与中小股东利益冲突的问题，LLSV 等从多个视角探讨了该问题。Johnson 等（2000）形象地用"掏空"一词表达了控股股东对中小股东的利益侵占行为，大股东可能通过各种手段掏空上市公司（Villalonga and Amit，2009；郑建明等，2007；王化成等，2015）。由此可见，委托代理问题与股权结构息息相关。

高管薪酬契约的设计旨在激励管理层按照股东利益最大化的目标行事（Fama and Jensen，1983），但是实践中，由于受信息不对称以及管理层实际权力的影响，造成高管薪酬激励偏离其预期目标，甚至高管薪酬契约本身就成为代理问题的一种表现。在委托代理理论的框架下，多个大股东对管理层的激励与约束效应将会与股权高度集中以及高度分散情况下有所不同，进而对高管薪酬契约产生不同的影响。

（二）信息不对称理论

信息不对称理论认为，信息的非对称性对交易前后均会产生影响，体现为交易之前的"逆向选择"问题和交易之后的"道德风险"问题。具体而言，逆向选择问题最典型的就是柠檬市场，在信息不对称的情况下，卖方比买方掌握了更多的交易相关信息，卖方利用信息优势获取额外收益，客观上导致资源配置效率低下，甚至出现"劣币驱逐良币"的现象。道德风险问题是一种交易之后的机会主义行为，比如"偷懒"或者"搭便车"。存在信息不对称时，交易主体为了获取更多利益往往做出侵害其他交易主体的行为，而由于监督成本较高导致受害方很难观测到侵占方的全部行为。

信息不对称问题通常伴随一定的契约关系而产生（Bebchuk and Fried，2003），信息的不完备性使得委托方无法了解代理方的所有信息，所以现有研究通常将信息不对称理论与委托代理理论联系起来。委托人了解的关于代理人的信息少于代理人，为了使代理人按照委托人的利益行事，设计良好的代理人薪酬契约是一种可行的办法。然而，在薪酬契约的签订和执行过程中，也可能因为信息不对称产生与预期目标偏离的情况。

在多个大股东并存的情况下，公司股东与管理层签订的高管薪酬契约也会因为信息不对称问题的存在受到影响。多个大股东并存可能会因多个大股东之间联合起来的优势互补、降低信息不对称并加强对管理层的监督，从而使得高管薪酬契约在签订时更合理、执行时更有效；也可能因为多个大股东之间具有不同的利益目标而发生摩擦和背离，反而加大了信息不对称程度，使得管理层在高管薪酬契约的签订和执行过程中有了更大的话语权，降低薪酬契约的有效性。委托代理理论和信息不对称理论为后文研究多个大股东对高管薪酬契约的影响奠定了理论基础。

【三】 最优契约理论

股东与管理层之间的代理关系，实质上是一种契约关系（Jensen and Meckling，1976），股东通过董事会聘请高管经营公司，并将部分决策权授予高管，股东与公司高管之间签订公平的议价契约使双方利益趋于一致，最优契约理论由此而来。虽然激励和监督都能够解决委托代理关系双方的利益冲突，但是监督会产生一定的成本，因此，激励具有更大的优势（Jensen and Murphy，1990）。有效的薪酬契约作为一种激励机制可以缓解股东与高管之间的代理冲突，使得双方利益趋于一致。最优的薪酬契约应当达到如下预期效果：①能够吸引和留住优秀的公司高管；②能够激励高管以股东利益最大化为目标行事；③能够最小化公司代理成本。

最优薪酬契约要发挥预期作用需满足两个约束条件：一个是"激励相容"，即委托代理双方签订的契约必须满足委托人和代理人的利益；另一个是"参与约束"，即在其他条件一定时，该委托人要提供给代理人相对较高的期望收益。在上述条件的约束下，高管薪酬契约的设计应当明确责任、防范风险，以使高管能够按照股东利益最大化经营企业。Holmström 和 Milgrom（1987）提出最优的薪酬结构是线性的，用公式可以表述为 $w=a+bv$，其中，w 代表高管薪酬总额，a 代表高管的固定薪酬，v 代表公司业绩指标，b 则是薪酬与业绩的敏感程度，该公式体现了将高管薪酬与公司业绩挂钩的思想，公司业绩可以用来间接反映高管的工作努力程度，因为股东很难判断高管的真实努力程度（Holmstorm，1979）。因此，将公司高管的薪酬水平与公司的业绩关联起来成为信息不对称情况下缓解委托代理冲突的一个次优选择（Jensen and Murphy，1990），即将公司高管薪酬的变动与公司业绩或者股东财富变化紧密联系起来是使高管薪酬契约成为制约高管机会主义行为的有效方法。

【（四）】管理层权力理论

最优契约理论认为高管薪酬契约是实现股东与管理层双方利益最大化的有效激励方案，但是该理论的适用需要具备一定的条件，如果条件不能满足，高管薪酬契约将无法解决代理问题，甚至本身就成为代理问题的一部分。Bebchuk 和 Fried（2003）在对最优契约理论进行深入分析的基础上，提出了管理层权力理论。他们总结了最优契约理论的三个适用条件，一是董事会的有效谈判，二是市场的有效约束，三是股东可以行使权力。他们认为，在企业经营实践中上述条件通常难以满足，尤其是在公司内外部治理机制尚不健全的阶段，在股权分散的公司中，股东对管理层的监督力度较弱，管理层很可能利用其权力对董事会产生实质性影响，从而导致最优契约理论的指导意义降低，高管薪酬契约有效性随之降低。

在董事会方面，管理层权力理论认为公司高管可以影响董事会，实质性干预薪酬契约的制定和执行，攫取超额薪酬，增加公司代理成本。虽然从理论上和程序上讲，董事会代表股东负责签订高管薪酬契约，董事会应在薪酬制定过程中保持独立和公平，但在实践中，高管可以在一定程度上对董事会成员的选聘施加影响，他们更倾向于引入维护自身利益的董事，这就导致董事会的独立性难以保证（Hermalin and Weisbach，1998）。此外，董事也可能与股东存在代理冲突，很难保证董事会在任何情况下都始终代表股东利益，况且，由于时间、精力、成本等因素的约束，以及信息不对称等问题的存在，董事会很难持久地对管理层进行有效监督。

在市场约束方面，管理层权力理论认为市场能够发挥的约束作用很有限。Bebchuk 等（2002）研究发现公司控制权市场对高管薪酬的影响较弱，股东可能为了维护公司利益而与高管结成联盟，这就在一定程度上纵容了高管攫取私利的行为，使得高管薪酬不降反升。外部产品竞争市场可以在一定程度上约束高管的自利行为，因为无效率的行为将使公司在竞争中失去优势，但是这未必导致高管薪酬的下降（Bebchuk et al.，2002），高管仍然具有强烈的动机攫取超额薪酬。综上可知，市场力量并不能对高管薪酬产生严格的约束，只能在高管薪酬偏离最优契约时施加一定的干预。

在股东权力方面，管理层权力理论认为股东权力得不到充分发挥，使得管理层权力得以扩张。理论上讲，股东可以通过法律赋予的若干方式规范高管薪酬契约，但是由于时间、精力的限制以及取证的困难，使得在实践中，股东一般不会对高管攫取超额薪酬的行为进行过分干预，除非高管薪酬实在太高，因为过分限制高管薪酬可能会导致有能力的高管离职，进而给公司带来更大的损失（张泽南，2014）。

综上所述，最优契约理论和管理层权力理论并不冲突，它们之间具有一定的互补性。前者强调为了缓解股东与管理层的代理冲突，制定有效的高管薪酬契约并将高管薪酬与公司业绩挂钩，可以通过薪酬激励的方式使高管按照股东利益最大化进行决策和采取行动。而后者则认为现实环境并不满足最优契约理论的假设，进而导致高管薪酬契约在制定和执行过程中与预期效果产生偏离。管理层权力理论的提出有助于股东从内外部治理环境的视角认真审视高管薪酬契约的合理性和可行性，有利于制定合理有效的高管薪酬契约，最终提升股东财富和公司价值。正如 Core 等（2008）所指出的，有必要将管理层权力对高管薪酬契约的影响纳入研究中，这样才能真正把握高管薪酬契约制定的合理性和执行的有效性。按照最优契约理论设计的高管薪酬与业绩挂钩的方式仍然具有一定的有效性，而管理层权力只是影响高管薪酬的一个重要因素，整体上讲，公司高管薪酬与公司业绩之间的正相关关系普遍成立（方军雄，2012；罗进辉，2018）。

二、多个大股东与高管薪酬契约

本书基于委托代理理论、信息不对称理论、最优契约理论和管理层权力理论，研究了多个大股东对高管薪酬契约的影响。高管薪酬契约的设计旨在缓解股东与管理层之间的代理冲突，激励管理层按照股东利益最大化的目标行事（Fama and Jensen，1983），但在实践中，管理层权力可能会影响高管薪酬契约的制定和执行，造成高管薪酬激励偏离其预期目标，甚至高管薪酬契约本身就成为代理问题的一种表现。多个大股东的股权结构对高管薪酬契约的影响与其他类型的股权结构对高管薪酬契约的影响显著不同，因为多个大股东对高管薪酬契约的影响在很大程度上取决于多个大股东之间合作或摩擦形成的对管理层的监督效应，而其他类型的股权结构，比如存在单一大股东或不存在大股东的股权结构，它们对高管薪酬契约的影响受股东之间合作或摩擦因素的影响较小。具体地，在高管薪酬契约的设计和执行过程中，多个大股东与管理层力量的博弈将影响到薪酬契约的合理性和有效性。如果多个大股东之间合作提高了监督效率，那么预期高管薪酬契约有效性将提高，符合最优契约理论的预期；反之，如果多个大股东之间的摩擦与冲突降低了监督效率，那么会使得管理层权力得以扩张，增强管理层在薪酬契约制定和执行过程中的话语权，进而降低高管薪酬契约的有效性，使得高管薪酬契约成为代理问题的一部分。因此，多个大股东与高管薪酬契约之间的关系有待进行实证检验。本书从高管超额薪酬水平、高管员工薪酬差距和薪酬业绩敏感性三个方面研究了多个大股东对公司高管薪酬契约的影响及其内在机制。同时，本书检验了大股东是否委派董事长或 CEO 参与公司高层治理以及不同的公司内外部治理机制对多个大股东与高管薪酬契约之间关系影响的异质性。

关于多个大股东经济后果的相关研究较少从管理层激励层面展开分析，而管理层的激励效果会受到高管薪酬契约水平、高管薪酬契约公平性和高管薪酬契约有效性的影响。因此，本书将研究多个大股东对高管薪酬契约的影响，从高管薪酬契约水平、高管薪酬契约公平性和高管薪酬契约有效性等三个层面展开分析。具体而言，从高管超额薪酬视角研究多个大股东对高管薪酬契约水平的影响、从高管员工薪酬差距视角研究多个大股东对高管薪酬契约公平性的影响、从高管薪酬业绩敏感性视角研究多个大股东对高管薪酬契约有效性的影响。相关理由如下：①高管超额薪酬代表高管薪酬契约水平。虽然高管薪酬包含了正常薪酬和超额薪酬，但是只有超额薪酬是反映股东与管理层之间的代理问题的（赵国宇，2019；Coakley and Lliopoulou，2006）。②高管员工薪酬差距代表高管薪酬契约的公平性。公司高管与其他公司高管之间的薪酬差距（刘长进，2019）以及公司内部高管之间的薪酬差距（张昭等，2020）也属于高管薪酬契约公平性的范畴，但是薪酬公平问题是一个社会问题，普通员工占社会成员的绝大多数，他们是社会公平问题的主体①，合理的高管员工薪酬差距不仅对员工的工作积极性和公司绩效具有重要影响，还对促进社会公平具有重要意义。因此，本书选择从高管员工薪酬差距的视角探讨多个大股东对高管薪酬契约公平性的影响。③高管薪酬业绩敏感性代表高管薪酬契约有效性。薪酬业绩敏感性是衡量公司高管薪酬契约有效性的核心、关键指标，也是学者们对高管薪酬契约有效性进行研究最常用的指标。因此，本书从高管薪酬业绩敏感性的视角探讨多个大股东对高管薪酬契约有效性的影响。

如果多个大股东之间合作提高了对管理层的监督效率，那么预期高管薪酬契约更接近最优高管薪酬契约。具体地，多个大股东会对高管通过超额薪酬攫取私利、损害股东利益的行为进行监督，从而降低高管超额薪酬水平；多个大股东可能加大也可能缩小高管员工薪酬差距，这取决于高管员工薪酬差距是否有利于提高公司业绩；多个大股东将提高高管薪酬业绩敏感性，进而提高高管薪酬契约的有效性。如果多个大股东之间的摩擦与冲突降低了对管理层的监督效率，使得管理层权力趁机扩张，那么预期管理层将通过操纵高管薪酬契约攫取私利。具体地，多个大股东并存为管理层攫取超额薪酬创造了机会，从而提高高管超额薪酬水平；公司管理层将利用多个大股东之间的摩擦和制衡扩大管理层权力，加大高管员工薪酬差距；在面临外界对高管超额薪酬与高管员工薪酬差距的质疑时，多个大股东公司的高管有可能通过提高高管薪酬业绩敏感性进行薪酬辩护，也可能利用多个大股东并存时扩张的权力操纵高管薪酬契约的制定，降低高管薪酬业绩敏感性。

基于上述分析，本章建立了本书的理论分析框架，如图 3-1 所示，本节将根据该理论框架深入分析多个大股东对高管薪酬契约的影响机制。

---

① 雷宇，郭剑花. 规则公平与员工效率——基于高管和员工薪酬黏性差距的研究 [J]. 管理世界，2017（1）：99-111.

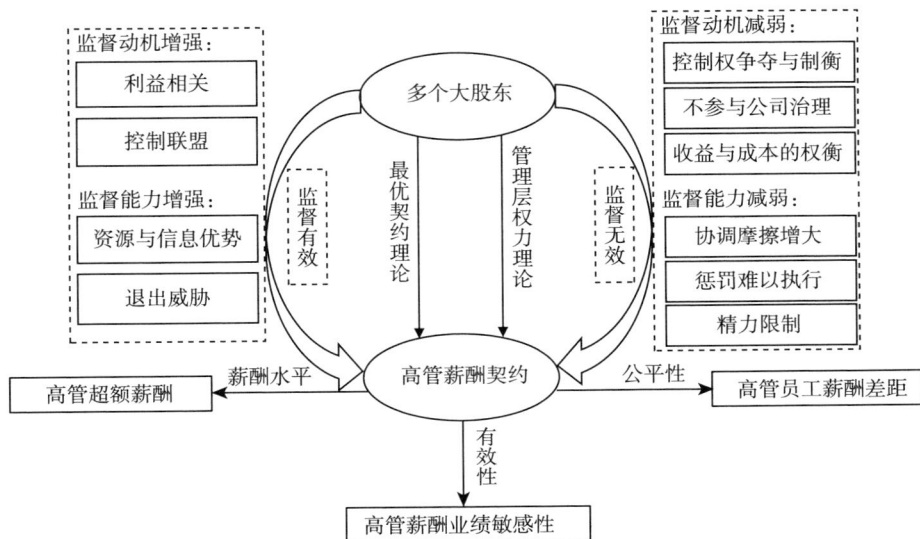

图 3-1　理论分析框架

【一】多个大股东与高管薪酬契约：监督有效视角的分析

　　大股东持股比例较高，公司价值对股东财富的影响较大，大股东有强烈的动机和能力提高公司价值（Shleifer and Vishny，1986，1997）。因此，相较于单一大股东，多个大股东可能具有更强的监督效率，从而使得高管薪酬契约的制定和执行能够有效缓解股东与管理层之间的代理冲突，激励高管以股东利益最大化为目标行事，多个大股东公司的高管薪酬契约更接近最优高管薪酬契约。

　　首先，从监督动机上讲，多个大股东可能比单一大股东具有更强的监督动机。一方面，多个大股东与管理层达成合谋的可能性降低，这就降低了多个大股东因与管理层合谋而放松对管理层监督的可能性。具体地，其他大股东的监督缺位，有利于单一大股东"掏空"上市公司（Johnson et al.，2000；姜付秀等，2015）；然而，单一大股东对上市公司利益的侵占行为往往需要公司管理层的"配合"才能完成（严也舟，2012）。作为对管理层"回报"的一种方式，单一大股东很可能纵容甚至促成管理层通过操纵薪酬契约攫取私利的行为。但是多个大股东相互监督和制衡，使得大股东与管理层合谋"掏空"上市公司的可能性降低，而多个大股东要同时与管理层达成合谋的难度也加大。因此，剔除多个大股东与管理层合谋的因素，多个大股东必然会对管理层通过操纵薪酬契约攫取私利的行为进行监督。另一方面，多个大股东形成的控制联盟具有更高的监督效率，这也会增强多个大股东对管理层的监督动机。Bennedsen 和 Wolfenzon（2000）、Attig 等（2008）、Chen 等（2019）研究发现，多个大股东形成的控制联盟能够有效缓解股东与管理层的代理问题，提高对管理层的监督效率。多个大股东更倾向于通过加强合作来提高监督管理层的收益（Basu et al.，2017；Jiang et al.，2019），而设计良好的薪酬契约有利于激励管理层提高股东财富。因此，多个大股东有动机联合起来监督管理层，使高管薪酬契约的制定与执行符合股东利益。

其次，从监督能力上讲，多个大股东可能比单一大股东具有更强的监督能力。一方面，不同的大股东具有不同的背景、专长和资源，这些资源优势有助于提升多个大股东的决策效率与监督能力。现有研究也发现不同背景的大股东可以更好地发挥监督与激励作用，比如，机构大股东能够提升家族控股企业的价值（Maury and Pajuste，2005）；当第二大股东是国有股东时，大股东的监督作用更强（Attig et al.，2009）；国有股东参股家族企业，能够促进家族企业进行创新投入（罗宏和秦际栋，2019）。多个大股东的背景和专长优势有助于多个大股东掌握更多关于公司与行业的信息，更容易识别和判断高管薪酬的合理性。另一方面，多个大股东还可以通过"用脚投票"的方式对管理层产生威慑效果，发挥对管理层的间接监督作用。大股东的退出容易被外界解读为负面信号（陈克兢，2019），也增加了高管被强制更换和公司被并购的概率（Parrino et al.，2003；Gopalan，2005），因此大股东的退出能够发挥公司治理作用。由此，我们推断与单一大股东相比，多个大股东对高管通过操纵薪酬契约攫取私利行为的监督能力更强。

多个大股东对管理层监督效率的提升有利于制定并执行有效的高管薪

酬契约。具体到本书的研究，多个大股东对高管薪酬契约三个方面的影响如下：

1. 高管超额薪酬

高管超额薪酬是管理层获得的高于公平薪酬契约规定水平的收益（Bebchuk and Fried，2003），是管理层攫取私利的表现（Coakley and Lliopoulou，2006）。高管超额薪酬是对公司利益的侵占，与公司业绩的相关性较低（郑志刚，2006），对企业发展不利（Core et al.，2008）。因此，多个大股东会对高管通过超额薪酬攫取私利、损害股东利益的行为进行监督，从而降低高管超额薪酬水平。

2. 高管员工薪酬差距

多个大股东如何影响高管员工薪酬差距，取决于该差距对公司业绩的影响如何，因为多个大股东对管理层监督的最终目标是实现股东财富最大化。已有文献对高管员工薪酬差距经济后果的研究主要形成了以下两种理论：一是锦标赛理论，Lazear 和 Rosen（1981）指出薪酬差距对职工具有激励效应，可以提高公司业绩；二是社会比较理论，该理论认为高管员工薪酬差距可能引起员工对不公平的感知，进而降低公司业绩（Fredrickson et al.，2010）。多个大股东的有效监督可以促使高管薪酬契约的制定更加符合股东的利益目标，高管员工薪酬差距的大小也应有利于股东利益最大化目标的实现。因此，如果高管员工薪酬差距更多体现的是激励效应，那么多个大股东将加大高管员工薪酬差距；如果高管员工薪酬差距更多体现的是负面效应，那么多个大股东将缩小高管员工薪酬差距。因此，多个大股东对高管员工薪酬差距的影响是一个有待检验的问题。

3. 高管薪酬业绩敏感性

薪酬业绩敏感性是衡量公司高管薪酬契约有效性的核心而关键的指标。Holmstrom（1979）认为，薪酬契约是一种有效的激励与约束机制，通过提高管理层薪酬与公司业绩的相关性，可以在一定程度上缓解股东与管理层的代理问题，促使高管在追求自身薪酬最大化的同时兼顾股东利益。国内外学者均发现了公司高管薪酬与公司业绩挂钩的证据（Sloan，

1993；Shaw and Zhang，2010；方军雄，2009；Cai and Zheng，2016）。较高的薪酬业绩敏感性可以提高高管薪酬与业绩的关联性，促使高管在追求自身利益的同时提高公司业绩，是降低股东与管理层之间代理成本的有效方式，在多个大股东并存的情况下，多个大股东对管理层监督效率的提高有利于大股东与管理层达成最优薪酬契约，提高高管薪酬契约的有效性。因此，相比于单一大股东的公司，多个大股东公司的高管薪酬业绩敏感性更高。

【（二）】多个大股东与高管薪酬契约：监督无效视角的分析

相对于单一大股东，多个大股东相互制衡以及大股东之间摩擦的存在，也可能削弱多个大股东对管理层的监督动机和监督能力，导致多个大股东对管理层的监督效率下降，使得管理层权力趁机扩张，从而加剧管理层通过高管薪酬契约攫取私利的行为。

首先，从监督动机来看，多个大股东可能比单一大股东具有更弱的监督动机。①与单一大股东拥有公司的绝对控制权或相对控制权不同，多个大股东共享公司控制权，因此多个大股东容易陷入控制权的争夺或制衡其他大股东（杨文君等，2016），这将极大地弱化大股东对管理层的监督动机。当公司只存在单一大股东时，大股东面临的主要问题是如何监督管理层来维护和提高自身利益，而当公司存在多个大股东时，大股东不仅面临管理层掠夺公司财富的问题，还面临着更为严重的其他大股东侵占自身利益的问题，因为多个大股东的利益和目标并非总是一致的。不同身份和背景的大股东通常具有不同的目标和偏好，从而导致多个大股东之间较大的利益冲突。在多个大股东的目标和利益不同时，为了自身利益，他们更倾向于监督和制衡其他大股东而非管理层。②某些大股东的目标并非参与和改善公司治理，而是获得股权收益，只要收益符合预期，他们监督管理层的动机就较弱。③高昂的协调成本会降低大股东对管理层的监督意愿。即使多个大股东可以通过信息交换和谈判来决定对管理层的监督水平和结果，但是协调摩擦成本依然存在（Chakraborty and Gantchev，2013），大股东会权衡对管理层监督效率降低可能产生的损失与监督管理层产生的成本，若提高监督水平产生的增量收益并不显著大于监督成本，多个大股东将不会通过协商来提高对管理层的监督效率。

其次，从监督能力来看，多个大股东可能比单一大股东具有更差的监督能力，因为多个大股东难以对管理层进行惩罚、多个大股东之间摩擦冲突增大以及股东精力有限。具体表现为：①相对于单一控股股东，多个大股东难以对管理层进行有效的惩罚，进而降低了多个大股东的监督效力。由于控股股东持股比例高，具有足够的控制权来惩罚表现不佳的高管，这就保证了控股股东的监督效力（Fang et al.，2018）。而 Chakraborty 和 Gantchev（2013）认为，在多个大股东并存的公司中，没有一个大股东有足够的投票权来保证提案能够在股东大会上通过。也就是说，如果某些大股东认为管理层通过操纵高管薪酬契约攫取私利并拟采取惩罚措施，其他大股东很可能出于某些原因拒绝惩罚高管的提议而导致惩罚措施难以执行，而控股股东有足够的权力及时制止高管侵害公司利益的行为并惩罚高管。因此，相较于单一大股东，多个大股东对公司高管的监督效力降低。②即使多个大股东可以通过信息交换和谈判来决定其对管理层的监督水平和结果，但协调摩擦和议价成本仍然存在（Chakraborty and Gantchev，2013），这将降低多个大股东对高管薪酬契约制定和执行的监督效率。因为具有不同身份的股东在监督高管时可能扮演不同的角色，体现出不同的目标与偏好，多个大股东之间达成协议的可能性显著降低。David 等（1998）发现，机构股东如果与公司有业务关系，就无法参与公司治理。Firth 等（2006）的研究表明，国有股东倾向于较少使用基于业绩的薪酬计划。Cheng 等（2015）研究发现，家族企业内部存在来自另一个家族的大股东时，会削弱公司治理，增加高管薪酬。③大股东的能力是有限的，大股东相互牵制会耗费大量的精力，精力的约束使得股东对管理层的监督力度变弱（尤华和李恩娟，2014），管理层可以趁机利用高管薪酬契约攫取私利。

多个大股东对管理层监督效率的下降给管理层操纵高管薪酬契约攫取

私利提供了机会，这将加剧公司管理层利用高管薪酬契约攫取私利的行为，从而降低高管薪酬契约的有效性。具体到本书的研究，多个大股东对高管薪酬契约三个方面的影响分析如下：

1. 高管超额薪酬

高管超额薪酬是管理层获得的高于公平薪酬契约规定水平的收益（Bebchuk and Fried，2003），是管理层攫取私利的表现（Coakley and Lliopoulou，2006）。在多个大股东相互制衡和摩擦增大的情况下，多个大股东对管理层的监督效率下降，使得管理层权力趁机扩张，为管理层攫取超额薪酬创造了机会，因此，多个大股东会加剧管理层攫取超额薪酬的行为。

2. 高管员工薪酬差距

多个大股东监督效率的降低，使得管理层权力趁机扩张，而管理层权力是高管员工薪酬差距扩大的重要因素（方军雄，2011；黎文靖和胡玉明，2012）。公司管理者权力的确立和增强，提高了高管对公司内部资源的配置权力，使得普通员工在薪酬谈判中没有平等的话语权，只能成为薪酬方案的被动接受者。一方面，在薪酬总额一定的情况下，薪酬在公司高管与普通员工之间的分配存在此消彼长的关系；另一方面，过高的普通员工薪酬作为一项费用会降低企业利润，可能间接降低高管薪酬（卢锐，2007）。然而，在员工薪酬的制定过程中普通员工的讨价还价能力较弱，而高管可以操纵薪酬。因此，公司管理层利用多个大股东之间摩擦和制衡的机会扩大管理层权力，增加了高管超额薪酬，这必然会降低普通员工的相对薪酬，进而加大高管与员工之间的薪酬差距。

3. 高管薪酬业绩敏感性

在多个大股东并存的公司中，由于多个大股东对管理层的监督效率下降，使得管理层趁机攫取了超额薪酬，同时管理层也利用扩张的权力加大了与员工的薪酬差距。在政府和社会公众对薪酬"公平性"问题紧密关注的现实压力下，管理层有强烈的动机证明其高额薪酬的正当性和合理性。理论上讲，多个大股东公司的管理层可以通过如下两种方式证明其高额薪酬的结果正当性：一种是在既定的薪酬契约下，通过提高薪酬业绩敏感性进行薪酬合理性的辩护（谢德仁等，2012；罗宏等，2014；刘剑民等，2019），较高的薪酬业绩敏感性可以表明高管高额薪酬来源于公司优良的经营业绩，是正当而合理的；另一种是直接在薪酬契约的制定过程中，降低对会计业绩的考核权重，降低薪酬业绩敏感性，这就使得已制定的薪酬契约足以证明其高额薪酬的"合理合规性"，因为高管薪酬符合薪酬契约的事前约定。也就是说，当公司具有多个大股东时，高管超额薪酬水平较高，高管员工薪酬差距较大，为了应对来自社会各界的质疑和压力，公司管理层可能会在既定的薪酬契约下提高薪酬业绩敏感性，也可能在薪酬契约的制定过程中降低薪酬业绩敏感性，以证明其高额薪酬的正当性和合理性。管理层会作出怎样的选择，取决于二者风险与收益的权衡。因此，相比于单一大股东的公司，多个大股东公司的高管薪酬业绩敏感性可能更高，也可能更低。

三、本章小结

本章第一部分阐述了本书的理论基础，即委托代理理论、信息不对称理论、最优契约理论和管理层权力理论。第二部分在上述理论的基础上构建了本书的理论分析框架，即在监督成本以及信息不对称的约束下，股东无法对管理层进行全面有效的监督，因此，设计良好的薪酬契约将是缓解股东与管理层之间代理冲突的有效激励方式。然而，管理层权力的存在可能扭曲高管薪酬契约的设计和执行。在多个大股东并存的情况下，多个大股东对管理层的监督效应可能更高也可能更低，进而对高管薪酬契约产生不同的影响。本书将从高管超额薪酬、高管员工薪酬差距和高管薪酬业绩敏感性三个方面系统地对多个大股东影响高管薪酬契约的机制进行分析与检验。本书后续将根据这一理论框架，利用实证方法深入研究多个大股东对高管薪酬契约的影响以及这种影响产生的内在机制。

第四章 多个大股东与高管超额薪酬

一、引言

近年来，上市公司高管薪酬，尤其是高管超额薪酬，无论作为一个学术研究话题抑或社会性话题，都受到了广泛的关注。在美国，社会公众对高管超额薪酬的强烈质疑甚至演化成了 2011 年"占领华尔街"的抗议活动[①]。在中国，上市公司高管薪酬也逐年上升，2008 年曝出某公司"天价高管薪酬"，社会公众严重质疑上市公司高管获取超额薪酬的正当性和合理性，质疑的核心是高管超额薪酬是管理层能力还是权力的体现。高管超额薪酬在公司中普遍存在，是公司高管利用其权力攫取的超过公平高管薪酬契约规定水平的收益（Bebchuk and Fried，2003），也是公司高管扭曲薪酬契约攫取私利的证据（Coakley and Lliopoulou，2006；刘剑民等，2019），有损公司价值（Core et al.，2008）。因此，研究高管超额薪酬及其影响因素，不仅具有重要的学术价值，对于缓解公司股东与高管的代理问题、改善公司治理、促进我国资本市场健康可持续发展也具有重要的现实意义。

在高管超额薪酬的影响因素方面，现有文献主要从公司董事会及董事特征（Brick et al.，2006；Brickley and Zimmerman，2010；赵健梅等，2017；段海艳，2016；刘汉民等，2020）、内部控制质量（陈晓珊和刘洪

[①] 方军雄. 高管超额薪酬与公司治理决策 [J]. 管理世界，2012 (11)：144 - 155.

铎，2019）、党组织参与（马连福等，2013）、政府管制与监管（张昭等，2021；柳志南和白文洁，2021）、公司债务及债务期限（黄志中和郗群，2009；夏雪花，2013）、产品市场竞争（王东清和刘艳辉，2016）、媒体监督（杨德明和赵璨，2012）、政治关联（唐松和孙铮，2014）、政府补助（罗宏等，2014；刘剑民等，2019）等视角展开研究，研究结论多表明良好的公司治理机制有助于抑制公司高管攫取超额薪酬的行为，而较弱的公司治理机制加剧了公司高管攫取超额薪酬的行为。然而，股权结构是公司治理的决定因素（Shleifer and Vishny，1997；Jiang and Kim，2020），现有研究关于股权结构对高管超额薪酬影响的文献较少。也有学者研究了家族控股的股权结构（Bebchuk et al.，2002；Elston and Goldber，2003；Croci et al.，2012）、股权控制链长度（刘慧龙，2017；高梦捷和柳志南，2019）以及股权性质（蔡贵龙等，2018）对高管超额薪酬的影响，但尚未有文献研究公司多个大股东对高管超额薪酬的影响及其作用机制。

事实上，多个大股东的股权结构普遍存在（Edmans and Manso，2011；罗宏和黄婉，2020）。就中国的上市公司而言，在本章的样本期间内，拥有多个大股东的公司样本占比为 32.79%，这其中包含了拥有 4 个或 5 个持股比例大于 10% 的大股东的样本。然而，当公司存在多个大股东时，是否可以加强对管理层的监督与激励效应，降低代理成本，现有研究仍存在较大争议。一种观点认为，多个大股东可以通过缓解信息不对称问题进而降低管理层的代理成本（Bennedsen and Wolfenzon，2000；Jiang et al.，2018），罗宏和黄婉（2020）研究发现多个大股东可以显著抑制公司高管的机会主义减持行为。另一种观点认为，多个大股东之间制衡与摩擦增大，降低了对管理层的监督效率，反而增加了代理成本（Chakraborty and Gantchev，2013；Fang et al.，2018）。由此可知，多个大股东既可能提高对管理层的监督效率而有效抑制公司高管通过超额薪酬攫取私利的行为，也可能降低对管理层的监督效率而加剧公司高管通过超额薪酬攫取私利的行为，即多个大股东对高管超额薪酬的影响是一个有待检验的实证问题。因此，本章将对多个大股东对高管超额薪酬的影响及其作用机制进行研究，为打开多个大股东公司治理效应的"黑箱"提供新思路。

基于上述分析，本章以 2007—2019 年中国 A 股非金融类上市公司为研究样本，从高管超额薪酬的视角研究多个大股东对高管薪酬契约水平的影响及其作用机制。本章首先分析和检验了多个大股东对高管超额薪酬的影响，认为多个大股东之间的摩擦降低了多个大股东对管理层的监督效率，进而提高了高管超额薪酬水平。为了进一步验证多个大股东的存在确实会增大大股东之间的摩擦，本章从其他大股东数量和其他大股东持股比例两个维度检验多个大股东对高管超额薪酬的影响，因为大股东数量越多、大股东之间的分歧和摩擦越大；而其他大股东持股比例越高，也越有可能增加大股东之间的摩擦。同时，本章还检验了股东向公司委派董事长或 CEO 参与公司高层管理对多个大股东与高管超额薪酬之间关系的影响，从侧面证明多个大股东对管理层监督效率的降低是提高高管超额薪酬的原因。在作用机制方面，本章认为多个大股东监督效率的下降，使管理层权力得以扩张，进而提高高管超额薪酬，因此本章采用中介效应模型进行机制检验，并排除管理层能力的竞争性解释。最后，本章还检验了审计监督质量的调节作用，因为高质量的会计信息能够有效缓解股东与管理层之间的信息不对称，提升股东对管理层的监督效率。

本章的研究贡献主要体现在以下几个方面：第一，本章的研究丰富了多个大股东与高管超额薪酬的相关文献。通过研究多个大股东对高管超额薪酬的影响，拓展了高管超额薪酬影响因素的研究，也丰富了多个大股东作用机理的研究。第二，本章的研究拓展了股东协调摩擦的相关文献，为股东协调不佳产生的代理成本提供了经验证据。现有关于股东协调的文献非常有限，并且少有实证研究深入探讨股东协调摩擦对公司经营产生的影响，本章的研究验证了多个大股东之间的摩擦降低了对管理层的监督效率，提高了高管超额薪酬水平，从而证明了股东协调不佳会增加公司成本。第三，为大股东公司治理效应的发挥提供了新思路。本章的研究发现股东向公司委派董事长或 CEO 参与公司治理能够显著降低多个大股东对高管超额薪酬的影响，由此可知，向公司委派董事长或 CEO 参与高层管理是一种有效的治理方法，为股东治理效应的提高以及股东利益的保护提供了新思路。第四，本章的结论对于我国上市公司如何进一步完善公司治理，抑制高管通过管理层权力攫取私利的行为以及促进资本市场健康发展具有一定的启示意义。

二、理论分析与研究假设

从现有文献可知，多个大股东是否降低第一类代理成本尚存争议。多个大股东可能加强对管理层的监督从而降低管理层的超额薪酬水平，也可能降低对管理层的监督从而使管理层获得了更多的超额薪酬，即多个大股东与高管超额薪酬之间的关系是一个有待检验的实证问题。基于此，我们提出两个对立的假设：监督有效假说 VS 监督无效假说。

（一）监督有效假说

大股东持股比例较高，公司价值的波动对其影响较大，大股东有强烈的动机和能力提高公司价值（Shleifer and Vishny，1986，1997）。因此，相较于单一大股东，多个大股东可能形成监督合力，产生更强的监督效率，从而有效抑制高管攫取超额薪酬的行为。

首先，从监督动机上讲，多个大股东可能比单一大股东具有更强的监督动机以抑制高管超额薪酬。一方面，多个大股东并存的情况下，多个大股东因与管理层合谋而使管理层攫取超额薪酬的可能性降低。这是因为只有当多个大股东均与管理层达成"合谋掏空"协议时，多个大股东才会集体放松对管理层的监督，允许管理层在一定程度上攫取超额薪酬，以此作为对管理层"配合"多个大股东掏空公司的"回报"。然而，相比于单一大股东，由于多个大股东相互监督和制衡，多个大股东均与管理层达成"合谋"的可能性降低。因此，剔除多个大股东与管理层合谋的因素，多个大股东必然会对管理层损害公司价值以谋取私利的行为进行监督，从而抑制高管攫取超额薪酬的行为。另一方面，多个大股东形成的控制联盟能够增强多个大股东对管理层攫取超额薪酬行为的监督动机。Bennedsen 和 Wolfenzon（2000）、Attig 等（2008）、Chen 等（2019）研究发现，多个大股东形成的控制联盟能够有效缓解股东与管理层之间的代理问题，提高对管理层的监督效率。多个大股东加强合作可以提高监督管理层的收益（Basu et al.，2017；Jiang et al.，2019），然而，高管攫取超额薪酬是以牺牲股东财富为代价的（Bebchuk and Fried，2003）。因此，为了避免股东财富的损失，持股比例较高的多个大股东有更强的动机去监督高管攫取超额薪酬的行为。

其次，从监督能力上讲，多个大股东可能比单一大股东具有更强的监督能力以抑制高管超额薪酬。一方面，多个大股东因具有不同的背景、专长和资源而形成优势互补，这不仅有助于提升多个大股东的决策效率与对管理层的监督能力（Maury and Pajuste，2005；Attig et al.，2009；罗宏和秦际栋，2019），也有助于多个大股东掌握更多关于公司与行业的信息，更容易识别和判断高管薪酬的合理性及其与公司业绩的相关性，从而有效监督高管攫取超额薪酬的行为。另一方面，多个大股东还可以通过"用脚投票"的方式对管理层产生威慑效果，发挥对管理层攫取超额薪酬行为的间接监督作用。因为其他大股东的"退出威胁"也是有效约束管理层自利行为的力量（陈克兢，2019）。由此，我们推断与单一大股东相比，多个大股东对高管攫取超额薪酬行为的监督能力更强。

因此，在监督有效假说下，相比于单一大股东，多个大股东对管理层的监督动机和监督能力都更强，提高了监督效率，从而能够有效抑制上市公司高管攫取超额薪酬的行为。据此，本章提出如下假设 H4 - 1a。

H4 - 1a：相较于单一大股东的公司，多个大股东公司的高管超额薪酬水平更低。

（二）监督无效假说

相对于单一大股东，多个大股东相互制衡以及大股东之间摩擦的存在，可能导致大股东将主要精力用于监督和制衡其他大股东而非管理层，削弱多个大股东对管理层的监督动机和监督能力，进而导致多个大股东对管理层的监督效率下降，从而加剧高管攫取超额薪酬的行为。

第一，从监督动机来看，多个大股东可能比单一大股东具有更弱的监督动机以抑制高管超额薪酬。①与单一大股东拥有公司的绝对控制权或相对控制权不同，多个大股东共享公司控制权，因此多个大股东容易陷入控制权的争夺或制衡其他大股东（杨文君等，2016），这将极大地弱化大股东对管理层的监督动机。相对于单一大股东，多个大股东并存时，大股东不仅面临管理层掠夺公司财富的问题，还面临着更为严重的其他大股东侵占自身利益的问题，此时大股东将主要精力用于监督其他大股东，进而对管理层监督不足。因为大股东具有不同身份和背景，这使得多个大股东通常具有不同的目标和偏好，从而导致多个大股东之间较大的利益冲突。比如国有股东和民营股东具有不同的目标和利益，国有股东通常会追求政治目标和一些非经济、但可以实现社会价值的目标，这会使公司的经营活动偏离股东财富最大化的主要目标（Fang et al.，2018），从而与民营股东产生重大利益冲突，而在我国很大一部分上市公司既有国有股东，也有民营股东（Lin et al.，2016）。因此，多个大股东更倾向于监督和制衡其他大股东而非管理层。②某些大股东的目标并非参与和改善公司治理，而是获得股权收益，只要收益符合预期，他们对管理层攫取超额薪酬行为的监督动机就较弱。③高昂的协调成本会降低大股东对管理层攫取超额薪酬行为的监督意愿。即使多个大股东可以通过信息交换和谈判来决定对管理层的监督水平和结果，但是协调摩擦成本依然存在（Chakraborty and Gantchev，2013），大股东会权衡收益与成本，若提高监督水平产生的增量收益并不显著大于监督成本，多个大股东将不会通过协商来提高对管理层的监督效率。

第二，从监督能力来看，多个大股东可能比单一大股东具有更差的监督能力以抑制高管超额薪酬。首先，相对于单一控股股东，多个大股东难以对管理层进行有效的惩罚，进而降低了多个大股东的监督效力。单一控股股东具有足够的控制权来惩罚表现不佳的高管，这就保证了控股股东的监督效力（Fang et al.，2018）。而当多个大股东并存时，没有一个大股东有足够的表决权来决定对高管的惩罚方案（Chakraborty and Gantchev，2013），这就导致多个大股东对管理层的监督效力下降，无法较好地抑制高管超额薪酬。其次，虽然多个大股东可以通过信息交换和谈判来决定对管理层超额薪酬的监督水平和结果，但是由于具有不同身份的股东在监督高管时可能扮演不同的角色，体现出不同的目标与偏好，多个大股东之间达成协议的可能性显著降低。研究发现，机构股东如果与公司有业务关系，就无法参与公司治理（David et al.，1998）；国有股东倾向于较少使用基于业绩的薪酬计划（Firth et al.，2006）；而家族企业内部存在来自另一个家族的大股东时，会削弱公司治理，增加高管薪酬（Cheng et al.，2015）。由此可见，多个大股东的目标和偏好很难协调以达成一致。

第三，在股东能力一定的前提下，大股东相互牵制会耗费大量的精力（尤华和李恩娟，2014），这必然会削弱大股东对管理层攫取超额薪酬行为的监督力度。

因此，在监督无效假说下，相比于单一大股东，多个大股东对管理层的监督动机和监督能力都更弱，降低了监督效率，从而加剧了上市公司高管攫取超额薪酬的行为。据此，本章提出如下假设 H4-1b。

H4-1b：相较于单一大股东的公司，多个大股东公司的高管超额薪酬水平更高。

三、研究设计

（一）样本选取与数据来源

本章以 2007—2019 年中国 A 股上市公司为研究对象，上市公司一致行动人数据来自东方财富 Choice 金融数据库，其他数据主要来源于国泰安 CSMAR 数据库。按照以往研究惯例和本书研究的需要，对数据进行了以下处理：①剔除金融行业上市公司；②剔除资不抵债，即资产负债率大于 100% 的样本；③剔除被特殊处理（ST、*ST 或 PT）的样本；④剔除不存在大股东即第一大股东持股比例低于 10% 的样本；⑤剔除相关数据缺失的样本；⑥为避免极端值的影响，对本章所涉及的主要连续变量，在 1% 和 99% 的水平进行 Winsorize 处理。最终得到观测值共 27 511 个。

【二】 变量界定

1. 多个大股东（*Multi*）

本章参照已有文献（Attig et al.，2008；姜付秀等，2018；罗宏和黄婉，2020）把考虑一致行动人持股因素之后持股比例超过 10% 的股东定义为大股东。如果公司持股比例超过 10% 的大股东数量大于等于 2，我们将其界定为"多个大股东"，*Multi* 赋值为 1；反之，界定为"单一大股东"，*Multi* 赋值为 0。

2. 高管超额薪酬（*Overpay*）

本章借鉴 Core 等（2008）及罗宏等（2014）的模型测算高管超额薪酬，我们采用公司前三名高管的实际薪酬与薪酬决定模型估计的期望薪酬之间的差额表示。首先，使用样本数据对模型（4-1）进行回归，得到各回归系数；然后，用估计的系数乘以相应的决定高管薪酬的因素，从而得到预期的高管薪酬；最后，使用模型（4-2）将实际的高管薪酬减去预期的高管薪酬，得到非预期的高管薪酬，即高管超额薪酬（*Overpay*）。

$$\ln pay_{i,t} = \alpha_0 + \alpha_1\,Sale_{i,t} + \alpha_2\,ROA_{i,t} + \alpha_3\,IA_{i,t} + \alpha_4\,Zone_{i,t} +$$

$$\sum Industry + \sum Year + \varepsilon_{i,t} \qquad (4-1)$$

$$Overpay_{i,t} = \ln pay_{i,t} - Expected\,pay_{i,t} \qquad (4-2)$$

其中，$\ln pay$ 为公司前三名高管薪酬总额的自然对数，*Sale* 为营业收入总额的自然对数，*ROA* 为总资产收益率，即净利润与总资产之比；*IA* 为无形资产占比，即无形资产与总资产之比；*Zone* 为区域虚拟变量，若注册地为中西部地区，取值为 1，否则取 0；*Industry* 和 *Year* 分别表示行业虚拟变量和年度虚拟变量；*Expected pay* 为模型（4-1）估算的高管期望薪酬，*Overpay* 为高管实际薪酬（$\ln pay$）与高管期望薪酬（*Expected-*

pay）的差额，即高管超额薪酬。

【三】回归模型

为了检验多个大股东对高管超额薪酬的影响，参照以往文献（Firth et al.，2006；方军雄，2009；蔡贵龙等，2018），本章构建了回归模型（4-3）：

$$Overpay_{i,t} = \beta_0 + \beta_1 Multi_{i,t} + \beta_2 Size_{i,t} + \beta_3 Lev_{i,t} + \beta_4 Growth_{i,t} +$$
$$\beta_5 Top1_{i,t} + \beta_6 Bsize_{i,t} + \beta_7 Indep_{i,t} + \beta_8 Dual_{i,t} + \beta_9 Soe_{i,t} +$$
$$\sum Industry + \sum Year + \varepsilon_{i,t} \qquad (4-3)$$

其中，被解释变量 $Overpay$ 为通过模型（4-1）和模型（4-2）计算出来的高管超额薪酬，解释变量 $Multi$ 为是否具有多个大股东的虚拟变量。本章控制变量包括公司特征变量、公司治理特征变量以及年度和行业虚拟变量。具体变量定义见表4-1。

表4-1　主要变量定义表

	变量名称	变量符号	变量定义
被解释变量	高管超额薪酬	$Overpay$	上市公司前三名高管薪酬总额的对数与通过模型（4-1）拟合的期望薪酬之差
解释变量	多个大股东	$Multi$	上市公司是否存在多个大股东的虚拟变量，当上市公司存在两个及以上的大股东时，取值为1，否则，取值为0
控制变量	公司规模	$Size$	期末资产总额的自然对数
	资产负债率	Lev	期末负债总额与期末资产总额之比
	增长率	$Growth$	本期营业收入与上期营业收入之差除以上期营业收入
	第一大股东持股	$Top1$	上市公司第一大股东持股比例
	产权性质	Soe	上市公司实际控制人为国有性质时，取1，否则，取0
	董事会规模	$Bsize$	董事会人数的自然对数
	独立董事比例	$Indep$	独立董事人数与董事会人数之比
	两职合一	$Dual$	当董事长与总经理由同一人兼任时，取1，否则，取0

四、实证结果分析

(一) 描述性统计

我们对本章所涉及主要变量的描述性统计结果见表 4-2。从 Panel A 可以看出，高管超额薪酬（Overpay）的均值为 0.005，最小值为 -1.493，最大值为 1.530，标准差为 0.583，与以往针对中国上市公司高管超额薪酬的研究（罗宏等，2014；刘剑民等，2019）较为一致。解释变量 Multi 的均值为 0.328，这表明在本章的样本期间内，平均有 32.8% 的样本公司存在多个大股东。从 Panel B 可以看到只存在一个大股东的样本占比为 67.21%，存在两个大股东的样本占比为 27.09%，存在三个及三个以上大股东的样本占比为 5.70%，由此可见多个大股东的股权结构的普遍性。其他控制变量的描述性统计结果与现有研究基本一致。

我们进一步以上市公司是否存在多个大股东进行分组，检验高管超额薪酬的差异。结果见表 4-2 Panel C，高管超额薪酬（Overpay）的均值在存在多个大股东的样本中为 0.072，在单一大股东的样本中为 -0.028，并且在 1% 的水平上存在显著差异，这也在统计上说明存在多个大股东的上市公司，其高管超额薪酬更高，支持了假设 H4-1b。

表 4-2　描述性统计

Panel A：主要变量的描述性统计

变量	N	Mean	P50	Min	Max	Sd
Overpay	27 511	0.005	0.000	-1.493	1.530	0.583
Multi	27 511	0.328	0.000	0.000	1.000	0.469
Size	27 511	22.084	21.926	19.199	25.940	1.302
Lev	27 511	0.446	0.442	0.057 0	0.909	0.209
Growth	27 511	0.196	0.110	-0.615	3.357	0.499
Top1	27 511	0.351	0.329	0.090 0	0.750	0.148

（续）

Panel A：主要变量的描述性统计						
Indep	27 511	0.373	0.333	0.273	0.571	0.053 0
Bsize	27 511	2.146	2.197	1.609	2.708	0.201
Dual	27 511	0.240	0.000	0.000	1.000	0.427
Soe	27 511	0.424	0.000	0.000	1.000	0.494

Panel B：大股东的数量分布					
大股东数量	1	2	3	4	5
N	18 491	7 452	1 384	167	17
Percent（％）	67.21	27.09	5.03	0.61	0.06

Panel C：均值差异检验			
变量	*Multi* = 1	*Multi* = 0	差异
Overpay	0.072	−0.028	0.099***

注：*** 代表在 1％的水平上显著。

（二）相关性分析

表 4 - 3 为本章主要变量的相关性分析结果，其中，多个大股东（*Multi*）与高管超额薪酬（*Overpay*）显著正相关，这表明存在多个大股东的上市公司，其高管超额薪酬水平更高，初步验证了假设 H4 - 1b。第一大股东持股比例（*Top*1）与高管超额薪酬（*Overpay*）的相关系数为 −0.082，并且在 1％的水平上显著，这在一定程度上反映了第一大股东对高管超额薪酬的监督效应，也证明了前文对多个大股东并存降低了对管理层的监督效应的分析存在一定的合理性。

表 4 - 3　主要变量相关系数表

变量	*Overpay*	*Multi*	*Size*	*Lev*	*Growth*	*Top*1	*Indep*	*Bsize*	*Dual*	*Soe*
Overpay	1									
Multi	0.080***	1								
Size	0.024***	−0.014**	1							
Lev	−0.117***	−0.077***	0.438***	1						

（续）

变量	Overpay	Multi	Size	Lev	Growth	Top1	Indep	Bsize	Dual	Soe
Growth	−0.023***	0.031***	0.038***	0.041***	1					
Top1	−0.082***	−0.181***	0.225***	0.067***	0.030***	1				
Indep	−0.017***	−0.009	0.016***	−0.022***	0.002	0.031***	1			
Bsize	0.043***	0.037***	0.240***	0.147***	−0.012**	0.044***	−0.502***	1		
Dual	0.057***	0.015**	−0.146***	−0.135***	0.010 0	−0.062***	0.116***	−0.185***	1	
Soe	−0.061***	−0.108***	0.305***	0.278***	−0.051***	0.225***	−0.079***	0.283***	−0.281***	1

注：***、**、*分别代表在1%、5%、10%的水平上显著。

（三）多个大股东与高管超额薪酬

为了检验 H4-1a 和 H4-1b，即检验上市公司多个大股东并存是抑制还是加剧了高管攫取超额薪酬的行为，本章对模型（4-3）进行了回归估计，回归结果见表4-4。列（1）是多个大股东（Multi）与高管超额薪酬（Overpay）的单变量回归结果，列（2）是加入公司特征变量和公司治理特征变量后的回归结果，列（3）还控制了行业（Industry）和年度（Year）固定效应。从表4-4的回归结果可以看出，不管是否加入控制变量，多个大股东（Multi）的回归系数均为正，且均在1%的水平上显著，支持了假设 H4-1b，即相对于单一大股东，多个大股东加剧了高管攫取超额薪酬的行为，验证了监督无效假说。

表 4-4 多个大股东与高管超额薪酬

变量	(1) Overpay	(2) Overpay	(3) Overpay
Multi	0.099***	0.062***	0.060***
	(13.29)	(8.16)	(7.85)
Size		0.050***	0.063***
		(15.96)	(18.20)
Lev		−0.415***	−0.509***
		(−22.14)	(−25.62)

（续）

变量	(1) *Overpay*	(2) *Overpay*	(3) *Overpay*
Growth		-0.025^{***}	-0.030^{***}
		(-3.61)	(-4.32)
Top1		-0.314^{***}	-0.353^{***}
		(-12.71)	(-13.97)
Indep		0.025	0.026
		(0.33)	(0.34)
Bsize		0.171^{***}	0.155^{***}
		(8.03)	(7.17)
Dual		0.067^{***}	0.073^{***}
		(7.88)	(8.65)
Soe		-0.041^{***}	-0.052^{***}
		(-5.10)	(-6.29)
_*cons*	-0.028^{***}	-1.198^{***}	-1.293^{***}
	(-6.48)	(-14.74)	(-14.79)
Industry/Year	N	N	Y
N	27 511	27 511	27 511
Adj. R^2	0.006	0.038	0.046

注：括号内为 t 值；***、**、* 分别代表在 1%、5%、10% 的水平上显著。

（四）稳健性检验

1. 控制内生性问题

股权结构在很大程度上是内生决定的（Edmans et al.，2013）。就本章而言，多个大股东与高管超额薪酬之间可能存在内生性问题。为了较好地解决该问题，本章采用了如下方法进行回归检验。

（1）解释变量滞后一期。反向因果关系可能存在于多个大股东与高管超额薪酬之间，因此，我们将所有解释变量滞后一期重新进行回归，结果如表 4-5 列（1）所示，多个大股东（*Multi*）的回归系数为 0.068，且在

1％的水平上显著，列（1）的结果表明在考虑反向因果内生性问题后，本章的结论依然成立。

（2）Heckman 两阶段模型。为了缓解本章可能存在的多个大股东与高管超额薪酬之间自选择效应的影响，我们借鉴朱冰等（2018）的做法，以上年度该公司所在行业内其他公司的平均股权结构数据（同行业内多个大股东类型的公司占比）（$Multi\_IV$）作为多个大股东（$Multi$）的工具变量进行两阶段回归，结果如表 4 - 5 列（2）和列（3）所示。列（2）报告了第一阶段的 Probit 回归结果，工具变量（$Multi\_IV$）的回归系数显著为正，通过了"弱工具变量"检验。列（3）报告了第二阶段加入逆米尔斯比率（IMR）的回归结果，逆米尔斯比率（IMR）的回归系数为 0.12，但是不显著，表明不存在严重的自选择问题。与模型（4 - 3）相比，多个大股东（$Multi$）的回归系数从 0.068 升高到 0.080，并且仍然在 1％的水平下显著，表明在不考虑样本自选择问题的情况下，主回归结果在一定程度上低估了多个大股东（$Multi$）对高管超额薪酬（$Overpay$）的影响，从而进一步强化了本章的研究结论，即相比于单一大股东，多个大股东加剧了高管攫取超额薪酬的行为。

表 4 - 5　内生性检验：解释变量滞后一期＋Heckman 两阶段模型

变量	解释变量滞后一期 （1） $Overpay$	第一阶段 （2） $Multi$	第二阶段 （3） $Overpay$
$Multi$	0.068***		0.080***
	(7.72)		(8.99)
$Multi\_IV$		1.752***	
		(7.45)	
$Size$	0.081***	0.111***	0.090***
	(18.29)	(11.11)	(12.15)
Lev	−0.542***	−0.582***	−0.580***
	(−22.22)	(−10.43)	(−14.31)
$Growth$	0.017*	0.124***	−0.024**
	(1.94)	(6.09)	(−2.11)

（续）

变量	解释变量滞后一期 (1) *Overpay*	第一阶段 (2) *Multi*	第二阶段 (3) *Overpay*
*Top*1	−0.577***	−0.403***	−0.592***
	(−13.95)	(−4.20)	(−12.65)
Indep	0.157*	0.676***	0.235**
	(1.65)	(3.13)	(2.33)
Bsize	0.140***	0.456***	0.194***
	(5.31)	(7.46)	(5.37)
Dual	0.065***	−0.025	0.071***
	(6.41)	(−1.06)	(6.94)
Soe	−0.015	−0.327***	−0.049**
	(−1.53)	(−14.30)	(−2.42)
IMR			0.120
			(1.56)
_*cons*	−1.636***	−4.196***	−2.087***
	(−14.75)	(−15.64)	(−7.52)
Industry/Year	Y	Y	Y
N	18 414	18 414	18 414
Pseudo R^2 / Adj. R^2	0.056	0.037	0.058

注：括号内为 *t* 值；***、**、* 分别代表在1%、5%、10%的水平上显著。

（3）倾向得分匹配法（PSM）。我们以多个大股东并存的公司样本作为处理组，以只存在单一大股东的公司样本作为控制组，采用倾向得分匹配法（PSM）进行样本配对，以缓解公司特征方面可能存在的遗漏变量问题。具体地，本章参考 Ben - Nasr 等（2015）、姜付秀等（2017）的方法，采用最近邻匹配法进行样本配对，配对比例为 1：1，在第一阶段的 Logit 回归中以公司规模（*Size*）、资产负债率（*Lev*）、增长率（*Growth*）、企业年龄（*Age*）、经营现金流（*Cash*）以及年度（*Year*）和行业（*Industry*）虚拟变量等为自变量，以上市公司是否存在多个大股东（*Multi*）作为因变量。其中，公司规模（*Size*）、资产负债率（*Lev*）、增长率（*Growth*）的定义与表 4 - 1 相同；企业年龄（*Age*）为公司已上市年限加1的自然对数；经营现金流（Cash）为公司经营活动产生的现金流量净额与期末总资产之比。匹配完成后，我们运用模型（4-3）对配对样本重新进行回归，回归分析的结果如表4-6列（1）所示。多个大股东（Multi）的回归系数显著为正。这说明，在控制了公司特征方面遗漏变量引起的内生性问题后，本章的结论依然成立。

（4）双重差分模型（DID）。本章参考 Slaughter（2001）、姜付秀等（2017）、朱冰等（2018）的做法，选用样本期间内股权结构发生变动的样本和未发生过变动的样本构建双重差分模型以检验股权结构的变化对高管超额薪酬的影响，以此增强多个大股东（Multi）与高管超额薪酬（Overpay）之间正向关系的因果效应。具体地，股权结构的变动包括从单一大股东变为多个大股东（"一变多"）以及从多个大股东变为单一大股东（"多变一"）两种情形，本章还剔除了样本期间内股权结构发生两次及以上变更的样本。我们构建了模型（4-4）对此进行检验：

$$Overpay_{i,t} = \beta_0 + \beta_1\, Post_{i,t} + \beta_2\, Treat_{i,t} + \beta_3\, Size_{i,t} + \beta_4\, Lev_{i,t} +$$
$$\beta_5\, Growth_{i,t} + \beta_6\, Top1_{i,t} + \beta_7\, Bsize_{i,t} + \beta_8\, Indep_{i,t} +$$
$$\beta_9\, Dual_{i,t} + \beta_{10}\, Soe_{i,t} + \sum Industry + \sum Year + \varepsilon_{i,t}$$

$$(4-4)$$

其中，Post 为虚拟变量，从"一变多"或者"多变一"时，在变动当年及以后年度，该值取1，在变动之前的年份均取0。Treat 为是否为处理组的虚拟变量，当样本公司为处理组时，Treat 取值为1；否则，Treat 取值为0。控制变量与模型（4-3）一致。系数 β_1 度量了股权结构变化前后，公司高管超额薪酬的差异。

表4-6列（2）汇报了公司股权结构由单一大股东转变为多个大股东后，公司高管超额薪酬所发生的变化；相反，列（3）则汇报了公司股权结构由多个大股东转变为单一大股东后，公司高管超额薪酬所发生的变化，在回归分析中，Treat 变量被删除掉了。其中，列（2）中 Post 的回归系数为正，表明公司股权结构由单一大股东变为多个大股东时，高管超

额薪酬水平提高了，但是未通过显著性检验，可能的原因是在"一变多"的情况下，新进入的大股东与原来的大股东之间的摩擦还没有凸显，管理层利用大股东之间的摩擦攫取私利的行为需要经过一段时期后才会显现；列（3）中 $Post$ 的回归系数为 -0.038，且在 5% 的水平下显著，"多变一"时，单一大股东对管理层的监督效率大大提高，从而显著抑制了高管攫取超额薪酬的行为。这与本章的结论一致，进一步验证了假设 H4-1b。

表 4-6　内生性检验：PSM＋DID

变量	PSM （1） $Overpay$	一变多 （2） $Overpay$	多变一 （3） $Overpay$
$Multi$	0.044***		
	(3.17)		
$Post$		0.025	−0.038**
		(0.64)	(−2.04)
$Size$	0.045***	0.094***	0.080***
	(6.17)	(7.84)	(9.63)
Lev	−0.652***	−0.705***	−0.539***
	(−16.03)	(−9.75)	(−12.71)
$Growth$	0.012	−0.083***	−0.030**
	(0.86)	(−3.79)	(−2.08)
$Top1$	−0.321***	−0.647***	−0.140**
	(−6.31)	(−6.72)	(−2.34)
$Indep$	0.026	−0.147	0.542***
	(0.18)	(−0.52)	(3.19)
$Bsize$	0.192***	0.274***	0.118**
	(4.62)	(3.01)	(2.46)
$Dual$	0.111***	0.157***	0.022
	(7.45)	(4.80)	(1.33)
Soe	0.074***	0.014	0.024
	(4.26)	(0.45)	(1.28)
$\_cons$	−1.033***	−1.567***	−1.775***
	(−5.82)	(−4.77)	(−8.30)
$Industry/Year$	Y	Y	Y
N	7 737	2 307	5 931
Adj. R^2	0.048	0.107	0.041

注：括号内为 t 值；***、**、*分别代表在 1%、5%、10%的水平上显著。

2. 其他稳健性检验

（1）改变高管超额薪酬的衡量指标。参考罗宏等（2014），我们以"前三名董监的薪酬总额"替代"前三名高管的薪酬总额"计算高管超额薪酬（$Overpay1$）。表 4 - 7 列（1）的回归结果显示，多个大股东（$Multi$）的回归系数显著为正，与本章假设 H4 - 1b 保持一致，证明了本章结论的稳健性。

（2）在控制变量中加入股权制衡指标。陈志军等（2016）研究认为，股权制衡能够降低股东与管理层之间的代理成本。本章参考罗宏和黄婉（2020）的研究，进一步控制股权制衡度对本章结论的潜在影响，具体来讲，采用第二至第十大股东持股比例之和与第一大股东持股比例的比值（$Bratio$）作为股权制衡度指标。表 4 - 7 列（2）报告了加入股权制衡度指标（$Bratio$）后的回归结果，从列（2）可知，多个大股东（$Multi$）的回归系数依然在 1％的水平上显著为正，说明本章的结论是稳健的。

（3）改变大股东的界定标准。国内外文献在大股东判断标准上存在差异，因为在不同的国家或地区，大股东能够发挥公司治理作用的最低持股比例不同。为了考查本章的研究结论对大股东界定标准是否敏感，参考姜付秀等（2018）、朱冰（2018）的研究，我们将持股比例超过 5％的股东定义为大股东。表 4 - 7 列（3）显示了将持股比例超过 5％的股东定义为大股东后的回归结果，$Multi5$ 的回归系数为 0.049，且在 1％的水平上显著。这说明，改变大股东的衡量标准后，本章的结论依然成立。

（4）剔除存在控股股东的样本。由于控股股东较高的持股比例会使其他大股东难以对控股股东的决策产生影响，因此我们进一步剔除持股比例超过 50％的样本。表 4 - 7 列（4）报告了剔除存在控股股东的样本后的回归结果，多个大股东（$Multi$）的回归系数为 0.071，且在 1％的水平上显著。以上稳健性检验结果均证明了本章结论具有稳健性。

表 4 - 7 其他稳健性检验

变量	改变超额薪酬指标 (1) *Overpay*1	加入股权制衡 (2) *Overpay*	改变大股东标准 (3) *Overpay*	剔除控股股东样本 (4) *Overpay*
Multi	0.046***	0.030***		0.071***
	(6.14)	(3.60)		(8.79)
Bratio		0.067***		
		(8.87)		
*Multi*5			0.049***	
			(6.72)	
Size	0.072***	0.059***	0.064***	0.080***
	(21.07)	(16.90)	(18.53)	(20.18)
Lev	−0.506***	−0.484***	−0.513***	−0.533***
	(−25.89)	(−24.16)	(−25.82)	(−24.17)
Growth	−0.028***	−0.036***	−0.031***	−0.033***
	(−4.05)	(−5.16)	(−4.39)	(−4.13)
*Top*1	−0.395***	−0.148***	−0.351***	−0.568***
	(−15.84)	(−4.31)	(−13.73)	(−15.33)
Indep	−0.041	0.019	0.036	0.158*
	(−0.55)	(0.25)	(0.47)	(1.81)
Bsize	0.139***	0.145***	0.153***	0.165***
	(6.53)	(6.73)	(7.10)	(6.74)
Dual	−0.005	0.073***	0.073***	0.074***
	(−0.59)	(8.65)	(8.56)	(7.90)
Soe	−0.119***	−0.042***	−0.049***	−0.022**
	(−14.61)	(−4.98)	(−5.81)	(−2.37)
_cons	−1.362***	−1.309***	−1.325***	−1.643***
	(−15.81)	(−14.99)	(−15.16)	(−16.25)
Industry/Year	Y	Y	Y	Y
N	27 507	27 510	27 511	21 783
Adj. R^2	0.052	0.048	0.045	0.055

注：括号内为 t 值；***、**、* 分别代表在1%、5%、10%的水平上显著。

五、进一步分析

（一）股东持股治理效应分析

以上研究结果支持了多个大股东的监督无效假说，即相比于单一大股东，多个大股东对管理层的监督动机和监督能力都更弱，降低了监督效率，从而提高了高管超额薪酬水平。毫无疑问，其他大股东在公司决策中是否能够发挥作用很大程度上取决于他们是否有足够的力量可以与第一大股东抗衡。基于此，我们从以下两个维度进一步验证多个大股东的存在确实降低了对管理层的监督效率，进而提高高管超额薪酬水平。

首先，公司内存在多个大股东时，大股东之间的分歧和摩擦会随着大股东数量的增多而增大。如果大股东之间产生冲突，管理层会利用大股东之间的摩擦攫取私利（Fang et al.，2018；赵国宇，2019）。基于此，本章参考 Attig 等（2009）、姜付秀等（2017）、罗宏和黄婉（2020）的研究，构建公司内除第一大股东外其他大股东的数量变量（Large_num），以此检验多个大股东对高管的监督效应。本章在模型（4-3）中以公司其他大股东的数量（Large_num）替换是否存在多个大股东变量（Multi），回归结果如表4-8列（1）所示。实证结果表明，其他大股东的数量与高管超额薪酬显著正相关，即其他大股东数量越多，公司高管超额薪酬水平越高，从而证明多个大股东并存降低了对管理层的监督效率，提高了代理成本。

其次，大股东的持股比例决定了其决策权和影响力的大小，也就是其对抗其他大股东的相对力量的强弱，其他大股东持股比例越高，其相对力量越大，越有可能增加大股东之间的摩擦，从而降低对管理层的监督效率，为管理层攫取私利提供了机会。参考朱冰等（2018）、罗宏和黄婉（2020）的研究，我们构建了其他大股东持股比例之和变量（ShareRatio），以进一步检验多个大股东对公司管理层的监督效应。我们在模型（4-3）中以其他大股东持股比例之和（ShareRatio）替换是否存在多个大股东变量（*Multi*），回归结果如表 4-8 列（2）所示。实证结果表明，其他大股东持股比例之和（*ShareRatio*）的回归系数为 0.003，显著性水平为 1%，即其他大股东持股比例越高，高管超额薪酬水平越高，也就是说多个大股东监督效率的下降加剧了管理层攫取私利的行为。

表 4-8　股东持股治理效应分析：其他大股东的相对力量

变量	(1) *Overpay*	(2) *Overpay*
Large_num	0.053***	
	(9.19)	
ShareRatio		0.003***
		(9.35)
Size	0.063***	0.062***
	(18.04)	(17.78)
Lev	−0.504***	−0.503***
	(−25.36)	(−25.29)
Growth	−0.031***	−0.030***
	(−4.38)	(−4.30)
Top1	−0.341***	−0.349***
	(−13.43)	(−13.82)
Indep	0.026	0.022
	(0.34)	(0.29)
Bsize	0.154***	0.154***
	(7.15)	(7.14)
Dual	0.074***	0.073***
	(8.73)	(8.62)
Soe	−0.051***	−0.052***
	(−6.12)	(−6.27)
_cons	−1.289***	−1.267***
	(−14.75)	(−14.47)
Industry/Year	Y	Y
N	27 511	27 511
Adj. R^2	0.046	0.047

注：括号内为 *t* 值；***、**、*分别代表在 1%、5%、10%的水平上显著。

（二）股东高层治理效应分析

本章所指的股东高层治理是股东通过向上市公司委派董事长或 CEO 参与公司治理。股东持股比例大小只是从法律上赋予了股东参与公司治理权力的大小，但是股东参与公司治理的实际效果如何受到信息不对称程度以及管理层权力等诸多因素的影响。股东向公司委派董事或高管，能够有效缓解股东与管理层的代理冲突，能够更好地发挥治理作用（蔡贵龙等，2018）。基于此，本章借鉴蔡贵龙等（2018）、张建君和张闫龙（2016）的研究思路，构建股东是否向公司委派董事长或 CEO 变量（Dsz_ceo），检验股东的高层治理对高管超额薪酬的影响。选择委派董事长或 CEO 的理由是二者构成了我国上市公司中最基本、最显著的高阶梯队，对公司运作和业绩具有重大影响（Kato and Long，2006），董事长和 CEO 会比普通董事和管理者发挥更大的作用，当然也会对股东治理效应的发挥产生更为重要的影响。因此，本章选取股东委派董事长或 CEO 作为股东加强公司治理的代理变量，用以检验其对多个大股东与高管超额薪酬关系的影响。

我们在模型（4-3）中加入股东委派董事长或 CEO 变量 Dsz_ceo，以及股东委派董事长或 CEO（Dsz_ceo）与多个大股东（$Multi$）的交乘项 $Dsz\_ceo \times Multi$，重新进行回归，实证结果如表 4-9 所示。从表 4-9 中，我们可以看出，股东委派董事长或 CEO（Dsz_ceo）与多个大股东（$Multi$）的交乘项 $Dsz\_ceo \times Multi$ 的回归系数为 -0.040，显著性水平为 5%，也就是说股东委派董事长或 CEO 能够显著抑制多个大股东与高管超额薪酬之间的正向关系，股东通过委派董事长或 CEO 参与高层治理的方式能够有效发挥治理作用。该结果进一步表明，在多个大股东并存的公司中，高管超额薪酬是管理层在大股东监督效率降低时攫取私利的表现，而股东向公司委派董事长或 CEO 可以有效抑制高管攫取超额薪酬的行为。

表 4 - 9　股东高层治理效应分析：委派董事长或 CEO

变量	Overpay
Multi	0.089***
	(5.68)
Dsz_ceo	0.009
	(0.82)
Dsz_ceo×Multi	−0.040**
	(−2.16)
Size	0.065***
	(17.20)
Lev	−0.555***
	(−25.15)
Growth	−0.033***
	(−4.30)
Top1	−0.373***
	(−13.24)
Indep	−0.102
	(−1.20)
Bsize	0.175***
	(7.31)
Dual	0.069***
	(6.81)
Soe	−0.075***
	(−8.41)
_cons	−1.363***
	(−14.33)
Industry/Year	Y
N	22 331
Adj. R^2	0.055

注：括号内为 t 值；***、**、* 分别代表在 1%、5%、10% 的水平上显著。

【三】 机制检验：管理层权力

前文的实证结果表明，多个大股东提高了高管超额薪酬水平。在本部分，我们将进一步检验这一现象背后的作用机制。多个大股东监督效率的下降使得管理层的话语权和地位随之提升，为管理层谋取私利提供了条件和机会（Fang et al.，2018），Fang 等（2018）、赵国宇（2019），也提供了管理层利用多个大股东相互制衡从中获利的证据。为论证这一逻辑，我们从管理层权力的视角对此进行检验。

企业高管的寻租行为是其权力的体现，寻租与权力密不可分（桂林等，2012），高管薪酬的超常规增长是高管利用权力寻租获取超额薪酬的常见形式。按照传统薪酬契约理论，企业所有者与高管的薪酬契约可以激励高管实现股东利益最大化和经营成本最小化目标（Bebchuk et al.，2002），然而实践表明，企业高管薪酬并不是取决于企业所有者，高管利用自己的权力影响薪酬契约为自己谋取私利的现象普遍存在。传统薪酬契约理论不能合理解释这一现象，学者们普遍认为管理层的权力越大，在薪酬契约谈判中的优势越大，也越容易操纵契约条件，获取超额回报（Coakley and Lliopoulou，2006；权小锋等，2010）。多个大股东并存是否引致管理层权力扩张，进而管理层运用更多的权力操纵薪酬契约获得超额薪酬？我们对此进行了中介效应检验。参考温忠麟等（2004）、罗宏和黄婉（2020）的研究，我们以管理层权力作为中介变量，采用中介效应模型检验多个大股东影响高管超额薪酬的作用机制。

具体地，我们构建了如下中介效应模型：

$$Mediator_{i,t} = \beta_0 + \beta_1\, Multi_{i,t} + \sum Controls +$$
$$\sum Industry + \sum Year + \varepsilon_{i,t} \qquad (4-5)$$
$$Overpay_{i,t} = \gamma_0 + \gamma_1\, Multi_{i,t} + \gamma_2\, Mediator_{i,t} + \sum Controls +$$
$$\sum Industry + \sum Year + \theta_{i,t} \qquad (4-6)$$

其中，$Mediator$ 为中介变量，在这里指代参考郭宏等（2020）的方法计算的管理层权力（$Power$），其余变量的定义同上文：$Multi$ 为是否存在多个大股东的虚拟变量，$Overpay$ 为高管超额薪酬，$Controls$ 为与模型（4-3）相同的一组控制变量，$Industry$ 和 $Year$ 分别代表行业和年度固定效应。参考温忠麟等（2004）、罗宏和黄婉（2020）的研究，我们按照以下步骤进行中介效应检验：首先对模型（4-3）进行回归（回归结果如前文所示），然后依次对模型（4-5）和模型（4-6）进行回归检验。若模型（4-5）中 β_1 和模型（4-6）中 γ_2 均显著，说明多个大股东对高管超额薪酬的影响确实有部分是通过中介变量发挥作用的。此时，若 γ_1 显著，说明中介变量发挥了部分中介效应，若 γ_1 不显著，说明中介变量发挥了完全中介效用。反之，若模型（4-5）中 β_1 和模型（4-6）中 γ_2 至少有一个不显著，则需要通过 $Sobel$ 检验以判断中介效应 $\beta_1 \times \gamma_2$ 是否显著。

检验结果如表4-10列（1）和列（2）所示。列（1）中多个大股东（$Multi$）的回归系数显著为正，说明存在多个大股东的公司，其管理层权力更大；列（2）中，管理层权力（$Power$）的回归系数显著为正，这说明多个大股东确实通过扩大管理层权力进而提高了高管超额薪酬水平，同时，列（2）中多个大股东（$Multi$）的回归系数也显著为正，说明管理层权力（$Power$）在多个大股东与高管超额薪酬的关系中发挥了部分中介作用。

表4-10　中介效应检验：管理层权力

变量	(1) $Power$	(2) $Overpay$
$Multi$	0.538***	0.046***
	(47.65)	(5.76)
$Power$		0.027***
		(6.65)
$Size$	0.088***	0.060***
	(17.03)	(17.08)
Lev	−0.492***	−0.492***
	(−16.66)	(−24.58)
$Growth$	0.123***	−0.034***
	(11.83)	(−4.82)

（续）

变量	(1) *Power*	(2) *Overpay*
*Top*1	−3.700***	−0.250***
	(−98.43)	(−8.48)
Indep	−0.285**	0.032
	(−2.51)	(0.42)
Bsize	0.332***	0.142***
	(10.34)	(6.58)
Dual	1.754***	0.026**
	(139.30)	(2.33)
Soe	−0.205***	−0.046***
	(−16.67)	(−5.55)
_cons	−1.761***	−1.225***
	(−13.53)	(−13.91)
Industry/Year	Y	Y
N	27 274	27 274
Adj. R^2	0.614	0.047

注：括号内为 t 值；***、**、* 分别代表在 1%、5%、10% 的水平上显著。

〖（四）〗 竞争性解释：管理层能力

本章认为，当上市公司存在多个大股东时，由于多个大股东之间的摩擦增大，对管理层的监督效率降低，使得管理层权力扩张，从而导致高管超额薪酬水平的提高。然而，对于多个大股东对高管超额薪酬的提高作用，在理论上还有另外一种解释。高管超额薪酬被认为是对高管能力的补偿（Albuquerque et al.，2013；赵国宇，2019），高管能力越高，企业对经理人员支付的薪酬越高（罗建兵和邓德胜，2015）。由于多个大股东可能具有不同的身份、背景和资源，使得多个大股东并存的公司选聘了能力更强的管理层，或者多个大股东并存的情况下，大股东对管理层的监督效率提高，促使管理层提升工作能力，超额薪酬是对管理层能力的补偿。因此，有必要排除管理层能力对本章研究结论的影响。

本章参考姚立杰等（2020）的研究，采用数据包络分析法对管理层能力（$Ability$）进行计算。然后，运用模型（4-5）和模型（4-6）对管理层能力的中介效应进行检验，结果如表4-11所示。列（1）中$Ability$的回归系数不显著，说明多个大股东并未对管理层能力产生显著影响，列（2）中，$Ability$的回归系数仍然不显著，$Sobel$检验的结果也不显著（Z值为-1.058，P值为0.290），说明管理层能力并非多个大股东提高高管超额薪酬水平的作用机制。

表4-11 管理层能力中介效应的排除

变量	(1) $Ability$	(2) $Overpay$
$Multi$	0.006	0.060 ***
	(1.51)	(7.86)
$Ability$		−0.019
		(−1.58)
$Size$	0.032 ***	0.064 ***
	(18.09)	(18.27)
Lev	−0.004	−0.509 ***
	(−0.41)	(−25.62)
$Growth$	−0.005	−0.030 ***
	(−1.46)	(−4.33)
$Top1$	0.024 *	−0.353 ***
	(1.89)	(−13.95)
$Indep$	−0.013	0.026
	(−0.34)	(0.34)
$Bsize$	0.003	0.155 ***
	(0.28)	(7.17)
$Dual$	−0.004	0.073 ***
	(−0.85)	(8.65)
Soe	−0.006	−0.052 ***
	(−1.33)	(−6.30)

（续）

变量	(1) Ability	(2) Overpay
_cons	−0.477***	−1.302***
	(−10.82)	(−14.86)
Industry/Year	Y	Y
N	27 510	27 510
Adj. R^2	0.020	0.046
Sobel Z	−1.058	

注：括号内为 t 值；***、**、* 分别代表在 1%、5%、10%的水平上显著。

〔五〕审计监督的调节作用

信息不对称是影响高管薪酬契约有效性的重要因素，良好的信息环境可以缓解信息不对称问题，为高管薪酬契约的合理制定和有效执行提供保障（孙泽宇和齐保垒，2021）。郭阳生等（2018）研究认为资本市场的中介机构可以改善公司信息环境，缓解股东与管理层之间的信息不对称问题，而审计师是资本市场重要的监督力量（王芳等，2021）。审计师的治理作用在于其能够提高公司会计信息的可信度，提高上市公司财务报告的透明度（唐凯桃等，2021）。较高质量的外部审计能够提高公司盈余质量（Reichelt and Wang，2010）、提高会计信息质量（赵玉洁等，2020）以及提高公司信息披露水平（Fan and Wong，2002），进而降低信息不对称程度，有效抑制管理层的机会主义行为。由于"四大"会计师事务所的审计质量更高（Gul et al.，2013），所以参考王玉涛和王彦超（2012）、姜付秀等（2017）的做法，我们将样本分为审计师来自"四大"和审计师来自非"四大"两个子样本，采用模型（4-3）进行分组回归，回归结果报告于表4-12中。可以看出，在审计师来自"四大"组中，多个大股东（Multi）的回归系数为0.015，但不显著，而在审计师来自非"四大"组中，多个大股东（Multi）的回归系数为0.059，且在1%的水平上显著。这表明"四大"会计师事务所的会计师具有更强的监督作用，有利于提高会计信息披露质量，进而能够有效抑制多个大股东公司的高管通过超额薪酬攫取私利的行为。

表 4 - 12　审计监督的调节作用

变量	"四大"组 (1) $Overpay$	非"四大"组 (2) $Overpay$
$Multi$	0.015	0.059***
	(0.41)	(7.58)
$Size$	0.040**	0.055***
	(2.43)	(14.80)
Lev	−0.649***	−0.498***
	(−5.93)	(−24.86)
$Growth$	−0.008	−0.028***
	(−0.20)	(−4.05)
$Top1$	−0.493***	−0.365***
	(−4.31)	(−14.15)
$Indep$	0.665**	0.040
	(2.09)	(0.52)
$Bsize$	0.221**	0.147***
	(2.53)	(6.66)
$Dual$	−0.000	0.080***
	(−0.01)	(9.38)
Soe	−0.569***	−0.030***
	(−13.48)	(−3.54)
$\_cons$	−0.755	−1.137***
	(−1.49)	(−12.20)
$Industry/Year$	Y	Y
N	1 563	25 948
Adj. R^2	0.216	0.043

注：括号内为 t 值；***、**、* 分别代表在1%、5%、10%的水平上显著。

六、本章小结

中国上市公司频频曝出的高管巨额薪酬现象被视为管理层机会主义行

为的表现，受到学术界、政府、媒体以及社会公众的广泛关注。上市公司高管攫取超额薪酬的行为本质上是一个公司治理问题，管理层凭借自身的权力，对薪酬契约产生实质性影响，扭曲了公平的薪酬契约。因此，如何限制管理层利用其不断扩张的权力谋取私利，使高管薪酬契约的制定和执行更加规范，降低公司代理成本，是我国资本市场健康持续发展的重要议题。

本章从公司治理的逻辑起点——股权结构出发，基于多个大股东普遍存在的现实，实证检验了多个大股东对上市公司高管超额薪酬的影响。相关结论有：①与单一大股东相比，多个大股东加剧了高管攫取超额薪酬的行为，该结论在经过一系列的内生性和稳健性检验后依然成立。②对股东的持股治理效应和高层治理效应进行检验发现，其他大股东数量越多、持股比例越高，高管超额薪酬水平越高，而股东向公司委派董事长或者CEO可以有效降低多个大股东对高管超额薪酬的正向影响。③机制检验表明，多个大股东对管理层的监督效应降低，导致管理层权力得以扩张，而管理层权力是多个大股东影响高管超额薪酬的中介变量。④审计监督力量会对多个大股东提高高管超额薪酬水平产生调节作用，当上市公司被"四大"会计师事务所审计时，多个大股东对高管超额薪酬的影响不再显著。

目前学术界对多个大股东的公司治理效应尚存争议，本章的研究结论为多个大股东参与公司治理的潜在负面影响提供了证据，丰富了多个大股东经济后果与高管超额薪酬影响因素方面的文献。此外，本章的研究结论也具有较强的政策含义：在充分肯定多个大股东的正面治理效应的同时，还应当高度重视多个大股东可能产生的负面作用；本章的结论对于我国上市公司如何进一步完善公司治理，抑制高管通过管理层权力攫取超额薪酬的行为，以及资本市场的健康发展均具有一定的启示意义。

第五章 多个大股东与高管员工薪酬差距

一、引言

第四章的研究发现多个大股东加剧了高管攫取超额薪酬的行为，该结论在经过一系列的内生性和稳健性检验后依然成立。上一章内容认为多个大股东相互制衡及协调摩擦的存在，降低了多个大股东对管理层的监督效率，使得管理层权力得以扩张，进而导致管理层攫取了更多的超额薪酬。那么，在多个大股东对管理层监督效率下降的情况下，管理层利用自身扩大的权力是否也加大了高管员工薪酬差距，进而影响公司业绩，这是一个值得探究的问题。因此，本章的主要研究问题为多个大股东对高管员工薪酬差距的影响，通过研究揭示其中的机制和逻辑路径。

现有关于高管员工薪酬差距的研究侧重于探讨其产生的经济后果，而对其影响因素的研究相对较少。在经济后果方面，形成了"锦标赛理论"（Lazear and Rosen，1981；Ridge et al.，2015；黎文靖和胡玉明，2012）和"社会比较理论"（Cowherd and Levine，1992；Fredrickson et al.，2010）两种主流观点。在影响因素方面，学者们从文化（余威等，2019；陈仕华等，2020）、媒体监督（杨晶等，2017）、资本市场开放（张昭等，2020）、高管经历（柳光强和孔高文，2018，2021）、混合所有制程度（耿艳丽等，2021）、管理层权力（方军雄，2011；黎文靖和胡玉明，2012）等方面进行了探讨，但尚欠缺从股权结构这一视角展开的研究。因此，本章研究多个大股东对高管员工薪酬差距的影响具有重要的理论意义。

从实践层面来讲，高管员工薪酬差距问题归根结底是收入分配问题，而收入分配是衡量不平衡发展的重要指标之一。改革开放以来，中国的收入分配不公平程度有所扩大（Piketty et al.，2019），其中的主要原因之一是公司薪酬差距的扩大（Chen et al.，2014；方芳和李实，2015），而公司内部高管员工薪酬差距是公司薪酬差距的集中体现之一。根据德勤管理咨询（上海）有限公司所发布的《2018—2019 年度中国 A 股上市公司高管薪酬与长期激励调研报告》显示，高管与员工间薪酬差距持续增大，近三年复合增长率为 10%，2018 年中国 A 股上市公司高管与员工间薪酬差距系数平均为 9.47 倍。薪酬公平问题是一个社会问题，因为普通员工占社会成员的绝大多数，他们才是社会公平问题的主体。党的十八大报告指出要"逐步建立以权利公平、机会公平、规则公平为主要内容的社会公平保障体系"；党的十九大报告进一步指出"要激发全社会创造力和发展活力，努力实现更高质量、更有效率、更加公平、更可持续的发展"。在这一时代背景下，本章对公司高管员工薪酬差距的研究具有重要的现实意义。

基于上述分析，本章以 2007—2019 年中国 A 股非金融类上市公司为研究样本，从高管员工薪酬差距的视角研究多个大股东对高管薪酬契约公平性的影响及其作用机制。本章首先分析和检验了多个大股东对高管员工薪酬差距的影响，认为多个大股东引起的管理层权力扩张加大了高管员工薪酬差距，同时检验产权异质性对多个大股东与高管员工薪酬差距之间关系的影响。进一步分析中，首先检验了多个大股东引起高管员工薪酬差距的原因和由此产生的经济后果；为进一步验证多个大股东对高管员工薪酬差距的影响机理，本章从其他大股东数量和其他大股东持股比例两个维度验证多个大股东的存在确实会因大股东之间摩擦的增大而使管理层趁机扩大高管员工薪酬差距，同时，本章还检验了股东向公司委派董事长或 CEO 参与公司高层治理是否能够抑制管理层损害公司价值的行为。最后，由于高管员工薪酬差距不可避免地会受到产业类型和行业类型的重大影响，因此本章检验了产业和行业异质性对多个大股东与高管员工薪酬差距之间关系的调节作用。

本章的研究贡献主要体现在以下几个方面：第一，本章的研究丰富了多个大股东与高管员工薪酬差距的相关文献。通过研究多个大股东对高管员工薪酬差距的影响，拓展了高管员工薪酬差距影响因素的研究，也丰富了多个大股东的作用机理的研究。第二，本章的研究拓展了股东协调摩擦的相关文献，为股东协调不佳产生的代理成本提供了经验证据。现有关于股东协调的文献非常有限，并且少有实证研究深入探讨股东协调摩擦对公司业绩产生的影响，本章的研究验证了多个大股东加大了高管员工薪酬差距，而该薪酬差距显著降低了公司业绩，从而证明了股东协调不佳会降低公司价值。第三，本章的研究结论为我国相关政策的提出提供了实证依据。党的十九大报告指出"要激发全社会创造力和发展活力，努力实现更高质量、更有效率、更加公平、更可持续的发展"。本章验证了多个大股东引起的高管员工薪酬差距降低了公司业绩，为党中央提出的公平可持续发展提供了实证依据。

二、理论分析与研究假设

（一）多个大股东与高管员工薪酬差距

在第四章的实证分析中，我们证实了多个大股东对管理层的监督效率降低，管理层权力趁此得以扩张，而管理层权力是高管员工薪酬差距扩大的重要因素（方军雄，2011；黎文靖和胡玉明，2012）。因此，本章预期相比于单一大股东的公司，多个大股东公司的高管员工薪酬差距更大。

首先，管理层会利用多个大股东之间的协调摩擦以及相互制衡来提高自身权力，原因如下：一是在多个大股东并存的情况下，多个大股东对管理层的监督或惩罚效率降低，因为没有一个大股东（即使是控股股东）有足够的投票权来保证提案能够在股东大会上通过（Chakraborty and Gantchev，2013）。也就是说，如果某些大股东认为管理层的行为损害了公司利益并拟采取惩罚措施，其他大股东很可能出于某些原因拒绝惩罚高管的提议而导致惩罚措施难以执行，而在单一控股股东的公司中，控股股东有足够的权力及时制止高管侵害公司利益的行为并惩罚高管，这就为管理层权力的扩张提供了条件。二是股东的能力是有限的，大股东相互牵制会耗费大量的精力，精力的约束使得股东对管理层的监督力度变弱（尤华和李恩娟，2014），这也为管理层权力的扩张提供了空间。三是管理层还可以利用多个大股东相互制衡和摩擦，故意误导大股东，或与某些大股东串通，削弱多个大股东监督的有效性（Guthrie and Sokolowsky，2010；Wang and Xiao，2011），以进一步提升自身权力。综上，多个大股东对管理层监督效率的下降使管理层权力得以扩张。该推论在第四章的实证结果中已得到证实。

其次，管理层权力的扩张将导致高管与员工之间的薪酬差距进一步扩大。公司管理者权力的确立和增强，提高了高管对公司内部资源的配置权力，使得普通员工在薪酬谈判中没有平等的话语权，只能成为薪酬方案的被动接受者。一方面，在薪酬总额一定的情况下，薪酬在公司高管与普通员工之间的分配存在此消彼长的关系；另一方面，过高的普通员工薪酬增加了企业的工资性费用，从而吞噬企业利润，可能间接降低了高管薪酬（卢锐，2007）。然而，员工薪酬规则主要是高管制定的，普通员工对自身薪酬契约的影响较小，高管会利用自身权力最大限度增加自身薪酬。因此，公司管理层利用多个大股东之间摩擦和制衡的机会扩大管理层权力，增加了高管超额薪酬，这必然会降低普通员工的相对薪酬，进而加大高管与员工之间的薪酬差距。据此，我们提出本章的第一个假设 H5 - 1。

H5-1：相较于单一大股东的公司，多个大股东公司的高管员工薪酬差距更大。

（二）多个大股东，产权性质与高管员工薪酬差距

国有企业与民营企业在薪酬激励方面受到的内外部激励与约束机制不同，因此，多个大股东对高管员工薪酬差距的影响在不同产权性质的企业中也会有所不同。一是从内部激励机制来看，国有企业高管获取高额货币薪酬的动机弱于民营企业高管，国有企业高管员工薪酬差距将小于民营企业。由于国有企业的特殊性，国有企业的高管大多出于行政任命或委派，相应地，对于国有企业高管的薪酬激励，除了货币性薪酬外，政治晋升、控制权回报等其他不直接体现为货币的多元化的薪酬激励体系对国有企业高管也有着较强的激励作用，货币薪酬的激励作用随之减弱（陈冬华等，2005）。然而，在民营企业高管的激励问题上，一方面，由于管理层已处于组织内部的顶层，职位晋升机会很小（Baker et al.，1988），所以晋升激励较弱；另一方面，受限于民营企业家的身份，政治晋升的概率也较小（田妮和张宗益，2012），所以政治晋升激励也不足。因此，货币薪酬对于民营企业高管的激励作用相对国有企业更强，民营企业高管攫取超额货币薪酬的动机也更强。内部激励机制的相对单一会使民营企业高管不断提高自身薪酬，进而扩大高管员工薪酬差距。二是从外部约束机制来看，国有企业相对于民营企业受到政府更多的干预和薪酬管制，使得国有企业不得不控制高管员工薪酬差距。一直以来，高管员工薪酬差距备受关注，尤其是国有企业的高管员工薪酬差距（罗进辉，2018）。随着2008年全球金融危机的爆发，社会各界更加质疑公司高管过高的薪酬和过大的薪酬差距以及深刻思考由此带来的负面影响。在此背景下，2009年政府下发了《关于进一步规范中央企业负责人薪酬管理的指导意见》（也称"限薪令"），规定国企高管年薪不得超出职工平均工资的20倍；2013年批转了《关于深化收入分配制度改革的若干意见》，通过收入再分配政策进一步规范国企高管薪酬。相比而言，民营企业的

高管员工薪酬差距较少受到政府的干预（Firth et al.，2006；辛清泉和谭伟强，2009）。基于前文的分析，我们认为由于国有企业高管薪酬激励体系的多元化以及面临政府的薪酬管制，使得国有企业高管愿意且必须控制高管员工薪酬差距，而民营企业不存在上述情况，因此，多个大股东对高管员工薪酬差距的影响在民营企业更为明显。据此，本章提出假设 H5-2。

H5-2：相对于国有企业，多个大股东对民营企业高管员工薪酬差距的影响更加显著。

三、研究设计

（一）样本选取与数据来源

本章以 2007—2019 年中国 A 股上市公司为研究对象，上市公司一致行动人数据来自东方财富 Choice 金融数据库，其他数据主要来源于国泰安 CSMAR 数据库。按照以往研究惯例和本书研究的需要，对数据进行了以下处理：①剔除金融行业上市公司；②剔除资不抵债，即资产负债率大于 100% 的样本；③剔除被特殊处理（ST、*ST 或 PT）的样本；④剔除不存在大股东即第一大股东持股比例低于 10% 的样本；⑤剔除相关数据缺失的样本；⑥剔除薪酬差距小于 1 的样本；⑦为避免极端值的影响，对本章所涉及的主要连续变量，在 1% 和 99% 的水平进行 Winsorize 处理。最终得到观测值共 25 725 个。

（二）变量界定

1. 多个大股东（*Multi*）

本章参照已有文献（Attig et al.，2008；姜付秀等，2018；罗宏和黄婉，2020），把考虑一致行动人持股因素之后持股比例超过 10% 的股东定义为大股东。如果公司持股比例超过 10% 的大股东数量大于等于 2，我们将其界定为"多个大股东"，*Multi* 赋值为 1；反之，界定为"单一大股东"，*Multi* 赋值为 0。

2. 薪酬差距（*Gap*）

本章借鉴柳光强和孔高文（2018）、余威等（2019）以及张昭等（2020）的做法，采用董监高平均薪酬与员工平均薪酬的比值来衡量薪酬差距，这也是现有文献最主流的做法。其中，董监高平均薪酬为董事、监事及高管年薪总额除以董监高人数总和。由于部分上市公司存在部分高管不领取薪酬以及独立董事年薪较为固定等情况，为了排除这两项因素的干扰，本章参照步丹璐和王晓艳（2014）、柳光强和孔高文（2018）的做法，将公司独立董事人数和未领取薪酬的董监高人数从董监高人数总和中扣除。普通员工平均薪酬为员工薪酬总额除以普通员工总人数。

具体计算公式如下：

董监高平均薪酬（*AMP*）＝董事、监事及高管年薪总额/（董事人数＋ 监事总规模＋高管人数－独立董事人数－未领取薪酬的董监高人数）

普通员工平均薪酬（*AEP*）＝（当年应付职工薪酬总额－上年度应付职工薪酬总额＋支付给职工以及为职工支付的现金－董事、监事及高管年薪总额）/（员工总人数－董监高人数总和）

高管员工薪酬差距（*Gap*）＝董监高平均薪酬/普通员工平均薪酬

（三）回归模型

为了检验多个大股东对高管员工薪酬差距的影响，参照以往文献（柳光强和孔高文，2018），本章构建了如下回归模型（5-1）：

$$Gap_{i,t} = \beta_0 + \beta_1 Multi_{i,t} + \beta_2 Size_{i,t} + \beta_3 Lev_{i,t} + \beta_4 Roa_{i,t} +$$
$$\beta_5 TQ_{i,t} + \beta_6 Growth_{i,t} + \beta_7 Cash_{i,t} + \beta_8 Top1_{i,t} +$$
$$\beta_9 Dual_{i,t} + \beta_{10} Soe_{i,t} + \beta_{11} GDPr_{i,t} + \sum Industry +$$
$$\sum Year + \varepsilon_{i,t} \qquad (5-1)$$

其中，被解释变量 Gap 为高管员工薪酬差距，解释变量 $Multi$ 为是否具有多个大股东的虚拟变量。本章控制变量包括公司特征变量和公司治理特征变量，为了排除地方经济发展差距的影响，本章还控制了地区经济发展速度变量（$GDPr$），此外，本章也控制了行业（$Industry$）和年度（$Year$）固定效应。具体变量定义见表 5-1。

表 5-1　变量定义表

	变量名称	变量符号	变量定义
被解释变量	高管员工薪酬差距	Gap	董监高平均薪酬与普通员工平均薪酬的比值
解释变量	多个大股东	$Multi$	上市公司是否存在多个大股东的虚拟变量，当上市公司存在两个及以上的大股东时，取值为 1，否则，取值为 0
控制变量	公司规模	$Size$	期末资产总额的自然对数
	资产负债率	Lev	期末负债总额与期末资产总额之比
	资产回报率	Roa	净利润与期末总资产之比
	托宾 Q 值	TQ	企业市值与期末总资产之比
	增长率	$Growth$	本期营业收入与上期营业收入之差除以上期营业收入
	现金流	$Cash$	经营活动产生的现金净流量与期末总资产之比
	第一大股东持股	$Top1$	上市公司第一大股东持股比例
	产权性质	Soe	上市公司实际控制人为国有性质时，取 1，否则，取 0
	两职合一	$Dual$	当董事长与总经理由同一人兼任时，取 1，否则，取 0
	地方经济发展速度	$GDPr$	企业所在省份 GDP 的增长率

四、实证结果分析

〔（一）〕 描述性统计

我们对本章所涉及主要变量的描述性统计结果见表 5-2。从 Panel A 可以看出，高管员工薪酬差距（Gap）的均值为 4.447，最小值为 1.103，最大值为 20.198，标准差为 3.279，与以往针对中国上市公司高管员工薪酬差距的研究（柳光强和孔高文，2018；张昭等，2020）较为一致。解释变量 $Multi$ 的均值为 0.330，这表明在本章的样本期间内，平均有 33% 的样本公司存在多个大股东。从 Panel B 可以看到更详细的大股东数量分布情况，只存在一个大股东的样本占比为 66.97%，存在两个大股东的样本占比为 27.26%，存在三个及以上大股东的样本占比为 5.77%，由此可见多个大股东的普遍性。其他控制变量的描述性统计结果与现有研究基本一致。

我们进一步以上市公司是否存在多个大股东进行分组，检验高管员工薪酬差距的差异。结果见表 5-2 Panel C，高管员工薪酬差距（Gap）的均值在存在多个大股东的样本中为 4.674，在单一大股东的样本中为 4.335，并且在 1% 的水平上存在显著差异，这也在统计上说明存在多个大股东的上市公司，其高管员工薪酬差距更大，支持了假设 H5-1，即与只有单一大股东的公司相比，存在多个大股东公司的高管员工薪酬差距更大。

表 5-2 描述性统计

Panel A：主要变量的描述性统计

变量	N	$Mean$	$P50$	Min	Max	Sd
Gap	25 725	4.447	3.496	1.103	20.198	3.279
$Multi$	25 725	0.330	0.000	0.000	1.000	0.470

（续）

Panel A：主要变量的描述性统计

变量	N	Mean	P50	Min	Max	Sd
Size	25 725	22.116	21.956	19.305	25.957	1.293
Lev	25 725	0.443	0.440	0.057	0.902	0.207
Roa	25 725	0.037	0.035	−0.223	0.197	0.057
TQ	25 725	2.135	1.586	0.227	10.666	1.790
Growth	25 725	0.190	0.112	−0.587	3.077	0.461
Cash	25 725	0.045	0.044	−0.187	0.260	0.074
Top1	25 725	0.351	0.330	0.090	0.750	0.148
Dual	25 725	0.239	0.000	0.000	1.000	0.427
Soe	25 725	0.423	0.000	0.000	1.000	0.494
GDPr	25 725	0.110	0.101	−0.082	0.251	0.056

Panel B：大股东的数量分布

大股东数量	1	2	3	4	5
N	17 228	7 013	1 314	155	15
Percent（%）	66.97	27.26	5.11	0.60	0.06

Panel C：均值差异检验

变量	*Multi* = 1	*Multi* = 0	差异
Gap	4.674	4.335	0.339 ***

注：***、**、* 分别代表在1%、5%、10%的水平上显著。

（二）相关性分析

表 5-3 为本章主要变量的 Pearson 相关性分析结果。其中，多个大股东（*Multi*）与高管员工薪酬差距（*Gap*）显著正相关，这表明相比于只存在单一大股东的公司，存在多个大股东公司的高管员工薪酬差距更大，初步验证了假设 H5-1。第一大股东持股比例（*Top1*）与高管员工薪酬差距（*Gap*）的相关系数为−0.025，并且在 1%的水平上显著，初步反映了第一大股东对高管员工薪酬差距的抑制作用，这也证明了前文对多个大股东并存时大股东之间摩擦增大，从而降低了大股东对管理层的监督效应的分析存在一定的合理性。

表 5 - 3　主要变量相关系数表

变量	Gap	Multi	Size	Lev	Roa	TQ	Growth	Cash	Top1	Dual	Soe	GDPr
Gap	1											
Multi	0.049***	1										
Size	0.272***	-0.014**	1									
Lev	0.107***	-0.078***	0.459***	1								
Roa	0.131***	0.048***	0.017***	-0.347***	1							
TQ	-0.087***	0.041***	-0.481***	-0.397***	0.218***	1						
Growth	0.022	0.030	0.029	0.039***	0.201***	0.060***	1					
Cash	0.088***	0.020	0.055***	-0.146***	0.356***	0.099***	0.003 00	1				
Top1	-0.025***	-0.183***	0.222***	0.066***	0.132***	-0.086***	0.025***	0.094***	1			
Dual	-0.051***	0.014	-0.146***	-0.135***	0.024***	0.115***	0.015***	-0.024***	-0.061***	1		
Soe	-0.003 00	-0.106***	0.312***	0.282***	-0.064***	-0.224***	-0.058***	0.034***	0.221***	-0.280***	1	
GDPr	0.013**	0.027***	-0.127***	0.058***	0.056***	-0.034***	0.080***	-0.016***	0.034***	-0.046***	0.107***	1

注：***、**、* 分别代表在 1%、5%、10%的水平上显著。

（三）多个大股东与高管员工薪酬差距

表 5 - 4 报告了多个大股东对高管员工薪酬差距的影响。列（1）是多个大股东（$Multi$）与高管员工薪酬差距（Gap）的单变量回归结果，列（2）是加入公司特征变量、公司治理特征变量后的回归结果，列（3）进一步控制了行业（$Industry$）和年度（$Year$）固定效应。从表 5 - 4 的回归结果可以看出，不管是否加入控制变量，多个大股东（$Multi$）的回归系数均为正，且均在 1% 的水平上显著。从经济意义上分析，相比于只存在单一大股东的公司，存在多个大股东公司的高管员工薪酬差距显著提高约 3.31%（0.147/4.447），从而验证了假设 H5 - 1。即：相对于只存在单一大股东的公司，多个大股东公司的高管员工薪酬差距更大。

表 5 - 4　多个大股东与薪酬差距

变量	(1) Gap	(2) Gap	(3) Gap
$Multi$	0.339***	0.147***	0.147***
	(7.82)	(3.49)	(3.53)
$Size$		0.785***	0.976***
		(39.50)	(45.60)
Lev		0.876***	0.375***
		(7.38)	(3.05)
Roa		7.554***	6.147***
		(18.56)	(15.09)
TQ		0.052***	0.098***
		(4.00)	(6.94)
$Growth$		−0.177***	−0.150***
		(−4.09)	(−3.51)
$Cash$		1.823***	2.363***
		(6.45)	(8.31)
$Top1$		−2.101***	−2.254***
		(−15.12)	(−16.20)

（续）

变量	(1) Gap	(2) Gap	(3) Gap
Dual		-0.261***	-0.237***
		(-5.54)	(-5.11)
Soe		-0.633***	-0.621***
		(-14.35)	(-13.80)
GDPr		3.296***	0.022
		(9.22)	(0.04)
_cons	4.335***	-13.077***	-15.402***
	(173.70)	(-30.11)	(-31.73)
Industry/Year	N	N	Y
N	25 725	25 725	25 725
Adj. R^2	0.002	0.114	0.151

注：括号内为 t 值；***、**、* 分别代表在1%、5%、10%的水平上显著。

（四）多个大股东，产权性质与高管员工薪酬差距

产权性质不同的企业在薪酬差距方面面临的管制压力也不同。表5-5报告了在区分产权性质的基础上，多个大股东对薪酬差距影响的差异。利用模型（5-1）分别对国有企业样本和民营企业样本进行回归，列（1）的结果表明，在国有企业中，多个大股东（Multi）的回归系数并不显著；列（2）的结果表明，在民营企业中，多个大股东（Multi）与高管员工薪酬差距（Gap）显著正相关。实证结果表明，多个大股东对高管员工薪酬差距的影响在民营企业更为显著，而在国有企业中，该影响不再显著，从而验证了假设H5-2。即：由于国有企业受到政府薪酬管制的影响以及国企高管激励方式的多元化，弱化了多个大股东对高管员工薪酬差距的影响。该结论与柳光强和孔高文（2018，2021）、陈良银等（2021）的研究结果一致。

表 5-5 多个大股东, 产权性质与薪酬差距

变量	国企 (1) *Gap*	民企 (2) *Gap*
Multi	0.046	0.302***
	(0.64)	(6.06)
Size	0.834***	1.294***
	(26.24)	(43.09)
Lev	−0.245	0.497***
	(−1.19)	(3.26)
Roa	8.302***	3.667***
	(10.80)	(7.84)
TQ	0.055**	0.163***
	(1.99)	(9.96)
Growth	−0.119	−0.172***
	(−1.61)	(−3.39)
Cash	0.720	3.418***
	(1.53)	(9.82)
Top1	−4.150***	−0.201
	(−18.56)	(−1.13)
Dual	0.159	−0.331***
	(1.56)	(−6.63)
GDPr	−0.147	0.218
	(−0.19)	(0.33)
_cons	−11.555***	−23.358***
	(−15.82)	(−34.07)
Industry/Year	Y	Y
N	10 888	14 837
Adj. R^2	0.136	0.202

注：括号内为 t 值；***、**、*分别代表在 1%、5%、10%的水平上显著。

【五】 稳健性检验

1. 控制内生性问题

股权结构在很大程度上是内生决定的（Edmans et al.，2013）。就本

章而言，多个大股东与高管员工薪酬差距之间可能存在内生性问题。为了较好地解决该问题，本章采用了如下方法进行回归检验。

（1）解释变量滞后一期。反向因果关系可能存在于多个大股东与高管员工薪酬差距之间，因此，我们将所有解释变量滞后一期重新进行回归，结果如表5-6所示。列（1）报告的是全样本回归的结果，多个大股东（Multi）的回归系数在5%的水平上显著为正；列（2）报告了在国有企业的子样本中，多个大股东（Multi）的回归系数为0.008，但是不显著；列（3）报告了在民营企业子样本中，多个大股东（Multi）的回归系数为0.281，且在1%的水平上显著。该实证结果表明，在控制反向因果内生性问题后，本章的结论依然成立。

表5-6　内生性：解释变量滞后一期

变量	全样本 （1） Gap	国企 （2） Gap	民企 （3） Gap
$Multi$	0.113**	0.008	0.281***
	(2.47)	(0.10)	(5.09)
$Size$	0.956***	0.800***	1.318***
	(40.08)	(23.09)	(38.54)
Lev	0.473***	−0.079	0.547***
	(3.42)	(−0.35)	(3.14)
Roa	6.758***	9.105***	3.831***
	(14.01)	(10.64)	(6.73)
TQ	0.086***	0.023	0.169***
	(5.46)	(0.75)	(9.14)
$Growth$	−0.087*	0.044	−0.184***
	(−1.84)	(0.56)	(−3.25)
$Cash$	3.027***	1.403***	4.098***
	(9.68)	(2.76)	(10.59)
$Top1$	−2.307***	−4.152***	−0.240
	(−15.11)	(−17.08)	(−1.22)

（续）

变量	全样本 （1） Gap	国企 （2） Gap	民企 （3） Gap
$Dual$	-0.244^{***}	0.009	-0.291^{***}
	(-4.77)	(0.08)	(-5.26)
Soe	-0.608^{***}		
	(-12.28)		
$GDPr$	0.121	0.109	0.026
	(0.23)	(0.14)	(0.04)
$\_cons$	-15.139^{***}	-10.957^{***}	-24.136^{***}
	(-28.21)	(-13.78)	(-31.31)
$Industry/Year$	Y	Y	Y
N	21 638	9 379	12 259
Adj. R^2	0.149	0.137	0.201

注：括号内为 t 值；***、**、* 分别代表在 1％、5％、10％的水平上显著。

（2）Heckman 两阶段模型。为了缓解本章可能存在的多个大股东与高管员工薪酬差距之间自选择效应的影响，我们借鉴朱冰等（2018）的做法，以上年度该公司所在行业内其他公司的平均股权结构数据（同行业内多个大股东类型的公司占比）（$Multi\_IV$）作为多个大股东（$Multi$）的工具变量进行两阶段回归，结果如表 5-7 所示。列（1）和列（2）报告的是全样本的 Heckman 两阶段回归结果，其中，列（1）报告了第一阶段的 Probit 回归结果，工具变量（$Multi\_IV$）的回归系数显著为正，表明通过了"弱工具变量"检验；列（2）报告了第二阶段加入逆米尔斯比率（IMR）后的回归结果，逆米尔斯比率（IMR）的回归系数为 0.48，但是不显著，表明不存在严重的自选择问题，而与模型（5-1）的基本回归结果相比，多个大股东（$Multi$）的回归系数从 0.147 升高到了 0.162，并且仍然在 1％的水平上显著，表明在不考虑样本自选择问题的情况下，主回归基本结果在一定程度上低估了多个大股东（$Multi$）对高管员工薪酬差距（Gap）的影响，进一步强化了本章的研究结论，即相比于单一大股东，多个大股东加大了高管员工薪酬差距。列（3）和列（5）分别列示了在国有企业子样本和民营企业子样本中第一阶段的 Probit 回归结果，工具变量（$Multi\_IV$）的回归系数均显著为正；列（4）和列（6）分别列示了在国有企业子样本和民营企业子样本中加入逆米尔斯比率（IMR）后的第二阶段回归结果。可以看出，在考虑样本自选择的内生性问题后，多个大股东（$Multi$）对高管员工薪酬差距（Gap）的影响在国有企业中不显著，而在民营企业中显著为正（显著性水平为 1%），这进一步表明了本章结论的可信性。

表 5-7　内生性：Heckman 两阶段回归

变量	全样本		国企		民企	
	第一阶段 （1） $Multi$	第二阶段 （2） Gap	第一阶段 （3） $Multi$	第二阶段 （4） Gap	第一阶段 （5） $Multi$	第二阶段 （6） Gap
$Multi$		0.162***		0.046		0.326***
		(3.51)		(0.59)		(5.87)
$Multi\_IV$	1.975***		1.606***		2.082***	
	(7.53)		(4.17)		(5.55)	
$Size$	0.175***	1.054***	0.264***	1.042***	0.089***	1.313***
	(16.86)	(20.26)	(17.74)	(8.53)	(5.80)	(28.63)
Lev	−0.461***	0.209	−0.140	−0.348	−0.588***	0.535*
	(−7.52)	(1.12)	(−1.39)	(−1.47)	(−7.34)	(1.91)
Roa	0.037	6.198***	−0.902**	7.596***	0.476**	3.535***
	(0.19)	(13.76)	(−2.42)	(8.05)	(1.99)	(6.48)
TQ	0.051***	0.129***	0.122***	0.145**	0.021**	0.177***
	(7.18)	(6.10)	(8.80)	(2.32)	(2.40)	(8.73)
$Growth$	0.076***	−0.188***	0.037	−0.155*	0.108***	−0.251***
	(3.43)	(−3.48)	(0.96)	(−1.74)	(3.98)	(−3.55)
$Cash$	0.410***	2.735***	0.533**	1.442**	0.321*	3.597***
	(2.87)	(8.12)	(2.28)	(2.55)	(1.75)	(8.70)
$Top1$	−2.098***	−3.036***	−2.494***	−6.070***	−1.946***	0.073
	(−29.60)	(−5.17)	(−22.46)	(−5.26)	(−20.36)	(0.10)

（续）

变量	全样本		国企		民企	
	第一阶段 (1) *Multi*	第二阶段 (2) *Gap*	第一阶段 (3) *Multi*	第二阶段 (4) *Gap*	第一阶段 (5) *Multi*	第二阶段 (6) *Gap*
Dual	−0.056**	−0.255***	−0.078	0.062	−0.065**	−0.316***
	(−2.48)	(−4.79)	(−1.59)	(0.53)	(−2.55)	(−5.27)
Soe	−0.264***	−0.699***				
	(−12.07)	(−8.10)				
GDPr	0.242	0.143	0.524	0.137	0.220	0.300
	(1.00)	(0.26)	(1.45)	(0.16)	(0.67)	(0.42)
IMR		0.480		0.991*		−0.168
		(1.31)		(1.65)		(−0.33)
_ *cons*	−4.251***	−17.257***	−6.474***	−16.783***	−2.395***	−23.573***
	(−17.41)	(−13.01)	(−18.12)	(−5.28)	(−6.60)	(−18.81)
Industry/Year	Y	Y	Y	Y	Y	Y
N	21 638	21 638	9 346	9 346	12 292	12 292
Pseudo R^2/Adj. R^2	0.063	0.156	0.092	0.142	0.050	0.209

注：括号内为 t 值；***、**、* 分别代表在 1%、5%、10%的水平上显著。

（3）倾向得分匹配法（PSM）。我们以多个大股东并存的公司样本作为处理组，以只存在单一大股东的公司样本作为控制组，采用倾向得分匹配法（PSM）进行样本配对，以缓解公司特征方面可能存在的遗漏变量的问题。具体地，本章参考 Ben‐Nasr 等（2015）、姜付秀等（2017）的方法，采用最近邻匹配法进行样本配对，配对比例为 1∶1；在第一阶段的 Logit 回归中以公司规模（*Size*）、资产负债率（*Lev*）、增长率（*Growth*）、企业年龄（*Age*）、经营现金流（*Cash*）以及年度（*Year*）和行业（*Industry*）虚拟变量等为自变量，以上市公司是否存在多个大股东（*Multi*）作为因变量。其中，公司规模（*Size*）、资产负债率（*Lev*）、增长率（*Growth*）、经营现金流（*Cash*）的定义与表 5‐1 相同；企业年龄（*Age*）为公司已上市年限加 1 的自然对数。在倾向得分匹配过程中，分别对全样本、国有企业子样本和民营企业子样本进行匹配。匹配完成后，我们运用模型（5-1）对配对样本重新进行回归的结果报告于表5-8中。从表5-8的结果可以看出，多个大股东（*Multi*）对高管员工薪酬差距（*Gap*）的影响在全样本和民营企业子样本中显著为正，而在国有企业子样本中不显著，该结果与前文结果一致。

表5-8 内生性：倾向得分匹配法（PSM）

变量	全样本 （1） *Gap*	国企 （2） *Gap*	民企 （3） *Gap*
Multi	0.158**	0.127	0.329***
	(2.24)	(0.89)	(4.14)
Size	0.817***	0.592***	1.317***
	(20.24)	(9.12)	(22.88)
Lev	0.535**	−0.815*	0.688**
	(2.27)	(−1.73)	(2.52)
Roa	7.636***	9.992***	4.819***
	(8.69)	(5.43)	(4.92)
TQ	0.017	−0.065	0.096***
	(0.70)	(−1.00)	(3.68)
Growth	−0.024	0.132	−0.001
	(−0.31)	(0.78)	(−0.01)
Cash	1.996***	1.000	3.129***
	(3.82)	(0.96)	(5.26)
*Top*1	−1.532***	−3.314***	0.260
	(−5.92)	(−6.42)	(0.87)
Dual	−0.225***	0.418*	−0.299***
	(−2.96)	(1.92)	(−3.83)
Soe	−0.347***		
	(−3.92)		
GDPr	−2.453*	2.320	−2.812*
	(−1.91)	(1.04)	(−1.81)

（续）

变量	全样本 （1） Gap	国企 （2） Gap	民企 （3） Gap
_cons	−11.989***	−7.558***	−23.582***
	（−12.97）	（−4.91）	（−18.07）
Industry/Year	Y	Y	Y
N	7 341	2 168	5 089
Adj. R²	0.146	0.151	0.195

注：括号内为 t 值；***、**、* 分别代表在 1%、5%、10% 的水平上显著。

（4）双重差分模型（DID）。本章参考 Slaughter（2001）、姜付秀等（2017）、朱冰等（2018）的做法，选用样本期间内股权结构发生变动的样本和未发生过变动的样本构建双重差分模型以检验股权结构的变化对高管员工薪酬差距的影响，以此增强多个大股东（*Multi*）与高管员工薪酬差距（*Gap*）之间正向关系的因果效应。具体地，股权结构的变动包括从单一大股东变为多个大股东（"一变多"）以及从多个大股东变为单一大股东（"多变一"）两种情形，本章还剔除了样本期间内股权结构发生两次及以上变更的样本。我们构建了模型（5-2）进行检验：

$$Gap_{i,t} = \beta_0 + \beta_1 Post_{i,t} + \beta_2 Treat_{i,t} + \beta_3 Size_{i,t} + \beta_4 Lev_{i,t} +$$
$$\beta_5 Roa_{i,t} + \beta_6 TQ_{i,t} + \beta_7 Growth_{i,t} + \beta_8 Cash_{i,t} +$$
$$\beta_9 Top1_{i,t} + \beta_{10} Dual_{i,t} + \beta_{11} Soe_{i,t} + \beta_{12} GDPr_{i,t} +$$
$$\sum Industry + \sum Year + \varepsilon_{i,t} \qquad (5-2)$$

其中，*Post* 为虚拟变量，从"一变多"或者"多变一"时，在变动当年及以后年度，该值取 1，在变动之前的年份均取 0。*Treat* 为是否为处理组的虚拟变量，当样本公司为处理组时，*Treat* 取值为 1；否则，*Treat* 取值为 0。控制变量与模型（5-1）一致。β_1 衡量了股权结构变化前后，公司薪酬差距的差异。DID 回归结果见表 5-9。表 5-9 列（1）和列（4）分别报告了全样本中公司股权结构变动的 DID 回归结果，列（2）、列（5）和列（3）、列（6）分别报告的是国有企业子样本和民营企业子样

本中股权结构变动的 DID 回归结果。列（1）中，*Post* 的回归系数为
0.317，说明股权结构"一变多"后，多个大股东与高管员工薪酬差距正
相关，但是该结果并不显著，可能的原因是"一变多"的情况下，新进入
的大股东与原来的大股东之间的摩擦还没有凸显，管理层利用大股东之间
的摩擦攫取私利的行为需要经过一段时期后才会显现；列（2）中，*Post*
的回归系数依然不显著，这表明多个大股东对高管员工薪酬差距的影响在
国有企业中不显著；列（3）中，*Post* 的回归系数为 0.774，并且在 5% 的
水平上显著，这说明多个大股东显著加大了民营企业的高管员工薪酬差
距；列（4）的结果表明，总体上看，公司股权结构"多变一"后，单一
大股东显著抑制了高管员工薪酬差距，并且这种抑制作用在国有企业和民
营企业均显著，且单一大股东对高管员工薪酬差距的抑制作用在国有企业
更大（0.337 大于 0.240）。该结果进一步加强了多个大股东加大高管员工
薪酬差距的因果关系。

表 5-9　内生性：双重差分模型（DID）

变量	一变多			多变一		
	全样本 （1） *Gap*	国企 （2） *Gap*	民企 （3） *Gap*	全样本 （4） *Gap*	国企 （5） *Gap*	民企 （6） *Gap*
Post	0.317	−0.231	0.774**	−0.161*	−0.377**	−0.240**
	(1.43)	(−0.72)	(2.46)	(−1.71)	(−2.01)	(−2.26)
Size	1.246***	1.054***	1.582***	1.061***	0.724***	1.339***
	(15.82)	(10.25)	(12.14)	(21.88)	(8.50)	(22.73)
Lev	−0.390	−1.767**	0.092	−0.114	−0.996**	0.273
	(−0.84)	(−2.26)	(0.16)	(−0.49)	(−2.13)	(1.04)
Roa	6.492***	5.502**	4.861***	4.649***	7.837***	2.900***
	(4.36)	(2.17)	(2.62)	(6.20)	(4.60)	(3.57)
TQ	0.286***	0.264***	0.383***	0.092***	0.021	0.140***
	(5.51)	(2.95)	(5.61)	(3.51)	(0.37)	(4.80)
Growth	−0.070	0.088	−0.164	−0.227***	−0.242	−0.175*
	(−0.50)	(0.40)	(−0.91)	(−2.85)	(−1.60)	(−1.92)

（续）

变量	一变多			多变一		
	全样本 （1） *Gap*	国企 （2） *Gap*	民企 （3） *Gap*	全样本 （4） *Gap*	国企 （5） *Gap*	民企 （6） *Gap*
Cash	0.907	2.059	1.372	2.865***	2.789**	2.859***
	(0.87)	(1.26)	(1.03)	(5.10)	(2.50)	(4.52)
Top1	−5.347***	−6.272***	−2.467***	0.314	−2.446***	1.776***
	(−9.81)	(−8.11)	(−3.10)	(1.05)	(−4.49)	(4.99)
Dual	0.371**	1.132***	−0.002	−0.450***	−0.316	−0.444***
	(1.99)	(3.07)	(−0.01)	(−5.54)	(−1.48)	(−5.19)
Soe	−0.303*			−0.705***		
	(−1.69)			(−7.86)		
GDPr	0.864	−0.265	1.942	−0.038	2.301	−1.340
	(0.44)	(−0.10)	(0.68)	(−0.04)	(1.32)	(−1.11)
_cons	−19.219***	−11.609***	−29.315***	−16.727***	−11.701***	−19.543***
	(−9.77)	(−4.19)	(−9.32)	(−15.38)	(−6.28)	(−14.04)
Industry/Year	Y	Y	Y	Y	Y	Y
N	2 112	1 048	1 064	5 594	1 619	3 975
Adj. R^2	0.231	0.309	0.221	0.164	0.121	0.235

注：括号内为 t 值；***、**、* 分别代表在 1%、5%、10% 的水平上显著。

2. 其他稳健性检验

（1）改变薪酬差距的衡量指标。参考黎文靖和胡玉明（2012）的研究，我们以"前三名高管的平均薪酬"与"普通员工平均薪酬"计算高管员工薪酬差距（*Gap*1）对模型（5-1）重新进行回归分析，回归结果见表 5-10。可以看出，在全样本和民营企业子样本中，多个大股东（*Multi*）的回归系数显著为正，而在国有企业子样本中，多个大股东（*Multi*）与高管员工薪酬差距（*Gap*1）之间的关系并不显著，这进一步验证了本章假设 H5-1 和 H5-2，也说明本章的结论是稳健的。

表 5－10　其他稳健性检验：改变薪酬差距衡量指标

变量	全样本 （1） $Gap1$	国企 （2） $Gap1$	民企 （3） $Gap1$
$Multi$	0.361***	0.139	0.682***
	(4.83)	(1.13)	(7.36)
$Size$	1.756***	1.417***	2.450***
	(45.74)	(26.11)	(43.83)
Lev	0.468**	−0.294	0.356
	(2.12)	(−0.84)	(1.26)
Roa	12.010***	15.787***	7.461***
	(16.44)	(12.03)	(8.58)
TQ	0.202***	0.125***	0.339***
	(7.98)	(2.65)	(11.11)
$Growth$	−0.306***	−0.255**	−0.356***
	(−3.99)	(−2.02)	(−3.76)
$Cash$	4.679***	1.577*	6.557***
	(9.17)	(1.96)	(10.11)
$Top1$	−4.232***	−8.067***	−0.188
	(−16.96)	(−21.13)	(−0.57)
$Dual$	0.476***	0.957***	0.356***
	(5.74)	(5.50)	(3.84)
Soe	−1.661***		
	(−20.56)		
$GDPr$	0.127	−0.363	0.557
	(0.14)	(−0.28)	(0.45)
$\_cons$	−28.317***	−20.031***	−45.667***
	(−32.53)	(−16.06)	(−35.78)
$Industry/Year$	Y	Y	Y
N	25 720	10 884	14 836
Adj. R^2	0.156	0.148	0.196

注：括号内为 t 值；***、**、*分别代表在1%、5%、10%的水平上显著。

（2）在控制变量中加入股权制衡指标。陈志军等（2016）研究认为，股权制衡能够降低股东与管理层之间的代理成本。本章参考罗宏和黄婉（2020）的研究，进一步控制股权制衡度对本章结论的潜在影响。具体来讲，采用第二大股东至第十大股东持股比例之和与第一大股东持股比例的比值（$Bratio$）作为股权制衡度指标。加入股权制衡度（$Bratio$）后的回归结果报告于表 5-11。表 5-11 的结果显示，在加入股权制衡度（$Bratio$）后，多个大股东（$Multi$）的回归系数在全样本中显著为正（系数为 0.165，显著性水平为 1%），在国有企业子样本中不显著，在民营企业子样本中显著为正（系数为 0.296，显著性水平为 1%），说明本章的结论是稳健的。

表 5-11　其他稳健性检验：加入股权制衡指标

变量	全样本 （1） Gap	国企 （2） Gap	民企 （3） Gap
$Multi$	0.165***	−0.124	0.296***
	(3.63)	(−1.54)	(5.52)
$Bratio$	−0.041	0.375***	0.014
	(−0.98)	(4.57)	(0.29)
$Size$	0.979***	0.805***	1.293***
	(45.27)	(24.86)	(42.92)
Lev	0.361***	−0.172	0.502***
	(2.92)	(−0.84)	(3.27)
Roa	6.154***	8.231***	3.661***
	(15.10)	(10.71)	(7.83)
TQ	0.098***	0.046*	0.163***
	(6.98)	(1.67)	(9.94)
$Growth$	−0.147***	−0.140*	−0.174***
	(−3.43)	(−1.89)	(−3.40)
$Cash$	2.360***	0.684	3.421***
	(8.30)	(1.45)	(9.82)
$Top1$	−2.381***	−3.194***	−0.151
	(−12.52)	(−10.43)	(−0.61)

（续）

变量	全样本 （1） Gap	国企 （2） Gap	民企 （3） Gap
Dual	−0.237***	0.165	−0.331***
	(−5.11)	(1.62)	(−6.63)
Soe	−0.628***		
	(−13.80)		
GDPr	0.025	−0.120	0.215
	(0.05)	(−0.16)	(0.33)
_cons	−15.393***	−11.512***	−23.368***
	(−31.70)	(−15.77)	(−34.04)
Industry/Year	Y	Y	Y
N	25 724	10 887	14 837
Adj. R²	0.151	0.138	0.202

注：括号为为 t 值；***、**、* 分别代表在 1%、5%、10% 的水平上显著。

（3）改变大股东的界定标准。国内外文献在大股东判断标准上存在差异，因为在不同的国家或地区，大股东能够发挥公司治理作用的最低持股比例不同。为了考查本章的研究结论对大股东界定标准是否敏感，参考姜付秀等（2018）、朱冰等（2018）的做法，我们将持股比例超过 5% 的股东定义为大股东重新对模型（5-1）进行回归检验，回归结果如表 5-12 所示。表 5-12 的结果表明，在全样本中，多个大股东（Multi）对高管员工薪酬差距（Gap）的影响显著为正，而在区分产权性质后，多个大股东（Multi）对高管员工薪酬差距（Gap）的影响在国有企业中不显著，在民营企业中显著为正。该结果说明本章的研究结论对多个大股东的界定标准不敏感，因此，本章的研究结论是稳健的。

表 5-12　其他稳健性检验：改变大股东的界定标准

变量	全样本 （1） Gap	国企 （2） Gap	民企 （3） Gap
Multi5	0.105***	0.093	0.186***
	(2.61)	(1.43)	(3.68)

（续）

变量	全样本 （1） *Gap*	国企 （2） *Gap*	民企 （3） *Gap*
Size	0.980 ***	0.831 ***	1.300 ***
	(45.90)	(26.32)	(43.31)
Lev	0.365 ***	−0.243	0.465 ***
	(2.97)	(−1.19)	(3.05)
Roa	6.148 ***	8.300 ***	3.705 ***
	(15.09)	(10.80)	(7.92)
TQ	0.099 ***	0.054 *	0.166 ***
	(7.03)	(1.94)	(10.09)
Growth	−0.151 ***	−0.121	−0.172 ***
	(−3.53)	(−1.64)	(−3.38)
Cash	2.370 ***	0.717	3.435 ***
	(8.33)	(1.52)	(9.86)
Top1	−2.262 ***	−4.089 ***	−0.259
	(−16.09)	(−17.98)	(−1.44)
Dual	−0.239 ***	0.161	−0.335 ***
	(−5.15)	(1.58)	(−6.72)
Soe	−0.616 ***		
	(−13.55)		
GDPr	0.020	−0.154	0.207
	(0.04)	(−0.20)	(0.31)
_cons	−15.494 ***	−11.545 ***	−23.474 ***
	(−31.94)	(−15.90)	(−34.15)
Industry/Year	Y	Y	Y
N	25 725	10 888	14 837
Adj. R^2	0.151	0.136	0.201

注：括号内为 *t* 值；*** 、 ** 、 * 分别代表在 1%、5%、10%的水平上显著。

（4）剔除存在控股股东的样本。由于控股股东较高的持股比例会使其他大股东难以对控股股东的决策产生影响，因此我们进一步剔除持股比例超过 50%的样本。重新回归的结果如表 5-13 所示，在全样本中，多个大股东（*Multi*）的回归系数显著为正；在国有企业子样本中，多个大股东（*Multi*）的回归系数为−0.050，但不显著；在民营企业子样本中，多个大股东（*Multi*）的回归系数为0.270，且在1％的显著性水平上显著。也就是说，在剔除控股股东的影响后，本章的结论依然成立。

表 5－13　其他稳健性检验：剔除存在控股股东的样本

变量	全样本 （1） *Gap*	国企 （2） *Gap*	民企 （3） *Gap*
Multi	0.104**	−0.050	0.270***
	(2.33)	(−0.62)	(5.17)
Size	1.127***	1.006***	1.339***
	(44.90)	(25.16)	(40.20)
Lev	0.336**	−0.136	0.567***
	(2.45)	(−0.56)	(3.47)
Roa	5.814***	9.027***	3.608***
	(12.99)	(9.98)	(7.24)
TQ	0.136***	0.102***	0.186***
	(8.58)	(3.11)	(10.37)
Growth	−0.158***	−0.100	−0.186***
	(−3.18)	(−1.06)	(−3.29)
Cash	2.707***	1.329**	3.325***
	(8.39)	(2.31)	(8.74)
Top1	−2.384***	−4.477***	−0.594**
	(−11.65)	(−12.86)	(−2.37)
Dual	−0.201***	0.251**	−0.303***
	(−3.91)	(2.12)	(−5.57)
Soe	−0.470***		
	(−9.32)		
GDPr	−0.653	−0.068	−0.873
	(−1.14)	(−0.07)	(−1.22)
_cons	−18.970***	−16.413***	−23.979***
	(−33.39)	(−18.01)	(−31.40)

（续）

变量	全样本 （1） Gap	国企 （2） Gap	民企 （3） Gap
Industry/Year	Y	Y	Y
N	20 333	7 946	12 387
Adj. R^2	0.167	0.155	0.202

注：括号内为 t 值；*** 、** 、* 分别代表在1%、5%、10%的水平上显著。

五、进一步分析

（一）高管员工薪酬差距成因分析

由第四章和本章前文结论可知，在多个大股东并存的公司中，由于大股东之间的摩擦增大，对管理层的监督效率降低，使得管理层权力得以扩张，导致管理层攫取了更高水平的超额薪酬并加大了高管员工薪酬差距，但是其成因尚不明确。比如，在多个大股东并存的情况下，高管在攫取高水平薪酬的同时，是否会兼顾"公平"，同步提高员工薪酬水平？或者是高管攫取高水平薪酬实际上是侵占了员工的利益，从而降低了员工薪酬水平？为了探究这一问题，本章参考吴昊旻等（2018）的研究，进一步将模型（5-1）中的因变量分别替换为高管平均薪酬的自然对数（lnAMP）和普通员工平均薪酬的自然对数（lnAEP）重新进行回归，回归结果如表5-14所示。从表5-14的结果可知，不管是在全样本还是在国有企业、民营企业的子样本中，多个大股东（Multi）均显著提升了高管平均薪酬和员工平均薪酬，但是经过检验后发现，多个大股东（Multi）对高管平均薪酬和员工平均薪酬提升的幅度存在差异。具体地，从整体上看，多个大股东（Multi）对高管平均薪酬（lnAMP）的提升幅度显著大于对普通员工平均薪酬（lnAEP）的提升幅度，这就使得相比只存在单一大股东的上市公司，在多个大股东并存的上市公司，其高管员工薪酬差距更大；在国有企业子样本中，多个大股东（*Multi*）对高管平均薪酬（ln*AMP*）和普通员工平均薪酬（ln*AEP*）的提升幅度不存在显著差异，因此，多个大股东并存并未加大国有企业的高管员工薪酬差距；而在民营企业子样本中，多个大股东（*Multi*）对高管平均薪酬（ln*AMP*）的提升幅度显著大于对普通员工平均薪酬（ln*AEP*）的提升幅度。该结果表明，在多个大股东并存的上市公司中，管理层在提升自身薪酬水平的同时，也在一定程度上兼顾了"公平"，员工薪酬水平有所提高；由于国有企业存在薪酬管制，员工薪酬水平与高管薪酬水平同步提高，而民营企业的高管薪酬水平提升幅度远大于员工薪酬水平的提升幅度。

表 5 - 14　高管员工薪酬差距成因分析

变量	全样本		国企		民企	
	(1) ln*AMP*	(2) ln*AEP*	(3) ln*AMP*	(4) ln*AEP*	(5) ln*AMP*	(6) ln*AEP*
Multi	0.058***	0.022***	0.061***	0.045***	0.077***	0.012*
	(8.06)	(3.85)	(5.29)	(4.51)	(8.52)	(1.75)
Size	0.277***	0.107***	0.259***	0.114***	0.312***	0.087***
	(75.16)	(35.54)	(51.04)	(25.86)	(57.06)	(20.42)
Lev	−0.132***	−0.214***	−0.304***	−0.245***	−0.021	−0.141***
	(−6.25)	(−12.40)	(−9.28)	(−8.59)	(−0.77)	(−6.56)
Roa	1.547***	0.210***	2.688***	0.926***	0.927***	0.061
	(22.09)	(3.68)	(21.91)	(8.69)	(10.88)	(0.93)
TQ	0.035***	0.029***	0.032***	0.035***	0.043***	0.024***
	(14.49)	(14.49)	(7.17)	(9.07)	(14.22)	(10.23)
Growth	−0.027***	0.007	−0.009	0.028***	−0.040***	−0.008
	(−3.71)	(1.10)	(−0.73)	(2.71)	(−4.29)	(−1.13)
Cash	0.471***	0.034	−0.082	−0.212***	0.792***	0.166***
	(9.63)	(0.85)	(−1.09)	(−3.25)	(12.49)	(3.36)
*Top*1	−0.225***	0.176***	−0.303***	0.457***	−0.097***	−0.064**
	(−9.42)	(9.03)	(−8.49)	(14.75)	(−2.98)	(−2.56)
Dual	−0.055***	0.006	−0.031*	−0.036**	−0.057***	0.018**
	(−6.96)	(0.85)	(−1.89)	(−2.55)	(−6.33)	(2.49)

（续）

变量	全样本		国企		民企	
	(1)	(2)	(3)	(4)	(5)	(6)
	lnAMP	lnAEP	lnAMP	lnAEP	lnAMP	lnAEP
Soe	0.039***	0.167***				
	(5.09)	(26.50)				
GDPr	−0.012	−0.133*	−0.308**	−0.382***	0.233*	0.051
	(−0.13)	(−1.87)	(−2.51)	(−3.58)	(1.94)	(0.54)
_cons	5.721***	8.007***	6.246***	7.905***	4.843***	8.484***
	(68.57)	(117.62)	(53.59)	(78.07)	(38.78)	(87.52)
Industry/Year	Y	Y	Y	Y	Y	Y
N	25 725	25 725	10 888	10 888	14 837	14 837
Adj. R^2	0.450	0.453	0.495	0.464	0.435	0.456
邹检验	[0.000]		[0.221]		[0.000]	

注：括号内为 t 值；***、**、* 分别代表在 1%、5%、10% 的水平上显著。

【二】高管员工薪酬差距经济后果分析

关于企业高管员工薪酬差距的经济后果，已有文献主要从锦标赛理论（Rosen，1986）和社会比较理论（Williams et al.，2006）进行解释。前者认为薪酬差距可以看成员工赢得锦标赛的额外奖励，可以激发竞争者的努力程度，降低企业薪酬分配的成本，提高企业业绩（Lazear and Rosen，1981；Rosen，1986）。后者则认为薪酬差距可能会使员工产生"怨恨"的情感和"被剥削"的认知（Crosby，1976），薪酬差距还可能让员工感受到"不公平"，进而影响到薪酬激励的强度、生产效率和员工之间的合作（Cowherd and Levine，1992），从而降低企业绩效（Fredrickson et al.，2010）。那么，由多个大股东引起的高管员工薪酬差距会产生怎样的激励效果呢？本章将从公司业绩的视角进行探讨。

参考黎文靖和胡玉明（2012）、柳光强和孔高文（2018）的思路和做法，我们将探讨多个大股东引起的高管员工薪酬差距对公司业绩的影响。为全面考察多个大股东的效用，本章采用净资产收益率（Roe）和营业利润率（OOA）度量公司业绩，并设定模型（5-3）以考察多个大股东是否影响高管员工薪酬差距与公司业绩的关系。具体地，在控制高管员工薪酬差距的基础上，考察多个大股东与薪酬差距的交互作用（$Multi \times Gap$）是否能够对公司业绩产生影响。

$$Roe_{i,t}/OOA_{i,t} = \beta_0 + \beta_1 Multi_{i,t} + \beta_2 Gap_{i,t} + \beta_3 Multi_{i,t} \times Gap_{i,t} +$$
$$\beta_4 Size_{i,t} + \beta_5 Lev_{i,t} + \beta_6 Growth_{i,t} + \beta_7 Cash_{i,t} +$$
$$\beta_8 Top1_{i,t} + \beta_9 Dual_{i,t} + \beta_{10} Soe_{i,t} + \beta_{11} GDPr_{i,t} +$$
$$\sum Industry + \sum Year + \varepsilon_{i,t} \qquad (5-3)$$

模型（5-3）的回归结果见表5-15。列（1）报告的是以净资产收益率（Roe）为因变量的回归结果，列（2）报告的是以营业利润率（OOA）为因变量的回归结果，两列中，多个大股东与高管员工薪酬差距的交乘项（$Multi \times Gap$）的回归系数均显著为负，说明多个大股东引起的高管员工薪酬差距降低了公司业绩。也就是说多个大股东引起的高管员工薪酬差距引起了员工对"不公平"的感知，降低了员工的生产效率和合作程度，最终导致公司业绩的下降。

表 5 - 15 高管员工薪酬差距经济后果分析：委派董事长或 CEO

变量	(1) Roe	(2) OOA
$Multi \times Gap$	-0.001^{**}	-0.002^{***}
	(-2.09)	(-2.76)
Gap	0.004^{***}	0.003^{***}
	(13.06)	(7.16)
$Multi$	0.005^*	0.015^{***}
	(1.82)	(4.34)
$Size$	0.023^{***}	0.036^{***}
	(28.55)	(35.11)
Lev	-0.187^{***}	-0.380^{***}
	(-41.48)	(-64.96)

（续）

变量	(1) Roe	(2) OOA
Growth	0.057***	0.060***
	(34.01)	(27.91)
Cash	0.391***	0.424***
	(36.24)	(30.27)
*Top*1	0.067***	0.096***
	(12.11)	(13.28)
Dual	0.003	0.008***
	(1.46)	(3.14)
Soe	−0.006***	−0.010***
	(−3.15)	(−4.34)
GDPr	0.048**	0.077***
	(2.35)	(2.95)
_cons	−0.431***	−0.655***
	(−24.88)	(−29.19)
Industry/Year	Y	Y
N	25 725	25 725
Adj. R^2	0.215	0.270

注：括号内为 t 值；***、**、* 分别代表在 1％、5％、10％的水平上显著。

【三】 股东持股治理效应分析

以上研究表明相比于单一大股东，多个大股东对管理层的监督动机和监督能力都更弱，降低了监督效率，从而导致管理层权力得以扩张，进而加大高管员工薪酬差距。毫无疑问，其他大股东在公司决策中是否能够发挥作用很大程度上取决于他们是否有足够的力量可以与第一大股东抗衡，其他大股东话语权越低，大股东之间摩擦越小，管理层利用大股东之间的摩擦攫取私利的机会就越小；反之，管理层攫取私利的机会就增大。基于此，我们从以下两个维度探讨多个大股东对高管员工薪酬差距的影响，进一步验证多个大股东的存在确实降低了对管理层的监督效率，导致高管员工薪酬差距扩大。

首先，公司内存在多个大股东时，大股东之间的分歧和摩擦会随着大股东数量的增多而增大。如果大股东之间产生冲突，管理层会利用大股东之间的摩擦攫取私利（Fang et al.，2018；赵国宇，2019）。基于此，本章参考 Attig 等（2009）、姜付秀等（2017）、罗宏和黄婉（2020）的研究，构建公司内除第一大股东外其他大股东的数量变量（$Large\_num$），检验多个大股东数量对高管员工薪酬差距的影响。本章在模型（5-1）中以公司其他大股东的数量（$Large\_num$）替换是否存在多个大股东变量（$Multi$），回归结果如表 5-16 列（1）所示。实证结果表明，其他大股东的数量（$Large\_num$）与高管员工薪酬差距正相关，并且在 1% 的水平上显著，即其他大股东数量越多，公司高管员工薪酬差距越大，从而证明了多个大股东并存降低了大股东对管理层的监督效率，管理层权力趁机扩张，加大了高管员工薪酬差距。

其次，大股东的持股比例决定了其决策权和影响力的大小，也就是其对抗其他大股东的相对力量的强弱，其他大股东持股比例越高，其相对力量越大，越有可能增加大股东之间的摩擦，使得管理层权力趁机扩张。参考朱冰等（2018）、罗宏和黄婉（2020）的研究，我们构建了其他大股东持股比例之和变量（$ShareRatio$），以进一步检验其他大股东持股比例对高管员工薪酬差距的影响。我们在模型（5-1）中以其他大股东持股比例之和（$ShareRatio$）替换是否存在多个大股东变量（$Multi$），回归结果如表 5-16 列（2）所示。实证结果表明，其他大股东持股比例之和（$ShareRatio$）与高管员工薪酬差距（Gap）在 1% 的水平上显著正相关。该结果提供了多个大股东相较于单一大股东而言监督效率下降，使得管理层权力扩张并加大高管员工薪酬差距的证据。

表 5-16　股东持股治理效应分析：其他大股东的相对力量

变量	(1) Gap	(2) Gap
$Large\_num$	0.105***	
	(3.31)	

（续）

变量	(1) Gap	(2) Gap
ShareRatio		0.006***
		(3.00)
Size	0.977***	0.976***
	(45.61)	(45.42)
Lev	0.377***	0.376***
	(3.06)	(3.06)
Roa	6.138***	6.146***
	(15.07)	(15.08)
TQ	0.098***	0.098***
	(6.95)	(6.93)
Growth	−0.150***	−0.148***
	(−3.50)	(−3.47)
Cash	2.363***	2.362***
	(8.31)	(8.30)
Top1	−2.249***	−2.273***
	(−16.08)	(−16.37)
Dual	−0.236***	−0.238***
	(−5.10)	(−5.14)
Soe	−0.621***	−0.625***
	(−13.79)	(−13.89)
GDPr	0.027	0.034
	(0.05)	(0.07)
_cons	−15.410***	−15.372***
	(−31.74)	(−31.61)
Industry/Year	Y	Y
N	25 725	25 725
Adj. R^2	0.151	0.151

注：括号内为 t 值；***、**、*分别代表在 1%、5%、10%的水平上显著。

【(四)】 股东高层治理效应分析

本章所指的股东高层治理是股东通过向上市公司委派董事长或 CEO 参与公司治理。股东持股比例大小只是从法律上赋予了股东参与公司治理权力的大小，但是股东参与公司治理的实际效果如何受到信息不对称程度以及管理层权力等诸多因素的影响。股东向公司委派董事或高管，能够有效缓解股东与管理层之间的代理冲突，能够更好地发挥治理作用（蔡贵龙等，2018）。基于此，本章借鉴蔡贵龙等（2018）、张建君和张闫龙（2016）的研究思路，构建股东是否向公司委派董事长或 CEO 变量（Dsz_ceo），检验股东的高层治理对高管员工薪酬差距的影响。选择委派董事长或 CEO 的理由是二者构成了我国上市公司中最基本、最显著的高阶梯队，对公司运作和业绩具有重大影响（Kato and Long，2006），董事长和 CEO 会比普通董事和管理者发挥更大的作用，当然也会对股东治理效应的发挥产生更为重要的影响。因此，本章选取股东委派董事长或 CEO 作为股东加强公司治理的代理变量，用以检验其对多个大股东与高管员工薪酬差距之间关系的影响。上述关于高管员工薪酬差距经济后果分析的实证结果表明，由多个大股东引起的高管员工薪酬差距显著降低了公司业绩，那么，我们预期，在股东向上市公司委派董事长或 CEO 时，会缓解多个大股东对高管员工薪酬差距的影响。

我们在模型（5-1）中加入股东委派董事长或 CEO 变量（Dsz_ceo），以及股东委派董事长或 CEO（Dsz_ceo）与多个大股东（$Multi$）的交乘项 $Dsz\_ceo \times Multi$，重新进行回归，实证结果如表 5-17 所示。从表 5-17 中，我们可以看出，股东委派董事长或 CEO（Dsz_ceo）与多个大股东（$Multi$）的交乘项 $Dsz\_ceo \times Multi$ 的回归系数并不显著，股东委派董事长或 CEO（Dsz_ceo）的回归系数为负，但不显著，实证结果不支持上述预期。即：股东委派董事长或 CEO 参与公司治理并未对高管员工薪酬差距产生影响。

表 5 - 17　股东高层治理效应分析

变量	Gap
$Dsz\_ceo×Multi$	0.023
	(0.23)
Dsz_ceo	−0.084
	(−1.33)
$Multi$	0.096
	(1.07)
$Size$	0.968***
	(40.10)
Lev	0.261*
	(1.84)
Roa	6.923***
	(14.30)
TQ	0.098***
	(5.90)
$Growth$	−0.149***
	(−3.08)
$Cash$	1.928***
	(5.90)
$Top1$	−2.437***
	(−15.20)
$Dual$	−0.221***
	(−3.87)
Soe	−0.769***
	(−15.37)
$GDPr$	0.292
	(0.50)
$\_cons$	−15.213***
	(−27.62)
$Industry/Year$	Y
N	20 865
Adj. R^2	0.144

注：括号内为 t 值；***、**、*分别代表在1%、5%、10%的水平上显著。

（五）调节效应分析

1. 产业类型的异质性

与资本密集型企业相比，劳动密集型企业的经营绩效更多依赖于普通员工的工作努力，因此，劳动密集型的企业需要给普通员工分配更多的薪酬，给予普通员工更多的激励（柳光强和孔高文，2021）。因为在劳动密集型的企业中，企业会尽量缩小高管员工薪酬差距以减少员工薪酬攀比产生负面情绪对生产积极性的不利影响。因此，我们预期，相比于劳动密集型企业，在资本密集型企业中，多个大股东对高管员工薪酬差距的影响更显著。

参考柳光强和孔高文（2021）的研究，本章以劳动力投入密度（营业收入/员工人数）作为产业差异的度量指标，按照年度行业三分位数将样本分为三组，取劳动力投入密度较低组和劳动力投入较高组作为劳动密集企业子样本和资本密集企业子样本，运用模型（5-1）进行回归分析的结果如表5-18列（1）和列（2）所示。列（1）中，多个大股东（$Multi$）的回归系数为正（0.063），但不显著，列（2）中，多个大股东（$Multi$）的回归系数显著为正（回归系数为0.119，显著性水平为10%），说明多个大股东（$Multi$）对高管员工薪酬差距（Gap）的影响在资本密集型行业的企业中更为显著。

2. 行业类型的异质性

企业的经营方式、政策制度、薪酬激励契约等均会受到行业差异的影响。从政府管制的视角为切入点，在政府管制较为严重的行业，市场竞争机制受到政府行为的干预，使得受管制行业的企业面临的市场竞争较弱，而企业的经营决策主要受到政府政策等因素的影响（柳光强和孔高文，2021），因此，我们将行业类型划分为政府管制行业和非政府管制行业，并考察多个大股东对高管员工薪酬差距的影响是否受政府管制的影响。

具体地，参考夏立军和陈信元（2007）、徐业坤等（2013）的做法，我们对行业管制类型进行了划分，在此基础上，采用模型（5-1）分组进

行回归分析，结果如表 5 - 18 列（3）和列（4）所示。从列（3）和
列（4）的结果可知，多个大股东（*Multi*）对高管员工薪酬差距（*Gap*）
的影响仅在非管制行业显著，说明政府管制等政策因素的影响削弱了多个
大股东对高管员工薪酬差距的影响，实证结果符合我们的预期。

表 5 - 18　调节效应分析

变量	劳动密集型行业 （1） *Gap*	资本密集型行业 （2） *Gap*	管制行业 （3） *Gap*	非管制行业 （4） *Gap*
Multi	0.063	0.119 *	−0.063	0.241 ***
	(0.87)	(1.76)	(−0.55)	(5.40)
Size	1.406 ***	0.846 ***	0.398 ***	1.137 ***
	(33.69)	(25.76)	(7.51)	(48.40)
Lev	0.931 ***	0.930 ***	0.726 **	0.225 *
	(4.54)	(4.54)	(2.23)	(1.70)
Roa	6.239 ***	8.589 ***	7.523 ***	5.579 ***
	(9.50)	(12.09)	(5.99)	(13.05)
TQ	0.154 ***	0.080 ***	−0.023	0.130 ***
	(6.79)	(3.17)	(−0.47)	(8.85)
Growth	−0.008	−0.032	0.005	−0.194 ***
	(−0.09)	(−0.52)	(0.05)	(−4.22)
Cash	3.252 ***	0.596	2.009 ***	2.429 ***
	(6.03)	(1.44)	(2.68)	(7.93)
Top1	−2.200 ***	−2.594 ***	−2.750 ***	−1.984 ***
	(−8.90)	(−11.75)	(−7.65)	(−13.17)
Dual	−0.257 ***	−0.319 ***	−0.209	−0.248 ***
	(−3.35)	(−4.09)	(−1.37)	(−5.17)
Soe	−0.734 ***	−0.605 ***	−0.456 ***	−0.677 ***
	(−8.99)	(−8.48)	(−3.57)	(−14.15)
GDPr	−1.026	−0.165	0.012	−0.267
	(−1.14)	(−0.21)	(0.01)	(−0.49)
_cons	−22.599 ***	−14.514 ***	−2.921 **	−18.786 ***
	(−23.86)	(−19.46)	(−2.39)	(−35.71)

（续）

变量	劳动密集型行业 （1） Gap	资本密集型行业 （2） Gap	管制行业 （3） Gap	非管制行业 （4） Gap
Industry/Year	Y	Y	Y	Y
N	8 648	8 506	4 167	21 558
Adj. R^2	0.216	0.160	0.098	0.172

注：括号内为 t 值；***、**、* 分别代表在 1%、5%、10% 的水平上显著。

六、本章小结

本章以 2007—2019 年中国 A 股上市公司为研究样本，用管理层权力解释并检验了多个大股东对高管员工薪酬差距的影响，进一步对高管员工薪酬差距的形成原因、经济后果进行分析，并从多个维度进行了异质性检验。相关结论有：①相比于只存在单一大股东的公司，多个大股东公司的高管员工薪酬差距更大，并且多个大股东对高管员工薪酬差距的影响仅在民营企业中显著；上述结论在经过一系列的内生性和稳健性检验后依然成立。②对高管员工薪酬差距的形成原因和经济后果进行检验发现，从整体上看，多个大股东显著提升了公司高管和员工的平均薪酬水平，但是公司高管平均薪酬水平的提升幅度显著高于员工平均薪酬水平的提升幅度，在国有企业子样本中，高管平均薪酬水平与员工平均薪酬水平同步提升，而在民营企业子样本中，高管平均薪酬水平的提升幅度显著高于员工平均薪酬水平的提升幅度，也就是说国有企业和民营企业高管在攫取超额薪酬时不同程度地考虑了员工薪酬的"公平性"问题；然而，经济后果分析的结果显示，由多个大股东引起的高管员工薪酬差距显著降低了公司业绩。③对股东持股治理效应和高层治理效应的研究结果显示，其他大股东的数量越多、持股比例越高，高管员工薪酬差距越大，而股东向公司委派董事长或 CEO 并未对多个大股东与高管员工薪酬差距之间的关系产生显著影响。④最后，我们检验了产业类型和行业类型对多个大股东与高管员工薪酬差距之间关系的调节作用，结果显示，多个大股东对高管员工薪酬差距的影响在资本密集型行业以及非管制行业的企业中更为显著。

　　本章从高管员工薪酬差距的视角研究了多个大股东对高管薪酬契约公平性的影响，是在第四章研究多个大股东对高管超额薪酬水平影响的基础上对多个大股东公司与高管薪酬契约之间关系的进一步探索。多个大股东使得管理层权力得以扩展，加大了高管员工薪酬差距。收入分配是衡量不平衡发展的重要指标之一，而企业内部高管与员工之间的薪酬差距是收入差距扩大的重要因素，公司高管与员工之间的薪酬公平性问题不只是组织问题，更是社会问题。党的十九大报告指出"要激发全社会创造力和发展活力，努力实现更高质量、更有效率、更加公平、更可持续的发展"。在此目标下，要实现全社会的公平可持续发展，缓解现阶段我国社会发展的主要矛盾，缩小高管员工薪酬差距，进一步优化公司股权结构、提高公司治理效率将是有效路径之一。

第六章 多个大股东与高管薪酬业绩敏感性

一、引言

第四章和第五章的研究结果表明，多个大股东对管理层的监督效率降低，使得管理层权力得以扩张，多个大股东表现出对公司的潜在负面影响。第四章研究发现与单一大股东相比，多个大股东加剧了公司高管攫取超额薪酬的行为。第五章在第四章研究结果的基础上，探讨了高管在攫取超额薪酬的同时，是否会考虑与员工薪酬的"公平性"问题，研究结果表明，相比于只存在单一大股东的公司，多个大股东公司的高管员工薪酬差距更大。然而，公司高管的超额薪酬以及较大的高管员工薪酬差距是一个社会性问题，在"缩小贫富差距，实现社会公平"的现实背景下，备受政府和社会各界的广泛关注。高管超额薪酬和高管员工薪酬差距问题频频受到媒体抨击和公众质疑，也招致政府出台管制措施。为了降低"外部愤怒成本"、维护高管声誉，也为了持续获得超额薪酬，管理层有动机证明其高额薪酬的正当性[①]，而提高高管薪酬业绩敏感性就是管理层常用的一种薪酬辩护方式（谢德仁等，2012；罗宏等，2014；刘剑民等，2019）。当然，管理

---

① 吉利，吴萌. 企业社会责任与高管薪酬辩护 ［J］. 厦门大学学报（哲学社会科学版），2016 (6)：116-125.

层也可能对薪酬契约的制定过程施加影响，降低会计业绩的考核权重，通过降低薪酬契约中的薪酬业绩敏感性为其高额薪酬提供合理性解释。多个大股东公司的管理层会选择哪种方式呢？是提高薪酬业绩敏感性还是降低薪酬业绩敏感性？这是一个值得探索的现实问题。

薪酬业绩敏感性是衡量公司高管薪酬契约有效性的核心且关键的指标，通过提高管理层薪酬与公司业绩的相关性，可以在一定程度上缓解股东与管理层的代理问题（Holmstrom，1979）。现有文献主要从公司内外部治理机制的视角研究了高管薪酬业绩敏感性的影响因素。在内部治理机制方面，Devos 等（2009）研究发现连锁董事的存在降低了 CEO 的薪酬业绩敏感性；Sun 和 Cahan（2009）认为较高的薪酬委员会质量有助于提升高管薪酬业绩敏感性；孙光国和孙瑞琦（2018）研究发现控股股东向上市公司委派执行董事，可以增强高管薪酬业绩敏感性；中小股东积极参与公司治理（窦超和罗劲博，2020）以及集中的机构投资者持股（Hartzell and Starks，2003）均能提高薪酬业绩敏感性。在外部治理机制方面，学者们发现资本市场的制度改革与开放（马惠娴和佟爱琴，2019；洪昀等，2020；孙泽宇和齐保垒，2021）、国资监管（卜君和孙光国，2021）、媒体报道（罗进辉，2018）以及良好的地区信任环境（贾凡胜等，2017）均能提高高管薪酬业绩敏感性。然而，也有研究发现，管理层会通过提高高管薪酬业绩敏感性为其巨额薪酬以及巨大的高管员工薪酬差距进行辩护（谢德仁等，2012；罗宏等，2014；缪毅和胡奕明，2016；刘剑民等，2019），而高管薪酬辩护通常伴随着管理层对公司盈余或业绩的操纵行为。基于此逻辑，刘慧龙（2017）研究发现，股东为了降低管理层操纵盈余的动机，会在薪酬契约的设计过程中降低会计业绩考核的比重，即股东主动降低高管薪酬业绩敏感性。综上可知，虽然对高管薪酬业绩敏感性影响因素的研究已形成较为丰富的研究成果，但尚未有文献研究多个大股东对高管薪酬业绩敏感性的影响，这为本章的研究留下了空间。因此，本章对多个大股东与高管薪酬业绩敏感性关系的研究具有重要的理论和现实意义。

　　基于上述分析，本章以 2007—2019 年中国 A 股非金融类上市公司为研究样本，从高管薪酬业绩敏感性的视角研究多个大股东对高管薪酬契约有效性的影响及其作用机制。本章检验了多个大股东对高管薪酬业绩敏感性的影响，认为多个大股东之间的摩擦降低了多个大股东对管理层的监督效率，使管理层趁机利用扩张的权力操纵薪酬契约的制定，进而降低高管薪酬业绩敏感性。为了进一步验证上述推论，本章从其他大股东数量和其他大股东持股比例两个维度检验多个大股东对高管薪酬业绩敏感性的影响，预期其他大股东数量与其他大股东持股比例均与高管薪酬业绩敏感性显著负相关；然而，股东向公司委派董事长或 CEO 参与公司高层治理能够有效抑制管理层利用权力攫取私利的行为。此外，信息不对称是影响高管薪酬契约有效性的重要因素，资本市场的中介机构可以改善公司信息环境，因此本章从机构投资者持股、审计质量、分析师关注度三方面检验信息环境的调节作用；另外，公司内部监督机制能够对管理层的自利行为产生重大影响，较强的内部监督机制能够抑制管理层的自利行为，因此本章从内部控制质量和监事会持股两方面检验内部监督机制对多个大股东与高管薪酬业绩敏感性之间关系的影响。最后，高管薪酬黏性也是反映高管薪酬契约有效性的指标之一，因此本章将进一步探讨多个大股东对高管薪酬黏性的影响，这有助于更深入地理解高管薪酬业绩敏感性下降的原因。

　　本章的研究贡献主要体现在以下几个方面：第一，本章的研究丰富了多个大股东与高管薪酬业绩敏感性的相关文献。通过研究多个大股东对高管薪酬业绩敏感性的影响，拓展了薪酬业绩敏感性影响因素的研究，也丰富了多个大股东的作用机理的研究。第二，本章的研究拓展了股东协调摩擦的相关文献，为股东协调不佳产生的代理成本提供了经验证据。现有关于股东协调的文献非常有限，并且少有实证研究深入探讨股东协调摩擦对公司决策产生的影响，本章的研究验证了管理层利用多个大股东之间的摩擦扩张了权力，操纵高管薪酬契约的制定并降低了高管薪酬业绩敏感性，从而证明了股东协调不佳会增加公司成本。第三，为大股东公司治理效应的发挥提供了新思路。本章的研究发现股东向公司委派董事长或 CEO 参与公司治理能够显著缓解多个大股东降低高管薪酬业绩敏感性的问题，由此可知，向公司委派董事长或 CEO 参与高层治理是一种有效的治理方法，为股东治理效应的提高以及股东利益的保护提供了新思路。

二、理论分析与研究假设

由第四章和第五章的研究结果可知，在多个大股东并存的公司中，由于多个大股东对管理层的监督效率下降，使得管理层趁机攫取了超额薪酬，同时管理层也利用扩张的权力拉大了与员工的薪酬差距。在政府和社会公众对薪酬"公平性"问题紧密关注的现实压力之下，管理层有强烈的动机证明其高额薪酬的正当性和合理性。理论上讲，管理层可以通过如下两种方式证明其高额薪酬的结果正当性：一种是在既定的薪酬契约下，通过提高薪酬业绩敏感性进行薪酬合理性的辩护（谢德仁等，2012；罗宏等，2014；刘剑民等，2019），较高的薪酬业绩敏感性可以表明高管高额薪酬来源于公司优良的经营业绩，是正当而合理的；另一种是直接在薪酬契约的制定过程中，降低对会计业绩的考核权重，降低薪酬业绩敏感性，这就使得已制定的薪酬契约足以证明其高额薪酬的"合理合规性"，因为高管薪酬符合薪酬契约的事前约定。基于此，本章在推演多个大股东与高管薪酬业绩敏感性之间的关系时提出两个对立假设：薪酬辩护假说 VS 管理层权力假说。

（一）薪酬辩护假说

面对外界对于高管超额薪酬以及高管员工薪酬差距的质疑，管理层有动机为自身的高额薪酬进行辩护，以证明其薪酬的"结果正当性"，增强薪酬业绩敏感性是管理层常用的辩护手段（谢德仁等，2012）。第四章和第五章的研究结果表明，多个大股东并存的公司中，高管攫取了更高水平的超额薪酬，也加大了高管员工薪酬差距，管理层有必要为此提供合理解释。一方面，面对外界对高管超额薪酬的质疑，管理层有强烈的动机进行薪酬辩护，以使其超额薪酬得以持续。较高的薪酬业绩敏感性可以向外界传达出高管薪酬是严格按照"根据业绩支付薪酬"的原则执行的信息，高管薪酬的提高源于公司业绩的增长，而不是管理层机会主义行为的表现，充分证明了高管薪酬的"结果正当性"。因为按照最优契约理论，将高管薪酬与业绩挂钩，可以有效地激励和约束管理层，使管理层在追求自身薪酬最大化的同时兼顾股东利益，在一定程度上是缓解代理问题的一种有效方式（Holmstrom，1979）。另一方面，不合理的薪酬差距容易引起员工及社会公众的不满，管理层也有必要为此进行薪酬辩护。较大的高管员工薪酬差距作为社会问题，在"缩小贫富差距，实现社会公平"的现实背景下，备受政府和社会各界的广泛关注。高管员工薪酬差距问题频频受到媒体抨击和公众质疑，也招致政府出台管制措施，导致了较大的"外部愤怒成本"，破坏了公司内部以及社会的和谐与稳定，这与构建和谐社会的目标是相悖的。公司高管如果不能为此进行合理辩护，不仅会使其声誉受损，也难以使薪酬差距得以持续。因此，多个大股东公司的管理层有强烈的动机提高薪酬业绩敏感性以为其超额薪酬及薪酬差距提供辩护。

然而，需要指出的是，选用提高薪酬业绩敏感性的方式进行薪酬辩护并非没有成本。提高薪酬业绩敏感性一方面有助于提高和维持管理层的高额薪酬，增加管理层的效用，另一方面也会增大管理层的薪酬风险，降低管理层的效用（Ross，2004）。因此，只有在薪酬辩护获得的净效用为正时，管理层才会选择该方式进行薪酬辩护。

【二】 管理层权力假说

按照管理层权力理论的观点，管理层能够利用手中的权力影响薪酬契约的制定（Bebchuk and Fried，2003），也就可以影响薪酬契约中的高管薪酬业绩敏感性。第四章已通过实证检验证明，多个大股东公司的高管获得了更大的管理层权力。从管理层的角度来看，在多个大股东并存的情况下，管理层利用其扩张的权力攫取了超额薪酬，如果薪酬契约中约定的薪酬业绩敏感性较高，那么管理层必然要尽力提高公司业绩，以使薪酬的增长与公司业绩的增长相匹配，这显然会增加管理层的业绩实现压力。为了避免这种压力，管理层很可能会利用手中的权力积极与股东进行谈判，降低公司业绩对高管薪酬的激励强度。从股东的角度来看，多个大股东很可能在薪酬契约的谈判中妥协，原因有二：一是大股东可能为了争取到在制衡其他大股东时管理层的支持与配合，默许管理层降低薪酬业绩敏感性的意愿和行为；二是由于多个大股东对管理层监督效率下降，为了避免管理层为了达到薪酬契约的要求进行盈余操纵扭曲公司信息的行为以及追求私利导致的其他机会主义行为，也会同意在薪酬考核中适当降低会计业绩考核的权重。薪酬契约中规定的薪酬业绩敏感性较低，高管在攫取超额薪酬以及加大高管员工薪酬差距时，可以不用想办法提高薪酬业绩敏感性以证明其薪酬的正当性，已制定的薪酬契约足以证明其高额薪酬的"合理合规性"，因为高管薪酬符合薪酬契约的事前约定。如果该方式可行，将是一种成本更低的方式。因此，我们预测，在多个大股东并存的公司，管理层有可能运用管理层权力在高管薪酬契约的制定过程中直接降低会计业绩的考核比重，从而降低高管薪酬业绩敏感性。

综上所述，当公司具有多个大股东时，高管超额薪酬水平较高，高管员工薪酬差距较大，为了应对来自社会各界的质疑和压力，管理层可能会在既定的薪酬契约下提高薪酬业绩敏感性，也可能在薪酬契约的制定过程中降低薪酬业绩敏感性，以证明其高额薪酬的正当性和合理性。管理层会作出怎样的选择，取决于二者风险与收益的权衡。据此，本章提出如下竞争性假设 H6-1a 和 H6-1b。

H6-1a：薪酬辩护假说。相较于单一大股东的公司，多个大股东公司的高管薪酬业绩敏感性更高。

H6-1b：管理层权力假说。相较于单一大股东的公司，多个大股东公司的高管薪酬业绩敏感性更低。

三、研究设计

（一）样本选取与数据来源

本章以 2007—2019 年中国 A 股上市公司为研究对象，上市公司一致行动人数据来自东方财富 Choice 金融数据库，其他数据主要来源于国泰安 CSMAR 数据库。按照以往研究惯例和本书研究的需要，本章对数据进行了以下处理：①剔除金融行业上市公司；②剔除资不抵债，即资产负债率大于 100% 的样本；③剔除被特殊处理（ST、＊ST 或 PT）的样本；④剔除不存在大股东即第一大股东持股比例低于 10% 的样本；⑤剔除相关数据缺失的样本；⑥为避免极端值的影响，对本章所涉及的主要连续变量，在 1% 和 99% 的水平进行 Winsorize 处理。最终得到观测值共26 273个。

（二）模型设定与变量定义

为了检验多个大股东对高管薪酬业绩敏感性的影响，参考 Firth 等（2006）、蔡贵龙等（2018）、马惠娴和佟爱琴（2019）的研究，本章构建了如下回归模型（6-1）对假设 H6-1 和 H6-2 进行检验：

$$\ln pay_{i,t} = \beta_0 + \beta_1 Multi_{i,t} + \beta_2 Croa_{i,t} + \beta_3 Multi_{i,t} \times Croa_{i,t} +$$
$$\beta_4 Size_{i,t} + \beta_5 Lev_{i,t} + \beta_6 TQ_{i,t} + \beta_7 Mstck_{i,t} + \beta_8 Growth_{i,t} +$$

$$\beta_9\ Bsize_{i,t} + \beta_{10}\ Indep_{i,t} + \beta_{11}\ Top1_{i,t} + \beta_{12}\ Soe_{i,t} +$$

$$\sum Industry + \sum Year + \varepsilon_{i,t} \qquad (6-1)$$

在模型（6-1）中，被解释变量 $\ln pay$ 衡量了上市公司高管的薪酬水平，参考刘慧龙（2017）、罗进辉（2018）的做法，我们采用上市公司高管薪酬前三名的总额的自然对数来衡量。

解释变量 $Multi$ 为是否具有多个大股东的虚拟变量。本章参照已有文献（Attig et al.，2008；姜付秀等，2018；罗宏和黄婉，2020）把考虑一致行动人持股因素之后持股比例超过 10% 的股东定义为大股东。如果公司持股比例超过 10% 的大股东数量大于等于 2，我们将其界定为"多个大股东"，$Multi$ 赋值为 1；反之，界定为"单一大股东"，$Multi$ 赋值为 0。

参考张敏等（2013）、刘慧龙（2017）等的做法，我们选用 $Croa$ 来衡量公司业绩水平，$Croa$ 的计算公式为：$Croa=$ 营业利润/总资产。如果公司在制定高管薪酬契约时考虑了公司业绩，那么预期 $Croa$ 的回归系数将大于 0。$Multi \times Croa$ 是 $Multi$ 和 $Croa$ 的交乘项，是本章重点关注的解释变量。

在控制变量方面，本章控制变量包括公司特征变量和公司治理特征变量，以及行业（$Industry$）和年度（$Year$）固定效应。具体变量定义见表 6-1。

表 6-1 变量定义表

	变量名称	变量符号	变量定义
主要研究变量	高管薪酬	$\ln pay$	公司高管薪酬前三名总额的自然对数
	多个大股东	$Multi$	上市公司是否存在多个大股东的虚拟变量，当上市公司存在两个及以上的大股东时，取值为 1，否则，取值为 0
	公司业绩	$Croa$	营业利润与资产总额之比

（续）

变量名称	变量符号	变量定义
公司规模	$Size$	期末资产总额的自然对数
资产负债率	Lev	期末负债总额与期末资产总额之比
托宾 Q 值	TQ	企业市值与期末总资产之比
管理层持股比例	$Mstck$	管理层持股数量与公司总股数之比
控制变量 增长率	$Growth$	本期营业收入与上期营业收入之差除以上期营业收入
董事会规模	$Bsize$	董事会人数的自然对数
独立董事比例	$Indep$	独立董事人数与董事会人数之比
第一大股东持股	$Top1$	上市公司第一大股东持股比例
产权性质	Soe	上市公司实际控制人为国有性质时，取1，否则，取0

四、实证结果分析

（一）描述性统计

我们对本章所涉及主要变量的描述性统计结果见表 6-2。从 Panel A 可以看出，高管薪酬（$\ln pay$）的均值为 14.212，最小值为 11.736，最大值为 16.166，标准差为 0.756，与以往针对中国上市公司高管薪酬的研究（刘慧龙，2017；罗进辉，2018；马惠娴和佟爱琴，2019）较为一致。解释变量 $Multi$ 的均值为 0.328，标准差为 0.470，这表明在本章的样本期间内，平均有 32.8% 的样本公司存在多个大股东。公司业绩水平（$Croa$）的均值为 0.040，最小值为 -0.254，最大值为 0.230，标准差为 0.068，与刘慧龙（2017）的研究一致。由此可见，我国不同上市公司的高管薪酬水平、股权结构、公司业绩水平均存在较大差异，这为我们研究多个大股东的股权结构对薪酬业绩敏感性的影响提供了基础。其他控制变量的描述性统计结果与现有研究基本一致。

从 Panel B 可以看到只存在一个大股东的样本占比为 67.17％，存在两个大股东的样本占比为 27.06％，存在三个及三个以上大股东的样本占比为 5.77％。由此可见多个大股东的普遍性。

表 6 - 2　描述性统计

Panel A：主要变量的描述性统计

变量	N	Mean	P50	Min	Max	Sd
lnpay	26 273	14.212	14.221	11.736	16.166	0.756
Croa	26 273	0.040	0.038	−0.254	0.230	0.068
Multi	26 273	0.328	0.000	0.000	1.000	0.470
Size	26 273	22.086	21.929	19.199	25.940	1.291
Lev	26 273	0.444	0.440	0.057	0.909	0.208
TQ	26 273	2.162	1.596	0.224	11.185	1.850
Mstck	26 273	0.111	0.001	0.000	0.708	0.187
Growth	26 273	0.195	0.110	−0.615	3.357	0.494
Bsize	26 273	2.145	2.197	1.609	2.708	0.201
Indep	26 273	0.373	0.333	0.273	0.571	0.053
Top1	26 273	0.349	0.327	0.090	0.750	0.147
Soe	26 273	0.419	0.000	0.000	1.000	0.493

Panel B：大股东的数量分布

大股东数量	1	2	3	4	5
N	17 647	7 110	1 338	162	16
Percent（％）	67.17	27.06	5.09	0.62	0.06

（二）相关性分析

表 6 - 3 为本章主要变量的相关性分析结果。其中，多个大股东（Multi）与高管薪酬水平（lnpay）显著正相关，这表明相比于只存在单一大股东的公司，存在多个大股东公司的高管薪酬水平更高；公司业绩（Croa）与高管薪酬水平之间的相关系数为 0.201，且在 1％的水平上显著为正，与方军雄（2012）所指出的上市公司高管薪酬与公司业绩之间的正向关系普遍成立的结论一致。

表6-3　主要变量相关系数表

变量	lnpay	Croa	Multi	Size	Lev	TQ	Mstck	Growth	Bsize	Indep	Top1	Soe
lnpay	1											
Croa	0.201***	1										
Multi	0.049***	0.049***	1									
Size	0.480***	0.070***	-0.013*	1								
Lev	0.051***	-0.329***	-0.078***	0.451***	1							
TQ	-0.118***	0.160***	0.041***	-0.491***	-0.382***	1						
Mstck	-0.019***	0.113***	0.146***	-0.256***	-0.323***	0.167***	1					
Growth	0.013*	0.199***	0.031***	0.039***	0.041***	0.050***	0.044***	1				
Bsize	0.058***	0.042***	0.037***	0.237***	0.154***	-0.162***	-0.193***	-0.012*	1			
Indep	0.030***	-0.025***	-0.009	0.017***	-0.024***	0.060***	0.084***	0.001	-0.505***	1		
Top1	0.006	0.152***	-0.179***	0.215***	0.064***	-0.091***	-0.108***	0.030***	0.036***	0.036***	1	
Soe	-0.015***	-0.053***	-0.108***	0.302***	0.280***	-0.221***	-0.482***	-0.049***	0.276***	-0.075***	0.215***	1

注：***，**，* 分别代表在1%，5%，10%的水平上显著。

〖三〗 多个大股东与薪酬业绩敏感性

表 6-4 报告了多个大股东对薪酬业绩敏感性的影响。列（1）是在未加入任何控制变量的情况下，多个大股东（Multi）与高管薪酬业绩敏感性关系的回归结果，列（2）是加入公司特征变量、公司治理特征变量后的回归结果，列（3）进一步控制了行业（Industry）和年度（Year）固定效应，不管是否加入控制变量，三列的回归结果均一致。从表 6-4 列（3）的回归结果来看，多个大股东（Multi）的回归系数为0.080，并且在 1% 的水平上显著，这表明，在其他因素不变的情况下，相比于只有单一大股东的公司，多个大股东并存的公司，其高管薪酬水平更高；公司业绩（Croa）的回归系数显著为正，表明高管薪酬水平与公司经营业绩显著正相关；多个大股东与公司业绩的交乘项（Multi×Croa）的回归系数为 -0.308，且在 1% 的水平上显著，这说明多个大股东降低了高管薪酬业绩敏感性。上述结果验证了假设 H6-1b 的管理层权力假说，即相比于单一大股东，多个大股东降低了高管薪酬业绩敏感性。这也从侧面说明了多个大股东对管理层监督效率下降之严重，管理层由此获得了足够的权力以更低的成本操纵薪酬契约，以使自身的高额薪酬"合理合规"。

表 6-4　多个大股东与薪酬业绩敏感性

变量	(1) lnpay	(2) lnpay	(3) lnpay
Croa	2.420***	1.541***	1.914***
	(28.98)	(19.72)	(26.04)
Multi	0.088***	0.037***	0.080***
	(7.73)	(3.79)	(8.68)
Multi×Croa	-0.580***	-0.533***	-0.308***
	(-4.09)	(-4.43)	(-2.76)
Size		0.373***	0.288***
		(93.83)	(68.66)

(续)

变量	(1) lnpay	(2) lnpay	(3) lnpay
Lev		−0.409***	−0.205***
		(−17.27)	(−8.76)
TQ		0.038***	0.034***
		(15.27)	(13.35)
Mstck		0.027	−0.086***
		(1.11)	(−3.71)
Growth		−0.062***	−0.046***
		(−7.61)	(−6.14)
Bsize		−0.125***	0.098***
		(−5.25)	(4.37)
Indep		−0.125	−0.066
		(−1.47)	(−0.84)
Top1		−0.535***	−0.284***
		(−19.07)	(−10.70)
Soe		−0.178***	−0.083***
		(−18.74)	(−9.21)
_cons	14.095***	6.592***	6.901***
	(2 209.10)	(65.17)	(66.79)
Industry/Year	N	N	Y
N	26 273	26 273	26 273
Adj. R^2	0.042	0.313	0.413

注：括号内为 t 值；***、**、* 分别代表在1%、5%、10%的水平上显著。

(四) 稳健性检验

1. 控制内生性问题

股权结构在很大程度上是内生决定的（Edmans et al.，2013）。就本章而言，多个大股东对高管薪酬业绩敏感性的影响可能存在内生性问题。为了较好地解决该问题，本章采用了如下方法进行回归检验。

（1）固定效应模型。为了控制公司层面不随时间变化的因素以及样本公司之间因个体差异造成的遗漏变量等产生的内生性问题对本章结论的影响，我们对模型（6-1）采用固定效应模型重新进行回归检验，固定效应模型回归结果如表 6-5 列（1）所示。列（1）中，交乘项（$Multi \times Croa$）的回归系数显著为负，与表 6-4 的结果一致，在一定程度上证明了本章结论的可靠性。

（2）解释变量滞后一期。参考罗进辉（2018）的方法，我们利用上一期的股权结构（$Multi_{t-1}$）作为自变量以检验其对薪酬业绩敏感性的影响。如果内生性问题是由遗漏变量引起的，那么我们采用上一期的股权结构（$Multi_{t-1}$）作为自变量进行回归检验时，将不会得到与主回归相一致的结果。采用滞后一期模型得到的回归结果报告于表 6-5 列（2）中，上一期的股权结构与公司业绩的交乘项（$Multi_{t-1} \times Croa$）的回归系数为 -0.371，且显著性水平为 1%。该结果表明本章的结论是稳健成立的。

表 6-5　内生性检验：固定效应模型＋解释变量滞后一期

变量	固定效应模型 (1) lnpay	解释变量滞后一期 (2) lnpay
$Croa$	0.969***	1.886***
	(17.94)	(23.72)
$Multi$	0.012	
	(1.60)	
$Multi \times Croa$	-0.260***	
	(-3.26)	
$Multi_{t-1}$	0.012	0.086***
	(1.60)	(8.76)
$Multi_{t-1} \times Croa$	-0.260***	-0.371***
	(-3.26)	(-3.09)
$Size$	0.269***	0.290***
	(46.01)	(63.90)
Lev	-0.150***	-0.214***
	(-6.51)	(-8.37)

（续）

变量	固定效应模型 (1) ln*pay*	解释变量滞后一期 (2) ln*pay*
TQ	0.019***	0.038***
	(9.40)	(12.94)
Mstck	−0.044	−0.104***
	(−1.34)	(−4.01)
Growth	−0.021***	−0.046***
	(−4.39)	(−5.34)
Bsize	0.144***	0.088***
	(5.94)	(3.60)
Indep	0.060	−0.040
	(0.82)	(−0.47)
*Top*1	−0.196***	−0.274***
	(−5.25)	(−9.47)
Soe	−0.129***	−0.090***
	(−6.55)	(−9.20)
_*cons*	7.410***	7.094***
	(49.34)	(63.74)
Industry/Year	Y	Y
N	26 273	22 314
Adj. R^2	0.471	0.393

注：括号内为 *t* 值；***、**、* 分别代表在 1%、5%、10% 的水平上显著。

（3）Heckman 两阶段模型。为了缓解本章可能存在的多个大股东与薪酬业绩敏感性之间自选择效应的影响，我们借鉴朱冰等（2018）的做法，以上年度该公司所在行业内其他公司的平均股权结构数据（同行业内多个大股东类型的公司占比）（*Multi _ IV*）作为多个大股东（*Multi*）的工具变量进行两阶段回归，结果如表 6 - 6 所示。列（1）报告了第一阶段的 Probit 回归结果，工具变量（*Multi _ IV*）的回归系数显著为正，表明通过了"弱工具变量"检验；列（2）报告了第二阶段加入逆米尔斯比率（*IMR*）后的回归结果，与模型（6 - 1）的基本回归结果相比，多个大股东与公司业绩交乘项（*Multi×Croa*）的回归系数为－0.404（绝对值大于基本回归结果中的该系数－0.308的绝对值），并且仍然在1％的水平上显著，表明在不考虑样本自选择问题的情况下，主回归基本结果在一定程度上低估了多个大股东（*Multi*）对薪酬业绩敏感性的影响，从而进一步强化了本章的研究结论，即相比于单一大股东，多个大股东降低了高管的薪酬业绩敏感性。

表6-6　内生性检验：Heckman 两阶段回归

变量	全样本	
	第一阶段 （1） *Multi*	第二阶段 （2） ln*pay*
Multi_IV	1.896***	
	(7.58)	
Croa		1.897***
		(23.97)
Multi		0.089***
		(8.94)
Multi×Croa		－0.404***
		(－3.35)
IMR		0.255***
		(3.62)
Size	0.174***	0.322***
	(17.37)	(32.21)
Lev	－0.349***	－0.280***
	(－6.32)	(－8.86)
TQ	0.056***	0.048***
	(8.49)	(11.83)
Mstck	0.855***	0.054
	(14.60)	(1.08)
Growth	0.085***	－0.033***
	(4.34)	(－3.43)

（续）

变量	全样本	
	第一阶段	第二阶段
	(1)	(2)
	Multi	lnpay
Bsize	0.366***	0.155***
	(6.39)	(5.05)
Indep	0.492**	0.047
	(2.46)	(0.53)
Top1	−2.046***	−0.657***
	(−29.17)	(−5.98)
Soe	−0.163***	−0.121***
	(−7.04)	(−9.39)
_cons	−5.309***	6.048***
	(−20.10)	(19.31)
Industry/Year	Y	Y
N	22 314	22 314
Pseudo R^2/Adj. R^2	0.070	0.393

注：括号内为 t 值；***、**、* 分别代表在 1%、5%、10% 的水平上显著。

（4）倾向得分匹配法（PSM）。我们以多个大股东并存的公司样本作为处理组，以只存在单一大股东的公司样本作为控制组，采用倾向得分匹配法（PSM）进行样本配对，以缓解公司特征方面可能存在的遗漏变量的问题。具体地，本章参考 Ben‐Nasr 等（2015）、姜付秀等（2017）的方法，采用最近邻匹配法进行样本配对，配对比例为 1∶1，在第一阶段的 Logit 回归中以公司规模（Size）、资产负债率（Lev）、增长率（Growth）、企业年龄（Age）、经营现金流（Cash）以及年度（Year）和行业（Industry）虚拟变量等为自变量，以上市公司是否存在多个大股东（Multi）作为因变量。其中，公司规模（Size）、资产负债率（Lev）、增长率（Growth）的定义与表 6‐1 相同；企业年龄（Age）为公司已上市年限加 1 的自然对数；经营现金流（Cash）为公司经营活动产生的现金流量净额与期末总资产之比。匹配完成后，我们运用模型（6‐1）对配对样本重新进行回归，回归结果报告于表 6‐7 中。从表 6‐7 的结果可以看出，多个大股东与公司业绩交乘项（$Multi \times Croa$）的回归系数为-0.848，显著性水平为 1%，该结果与前文结果一致。

表 6-7　内生性检验：倾向得分匹配法（PSM）

变量	lnpay
$Croa$	2.963***
	(14.04)
$Multi$	0.104***
	(5.61)
$Multi \times Croa$	-0.848***
	(-3.50)
$Size$	0.257***
	(30.38)
Lev	-0.152***
	(-3.18)
TQ	0.032***
	(6.70)
$Mstck$	-0.204***
	(-5.73)
$Growth$	-0.040***
	(-2.62)
$Bsize$	0.225***
	(5.21)
$Indep$	0.338**
	(2.29)
$Top1$	-0.251***
	(-4.76)
Soe	-0.057***
	(-3.02)
$\_cons$	6.988***
	(34.01)
$Industry/Year$	Y
N	7 387
Adj. R^2	0.339

注：括号内为 t 值；***、**、* 分别代表在 1%、5%、10%的水平上显著。

2. 其他稳健性检验

（1）改变高管薪酬水平的衡量指标。本章的研究结论可能会受到高管薪酬指标衡量方式的重要影响，因此我们分别将高管薪酬（lnpay）替换为董监高前三名薪酬均值的自然对数（lnpay1）和董事前三名薪酬均值的自然对数（lnpay2）进行稳健性检验。以董监高前三名薪酬均值的自然对数（lnpay1）衡量高管薪酬的回归结果如表6-8列（1）所示，多个大股东与公司业绩的交乘项（Multi×Croa）的回归系数在1‰的水平上显著为负；以董事前三名薪酬均值的自然对数（lnpay2）作为因变量的回归结果如表6-8列（2）所示，同样地，多个大股东与公司业绩的交乘项（Multi×Croa）的回归系数在1‰的水平上显著为负。上述结论说明本章的研究结论不会因高管薪酬衡量指标的变化而变化。

表6-8　其他稳健性检验：改变高管薪酬水平的衡量指标

变量	(1) lnpay1	(2) lnpay2
Croa	1.933***	2.144***
	(26.91)	(25.87)
Multi	0.070***	0.042***
	(7.75)	(4.01)
Multi×Croa	−0.348***	−0.345***
	(−3.20)	(−2.75)
Size	0.292***	0.285***
	(71.10)	(60.07)
Lev	−0.188***	−0.180***
	(−8.23)	(−6.84)
TQ	0.033***	0.020***
	(12.92)	(6.76)
Mstck	−0.109***	0.105***
	(−4.85)	(4.05)
Growth	−0.045***	−0.045***
	(−6.07)	(−5.25)

（续）

变量	(1) ln$pay1$	(2) ln$pay2$
$Bsize$	0.091***	0.330***
	(4.12)	(12.98)
$Indep$	−0.165**	−0.499***
	(−2.13)	(−5.57)
$Top1$	−0.331***	−0.457***
	(−12.75)	(−15.28)
Soe	−0.137***	−0.285***
	(−15.53)	(−27.95)
_$cons$	5.993***	5.615***
	(59.33)	(48.04)
$Industry/Year$	Y	Y
N	26 269	25 884
Adj. R^2	0.414	0.373

注：括号内为 t 值；***、**、* 分别代表在 1%、5%、10% 的水平上显著。

（2）改变公司业绩的衡量指标。本章的研究结论同样可能因为业绩指标的衡量方式不同而受到影响，因此，我们将公司业绩指标替换为总利润指标（$Troa$），即 $Troa$＝总利润/总资产，重新采用模型（6-1）进行回归分析。回归结果报告于表 6-9 列（1）中，替换公司业绩指标后，交乘项 $Multi×Troa$ 的回归系数依然显著为负，该结果与主回归结果一致。

（3）加入股权制衡变量。陈志军等（2016）研究认为，股权制衡能够降低股东与管理层之间的代理成本。本章参考罗宏和黄婉（2020）的研究，进一步控制股权制衡度对本章结论的潜在影响，具体来讲，采用第二大股东至第十大股东持股比例之和与第一大股东持股比例的比值（$Bratio$）作为股权制衡度指标。加入股权制衡度（$Bratio$）后的回归结果报告于表 6-9 列（2）中。列（2）的结果显示，在加入股权制衡度（$Bratio$）后，多个大股东与公司业绩的交乘项（$Multi×Croa$）的回归系数显著为负（回归系数为－0.281，显著性水平为 5%），说明本章的结论是稳健的。

表 6－9　其他稳健性检验：改变业绩衡量指标＋加入股权制衡变量

变量	改变业绩指标 （1） ln*pay*	加入股权制衡变量 （2） ln*pay*
Troa	1.836***	
	(25.24)	
Multi	0.079***	0.055***
	(8.28)	(5.66)
Multi×*Troa*	−0.232**	
	(−2.10)	
Croa		1.902***
		(25.90)
Multi×*Croa*		−0.281**
		(−2.52)
Bratio		0.056***
		(7.47)
Size	0.291***	0.284***
	(69.66)	(66.95)
Lev	−0.227***	−0.190***
	(−9.79)	(−8.10)
TQ	0.033***	0.033***
	(12.60)	(12.92)
Mstck	−0.083***	−0.120***
	(−3.61)	(−5.13)
Growth	−0.044***	−0.051***
	(−5.84)	(−6.69)
Bsize	0.100***	0.090***
	(4.44)	(3.99)
Indep	−0.069	−0.067
	(−0.87)	(−0.85)

（续）

变量	改变业绩指标 （1） lnpay	加入股权制衡变量 （2） lnpay
$Top1$	-0.276^{***}	-0.106^{***}
	(-10.42)	(-2.96)
Soe	-0.086^{***}	-0.079^{***}
	(-9.47)	(-8.72)
$\_cons$	6.834^{***}	6.918^{***}
	(66.38)	(67.01)
$Industry/Year$	Y	Y
N	26 273	26 272
Adj. R^2	0.412	0.414

注：括号内为 t 值；***、**、* 分别代表在 1%、5%、10% 的水平上显著。

（4）改变大股东的界定标准。国内外文献在大股东判断标准上存在差异，因为在不同的国家或地区，大股东能够发挥公司治理作用的最低持股比例不同。为了考查本章的研究结论对大股东界定标准是否敏感，参考姜付秀等（2018）、朱冰等（2018）的做法，我们将持股比例超过 5% 的股东定义为大股东重新对模型（6-1）进行回归检验，回归结果如表 6-10 列（1）所示。列（1）的结果表明，当大股东界定标准为 5% 时，多个大股东与公司业绩的交乘项（$Multi5 \times Croa$）的回归系数显著为负。该结果说明本章的研究结论对多个大股东的界定标准不敏感，因此，本章的研究结论是稳健的。

（5）剔除存在控股股东的样本。由于控股股东较高的持股比例会使其他大股东难以对控股股东的决策产生影响，为了更好地观察大股东相互制衡与摩擦对管理层监督效应的影响，我们剔除持股比例超过 50%，即控股股东处于绝对控股地位的样本重新进行回归检验。表 6-10 列（2）报告了剔除存在控股股东的样本后的回归结果，多个大股东与公司业绩的交乘项 $Multi \times Croa$ 的回归系数为 -0.310，且在 1% 的水平上显著，该结果与前文主要结论一致。也就是说，在剔除控股股东的影响后，本章的结论依然成立。

表 6 - 10　其他稳健性检验：改变大股东界定标准＋剔除存在控股股东的样本

变量	改变大股东界定标准 （1） lnpay	剔除存在控股股东的样本 （2） lnpay
$Croa$	2.122***	1.886***
	(23.69)	(22.34)
$Multi5$	0.083***	
	(9.49)	
$Multi5×Croa$	−0.522***	
	(−4.85)	
$Multi$		0.087***
		(9.07)
$Multi×Croa$		−0.310***
		(−2.58)
$Size$	0.289***	0.311***
	(69.03)	(64.06)
Lev	−0.204***	−0.253***
	(−8.74)	(−9.70)
TQ	0.035***	0.040***
	(13.45)	(13.95)
$Mstck$	−0.085***	−0.074***
	(−3.68)	(−2.80)
$Growth$	−0.047***	−0.049***
	(−6.24)	(−5.55)
$Bsize$	0.096***	0.125***
	(4.25)	(4.92)
$Indep$	−0.049	0.076
	(−0.62)	(0.84)
$Top1$	−0.277***	−0.449***
	(−10.35)	(−11.55)
Soe	−0.077***	−0.056***
	(−8.47)	(−5.51)

（续）

变量	改变大股东界定标准 （1）	剔除存在控股股东的样本 （2）
	lnpay	lnpay
_cons	6.856***	6.346***
	(66.51)	(52.79)
Industry/Year	Y	Y
N	26 273	20 893
Adj. R^2	0.413	0.421

注：括号内为 t 值；***、**、* 分别代表在1%、5%、10%的水平上显著。

五、进一步分析

（一）股东持股治理效应分析

以上研究表明相比于单一大股东的公司，多个大股东公司的高管薪酬业绩敏感性更低，符合管理层权力假说的推论。具体表现为管理层在薪酬契约的制定过程中降低了会计业绩的激励强度，也就是降低了薪酬业绩敏感性。毫无疑问，其他大股东在公司决策中是否能够发挥作用很大程度上取决于他们是否有足够的力量可以与第一大股东抗衡，其他大股东话语权越低，大股东之间摩擦越小，管理层利用大股东之间的摩擦攫取私利的机会就变小；反之，管理层攫取私利的机会就增大。基于此，我们从以下两个维度探讨多个大股东对高管薪酬业绩敏感性的影响，进一步验证多个大股东的存在确实增大了大股东之间的摩擦，使管理层权力得以扩张，导致高管自定薪酬的可能性增大，表现为高管薪酬业绩敏感性降低，利于高管攫取超额薪酬。

首先，公司内存在多个大股东时，大股东之间的意见分歧和摩擦会随着大股东数量的增多而增大，管理层趁机扩张自身权力并攫取私利的机会也随之增大。基于此，本章参考 Attig 等（2009）、姜付秀等（2017）、罗宏和黄婉（2020）的研究，构建公司内除第一大股东外其他大股东的数量变量（*Large_num*），检验多个大股东数量对高管薪酬业绩敏感性的影响。本章在模型（6-1）中以公司其他大股东的数量（*Large_num*）替换是否存在多个大股东变量（*Multi*），回归结果如表 6-11 列（1）所示。实证结果表明，其他大股东的数量（*Large_num*）降低了高管薪酬业绩敏感性，即其他大股东数量越多，公司高管薪酬业绩敏感性越低。

其次，大股东的持股比例决定了其决策权和影响力的大小，也就是其对抗其他大股东的相对力量的强弱。其他大股东持股比例越高，其相对力量越大，越有可能增加大股东之间的摩擦，使得管理层权力趁机扩张。参考朱冰等（2018）、罗宏和黄婉（2020）的研究，我们构建了其他大股东持股比例之和变量（*ShareRatio*），以进一步检验其他大股东持股比例对高管薪酬业绩敏感性的影响。我们在模型（6-1）中以其他大股东持股比例之和（*ShareRatio*）替换是否存在多个大股东变量（*Multi*），回归结果如表 6-11 列（2）所示。实证结果表明，其他大股东持股比例之和（*ShareRatio*）与公司业绩（*Croa*）的交乘项（*ShareRatio×Croa*）的回归系数为−0.008，虽然该系数不显著，但是也可以在一定程度上表明其他大股东持股比例降低了高管薪酬业绩敏感性。

上述结果表明，当其他大股东相对力量更强时，大股东之间的摩擦增大，对管理层的监督效率降低，管理层权力得以扩张，足以使管理层对薪酬契约施加影响以降低薪酬业绩敏感性，为管理层攫取超额薪酬提供机会和便利。

表 6-11　股东持股治理效应分析：其他大股东的相对力量

变量	(1) ln*pay*	(2) ln*pay*
Large_num×Croa	−0.243***	
	(−2.85)	
ShareRatio×Croa		−0.008
		(−1.44)

（续）

变量	(1) lnpay	(2) lnpay
$Large\_num$	0.068***	
	(9.41)	
$ShareRatio$		0.004***
		(9.08)
$Croa$	1.905***	1.857***
	(26.57)	(26.10)
$Size$	0.287***	0.286***
	(68.47)	(67.96)
Lev	−0.202***	−0.201***
	(−8.66)	(−8.60)
TQ	0.034***	0.034***
	(13.29)	(13.08)
$Mstck$	−0.094***	−0.098***
	(−4.09)	(−4.24)
$Growth$	−0.046***	−0.046***
	(−6.15)	(−6.07)
$Bsize$	0.098***	0.097***
	(4.35)	(4.33)
$Indep$	−0.066	−0.070
	(−0.83)	(−0.89)
$Top1$	−0.273***	−0.278***
	(−10.25)	(−10.48)
Soe	−0.083***	−0.085***
	(−9.22)	(−9.38)
$\_cons$	6.911***	6.948***
	(66.90)	(67.12)
$Industry/Year$	Y	Y
N	26 273	26 273
Adj. R^2	0.413	0.413

注：括号内为 t 值；***、**、* 分别代表在 1%、5%、10% 的水平上显著。

【二】 股东高层治理效应分析

本章所指的股东高层治理是股东通过向上市公司委派董事长或 CEO 参与公司治理。股东持股比例大小只是从法律上赋予了股东参与公司治理权力的大小，但是股东参与公司治理的实际效果如何受到信息不对称程度以及管理层权力等诸多因素的影响。股东向公司委派董事或高管，能够有效缓解股东与管理层的代理冲突，能够更好地发挥治理作用（蔡贵龙等，2018）。基于此，本章借鉴蔡贵龙等（2018）、张建君和张闫龙（2016）的研究思路，构建股东是否向公司委派董事长或 CEO 变量（Dsz_ceo），检验多个大股东的高层治理对高管薪酬业绩敏感性的影响。选择委派董事长或 CEO 的理由是二者构成了我国上市公司中最基本、最显著的高阶梯队，对公司运作和业绩具有重大影响（Kato and Long，2006），董事长和 CEO 会比普通董事和管理者发挥更大的作用，当然也会对股东治理效应的发挥产生更为重要的影响。因此，本章选取股东委派董事长或 CEO 作为股东加强公司治理的代理变量，用以检验股东高层治理是否可以对多个大股东与高管薪酬业绩敏感性之间的关系产生调节作用。

参考刘慧龙（2017）的做法，我们在模型（6-1）中加入股东委派董事长或 CEO 变量 Dsz_ceo，股东委派董事长或 CEO（Dsz_ceo）与多个大股东（$Multi$）的交乘项 $Dsz\_ceo \times Multi$，以及股东委派董事长或 CEO（Dsz_ceo）、多个大股东（$Multi$）与公司业绩（$Croa$）的交乘项 $Dsz\_ceo \times Multi \times Croa$ 重新进行回归，实证结果如表 6-12 所示。从表 6-12 中，我们可以看出，多个大股东（$Multi$）与公司业绩（$Croa$）的交乘项（$Multi \times Croa$）的回归系数显著为负，也就是多个大股东显著降低了高管薪酬业绩敏感性。而在加入股东委派董事长或 CEO 变量（Dsz_ceo）后三者交乘项（$Dsz\_ceo \times Multi \times Croa$）的回归系数为 0.331 并且在 10% 的水平上显著，这表明股东委派董事长或 CEO 显著缓解了多个大股东降低薪酬业绩敏感性的问题，股东通过委派董事长或 CEO 参与公司治理显著提高了股东治理效应，有效缓解了股东与管理层之间的代理问题。

表 6－12　股东高层治理效应分析：委派董事长或 CEO

变量	$\ln pay$
$Dsz\_ceo \times Multi \times Croa$	0.331*
	(1.83)
$Multi \times Croa$	−0.490***
	(−3.26)
$Multi \times Dsz\_ceo$	−0.020
	(−1.13)
Dsz_ceo	0.023**
	(2.38)
$Croa$	1.911***
	(25.99)
$Multi$	0.090***
	(6.62)
$Size$	0.288***
	(68.50)
Lev	−0.204***
	(−8.71)
TQ	0.034***
	(13.37)
$Mstck$	−0.061**
	(−2.49)
$Growth$	−0.047***
	(−6.17)
$Bsize$	0.097***
	(4.33)
$Indep$	−0.065
	(−0.82)
$Top1$	−0.296***
	(−11.00)
Soe	−0.082***
	(−9.09)

（续）

变量	lnpay
_ $cons$	6.903***
	(66.79)
$Industry/Year$	Y
N	26 273
Adj. R^2	0.413

注：括号内为 t 值；***、**、* 分别代表在 1%、5%、10% 的水平上显著。

【三】公司信息环境的调节作用

信息不对称是影响高管薪酬契约有效性的重要因素，良好的信息环境可以缓解信息不对称问题，为高管薪酬契约的合理制定和有效执行提供保障（孙泽宇和齐保垒，2021）。资本市场的中介机构可以改善公司信息环境，缓解股东与管理层之间的信息不对称问题，而机构投资者、审计师和分析师是资本市场重要的三股力量。①与中小股东相比，机构投资者具有资金规模、信息、专业以及监督成本等方面的优势，可以发挥积极的公司治理作用（Admati et al.，1994）。机构投资者通过实地调研、与公司进行谈判、提交股东议案等方式积极参与公司治理并发挥监督作用。现有研究表明，机构投资者能够抑制公司盈余管理行为、提高公司信息质量（袁知柱等，2014；梅洁和张明泽，2016），对管理层的机会主义行为进行有效监督（Shleifer and Vishny，1986），并提高高管薪酬业绩敏感性（Hartzell and Starks，2003）。②审计师的治理作用在于能够提高公司会计信息的可信度和财务报告的透明度（唐凯桃等，2021）。较高质量的外部审计能够提高公司盈余质量（Reichelt and Wang，2010）、会计信息质量（赵玉洁等，2020）以及公司信息披露水平（Fan and Wong，2002），进而降低信息不对称程度，有效抑制管理层的私利行为。③分析师是重要的信息中介，在塑造资本市场的信息环境中发挥着重要作用（钟覃琳和刘媛媛，2020）。分析师通过跟踪上市公司定期报告、实地调研等方式，充分搜集、挖掘、解读以及传播上市公司相关信息，能够缓解由所有权和经营权分离而产生的信息不对称问题（Barth et al.，2001），分析师跟踪强度被认为是公司信息环境的指示器（Lang et al.，2003）。有研究认为，分析师能够有效监督管理层的机会主义行为（Chen et al.，2015），显著缓解高管的过度薪酬激励问题（Bradley et al.，2017）。

我们认为，机构投资者持股比例越多、审计质量越高、分析师关注度越高，越能有效提高上市公司信息披露质量，增强公司会计业绩的准确性，有利于股东更好地评估高管的努力和能力对公司业绩的影响，不仅可以使股东在事前制定与业绩挂钩的高管薪酬契约，还可以在事中和事后加强对管理层的监督，保证高管薪酬与业绩挂钩，提高高管薪酬契约的有效性。

具体地，①我们依据机构投资者持股比例，根据年度行业三分位数将样本分为三组，取机构投资者持股比例较低组和机构投资者持股比例较高组，采用模型（6-1）进行分组回归，回归结果如表6-13列（1）和列（2）所示。回归结果显示，多个大股东与公司业绩的交乘项（$Multi \times Croa$）的回归系数仅在机构投资者持股比例较低组显著为负（回归系数为-0.373，显著性水平为5%），而在机构投资者持股比例较高组不显著。这表明机构投资者发挥了监督作用，促使上市公司信息质量得以提升，抑制了管理层的机会主义行为。②由于来自"四大"会计师事务所的审计师执业更为谨慎，审计质量更高（Gul et al.，2013），所以参考王玉涛和王彦超（2012）、姜付秀等（2017）的做法，我们以上市公司的审计师是否来自"四大"会计师事务所将样本分为两组，即审计师来自"四大"组和审计师来自非"四大"组，采用模型（6-1）进行分组回归，回归结果报告于表6-13列（3）和列（4）中。可以看出，多个大股东与公司业绩的交乘项（$Multi \times Croa$）的回归系数仅在审计师来自非"四大"组显著为负（回归系数为-0.317，显著性水平为1%），而在审计师来自"四大"组不显著，这表明"四大"会计师事务所的会计师具有更强的监督作用，有利于提高会计信息披露质量，进而对高管薪酬契约的有效性产生正面影响。③鉴于分析师向资本市场传递信息的方式是研究报告，所以我们以分析师发布的研究报告的多少来衡量分析师监督力度的强弱，同时我们依据分析师研究报告的数量，根据年度行业三分位数将样本分为三组，取分析师研究报告较少组和分析师研究报告较多组，采用模型（6-1）进行分组回归的结果如表6-13列（5）和列（6）所示。回归结果显示，多个大股东与公司业绩的交乘项（Multi×Croa）的回归系数仅在分析师发布研究报告较少组显著为负（回归系数为−0.400，显著性水平为10%），而在分析师发布研究报告较多组不显著，这表明作为资本市场重要的信息中介，分析师关注度的提高降低了多个大股东对薪酬业绩敏感性的负面影响。

总的来说，在公司外部监督机制的作用下，公司信息环境得到改善，有助于缓解多个大股东降低高管薪酬业绩敏感性的问题。

表6-13　公司信息环境的调节作用

变量	机构投资者持股少	机构投资者持股多	审计师来自"四大"	审计师来自非"四大"	分析师研究报告少	分析师研究报告多
	(1) lnpay	(2) lnpay	(3) lnpay	(4) lnpay	(5) lnpay	(6) lnpay
Croa	1.309***	2.186***	2.565***	1.848***	1.321***	2.430***
	(11.21)	(14.55)	(6.05)	(24.90)	(8.85)	(12.56)
Multi	0.039**	0.051***	0.058	0.077***	0.082***	0.067**
	(2.41)	(2.78)	(1.22)	(8.28)	(4.93)	(2.51)
Multi×Croa	−0.373**	−0.155	−0.464	−0.317***	−0.400*	−0.082
	(−1.97)	(−0.77)	(−0.89)	(−2.78)	(−1.67)	(−0.31)
Size	0.312***	0.250***	0.229***	0.281***	0.210***	0.250***
	(36.35)	(36.21)	(12.97)	(61.69)	(21.37)	(27.62)
Lev	−0.203***	−0.045	−0.274**	−0.201***	−0.211***	0.162***
	(−5.25)	(−1.00)	(−2.20)	(−8.49)	(−4.76)	(2.74)
TQ	0.036***	0.035***	0.021	0.033***	0.017***	0.021***
	(8.35)	(6.98)	(1.26)	(12.79)	(3.26)	(3.51)
Mstck	0.216***	−0.103	−0.726***	−0.045**	−0.054	−0.318***
	(5.13)	(−1.26)	(−3.85)	(−1.97)	(−1.20)	(−6.80)

（续）

变量	机构投资者持股少	机构投资者持股多	审计师来自"四大"	审计师来自非"四大"	分析师研究报告少	分析师研究报告多
	（1）	（2）	（3）	（4）	（5）	（6）
	lnpay	lnpay	lnpay	lnpay	lnpay	lnpay
$Growth$	−0.047***	−0.087***	−0.055	−0.042***	−0.035***	−0.057***
	（−3.44）	（−7.35）	（−1.24）	（−5.46）	（−2.66）	（−2.99）
$Bsize$	0.047	0.096**	0.153*	0.092***	0.052	0.120***
	（1.22）	（2.48）	（1.74）	（3.99）	（1.18）	（2.67）
$Indep$	0.315**	−0.491***	0.885***	−0.089	−0.263*	0.217
	（2.38）	（−3.67）	（2.83）	（−1.09）	（−1.71）	（1.41）
$Top1$	−0.443***	−0.441***	−0.521***	−0.296***	−0.154***	−0.446***
	（−6.92）	（−8.82）	（−4.49）	（−10.88）	（−3.07）	（−8.16）
Soe	−0.059***	−0.105***	−0.521***	−0.061***	−0.016	−0.131***
	（−3.06）	（−7.08）	（−11.74）	（−6.64）	（−0.91）	（−6.69）
$\_cons$	6.385***	7.948***	8.641***	7.055***	8.848***	7.538***
	（30.43）	（45.92）	（16.34）	（63.35）	（37.53）	（33.86）
$Industry/Year$	Y	Y	Y	Y	Y	Y
N	8 819	8 672	1 466	24 807	7 036	6 324
Adj. R^2	0.387	0.382	0.390	0.397	0.348	0.393

注：括号内为 t 值；***、**、*分别代表在1%、5%、10%的水平上显著。

（四）公司内部监督机制的调节作用

公司内部监督机制能够对管理层的自利行为产生重大影响，较强的内部监督机制将会抑制管理层的自利行为（Doyle et al.，2007；黄政和吴国萍，2017）。一方面，在内部监督机制中，内部控制是最典型的内部治理机制，它是涉及董事会、监事会、管理层及内部员工等各利益相关者行为的一种公司治理手段，高质量的内部控制体系能够通过一系列的制度安排提高公司治理水平（李万福等，2011）。从理论上讲，公司强化内部控制建设能够完善公司整体治理情况，通过发挥内部监督作用可以缓解股东与管理层之间的代理冲突（陈晓珊和刘洪铎，2019）。因此，我们预期，高质量的内部控制机制能够在一定程度上弥补多个大股东对管理层监督的不足，有效制衡管理层权力，缓解多个大股东对高管薪酬业绩敏感性的负向影响；另一方面，《公司法》赋予了监事会对公司日常活动进行监督的权利，因此监事会是公司内部重要的监督机构和治理机制之一。参考张振新等（2011）和张昭等（2020）的研究，我们以监事会持股比例来衡量监事会的监督力度，我们预期，持股比例较高的监事会能够发挥较强的监督作用，在一定程度上缓解多个大股东对高管薪酬业绩敏感性的负向影响。

为了验证上述分析预期，我们分别依据内部控制质量和监事会持股比例，采用年度行业三分位数将样本分为三组，取其中内部控制较差组和内部控制较好组，以及监事会持股比例较低组和监事会持股比例较高组，采用模型（6-1）进行分组回归，回归结果报告于表 6-14 中。列（1）和列（2）报告了内部控制较差组和内部控制较好组的回归结果，可以看出，多个大股东对薪酬业绩敏感性的影响仅在内部控制较差时显著，而在内部控制较好时不显著，说明公司内部控制发挥了治理作用，较好的内部控制能够弥补多个大股东治理的不足。列（3）和列（4）报告了监事会持股比例较低组和监事会持股比例较高组的回归结果，多个大股东对薪酬业绩敏感性的影响仅在监事会持股比例较低时显著，而在监事会持股比例较高时不显著，说明监事会发挥了公司治理作用，弱化了多个大股东对高管薪酬业绩敏感性的负向影响。

总的来说，较好的内部监督机制能够发挥治理作用，在一定程度上缓解了多个大股东降低高管薪酬业绩敏感性的问题。

表 6-14　公司内部监督机制的调节作用

变量	内控差 （1） ln*pay*	内控好 （2） ln*pay*	监事会持股比例低 （3） ln*pay*	监事会持股比例高 （4） ln*pay*
Croa	1.011*** （9.39）	2.839*** （17.09）	1.823*** （19.19）	2.048*** （15.07）

（续）

变量	内控差 （1） ln*pay*	内控好 （2） ln*pay*	监事会持股比例低 （3） ln*pay*	监事会持股比例高 （4） ln*pay*
Multi	0.085***	0.077***	0.096***	0.035**
	(6.09)	(3.51)	(8.03)	(2.04)
Multi×*Croa*	−0.304*	−0.345	−0.480***	0.224
	(−1.82)	(−1.44)	(−3.33)	(1.07)
Size	0.283***	0.263***	0.277***	0.326***
	(35.42)	(36.99)	(49.96)	(40.82)
Lev	−0.305***	0.013	−0.183***	−0.298***
	(−8.50)	(0.28)	(−6.09)	(−6.79)
TQ	0.029***	0.030***	0.035***	0.035***
	(6.80)	(5.87)	(10.50)	(7.24)
Mstck	−0.001	−0.133***	−0.079**	−0.150***
	(−0.03)	(−3.16)	(−2.28)	(−4.05)
Growth	−0.042***	−0.063***	−0.048***	−0.044***
	(−3.35)	(−4.94)	(−5.15)	(−2.84)
Bsize	0.099**	0.065*	0.118***	0.064
	(2.52)	(1.67)	(3.94)	(1.62)
Indep	−0.182	−0.046	−0.071	0.121
	(−1.30)	(−0.34)	(−0.67)	(0.87)
*Top*1	−0.233***	−0.428***	−0.278***	−0.241***
	(−4.95)	(−9.37)	(−7.82)	(−5.01)
Soe	−0.120***	−0.039**	−0.067***	−0.082***
	(−7.84)	(−2.41)	(−5.75)	(−4.67)
_*cons*	7.046***	7.437***	7.052***	6.120***
	(36.69)	(42.01)	(51.83)	(31.45)
Industry/Year	Y	Y	Y	Y
N	8 743	8 585	14 775	8 369
Adj. *R*²	0.422	0.369	0.411	0.430

注：括号内为 *t* 值；***、**、* 分别代表在1%、5%、10%的水平上显著。

【五】 多个大股东对高管薪酬黏性的影响

从理论上讲，高管薪酬黏性也是反映高管薪酬契约有效性的指标之一。因此，我们将进一步探讨多个大股东对高管薪酬黏性的影响，以更深入地理解高管薪酬业绩敏感性下降的原因。高管薪酬黏性是指公司业绩上升时高管薪酬的增长幅度大于公司业绩下降时高管薪酬的降低幅度（方军雄，2009；陈修德等，2014），大量文献检验了高管薪酬黏性的存在性，他们认为管理层权力和信息不对称是影响高管薪酬黏性的两个重要因素（Garvey and Milbourn，2006；Morse，2011）。一方面，当业绩上升时，管理层将功劳都归结于自身的能力和勤奋，弱化行业、经济形势、政策等因素对公司业绩的影响，从而为自身争取到高额薪酬；另一方面，在公司业绩下滑时，管理层又倾向于把原因归咎于外部经济形势、政策等的不良冲击而非自身经营不善，而由于信息不对称的存在，股东很难准确判断业绩下滑的真实原因，导致高管薪酬在公司业绩下滑时并不会大幅度下降，二者很难实现同步增减，进而造成了高管薪酬黏性。因此，有必要从高管薪酬黏性的视角来评价高管薪酬契约的有效性，这也有助于我们更深入地理解多个大股东对高管薪酬业绩敏感性的影响。本章认为，由于多个大股东对管理层的监督降低了，同时管理层权力得以扩张，多个大股东将增强上市公司高管薪酬黏性。

为了验证上述分析预期，首先，我们参考马惠娴和佟爱琴（2019）、孙泽宇和齐保垒（2021）的做法，采用模型（6-1）分别对业绩下降组和业绩上升组进行回归，考察多个大股东与公司业绩的交乘项（$Multi \times Croa$）的回归系数在两组间的差异，回归分析结果如表6-15列（1）和列（2）所示。可以看出，列（1）中，当公司业绩下降时，多个大股东与公司业绩的交乘项（$Multi \times Croa$）的回归系数显著为负，而在列（2）中，当公司业绩上升时，多个大股东与公司业绩的交乘项（$Multi \times Croa$）的回归系数并不显著，这说明多个大股东（$Multi$）对高管薪酬业绩敏感性的抑制作用仅在业绩下降时显著，初步说明了多个大股东增强了高管薪酬黏性。

其次，为了更直观地体现多个大股东（Multi）对高管薪酬黏性的影响，我们借鉴顾乃康和周艳利（2017）、张路和张瀚文（2017）的研究，构建如下模型（6-2）对其进行检验：

$$\ln pay_{i,t} = \beta_0 + \beta_1\, Multi_{i,t} + \beta_2\, Croa_{i,t} + \beta_3\, Down_{i,t} + \beta_4\, Down_{i,t} \times$$
$$Croa_{i,t} + \beta_5\, Multi_{i,t} \times Down_{i,t} \times Croa_{i,t} + \beta_6\, Size_{i,t} +$$
$$\beta_7\, Lev_{i,t} + \beta_8\, TQ_{i,t} + \beta_9\, Mstck_{i,t} + \beta_{10}\, Growth_{i,t} +$$
$$\beta_{11}\, Bsize_{i,t} + \beta_{12}\, Indep_{i,t} + \beta_{13}\, Top1_{i,t} + \beta_{14}\, Soe_{i,t} +$$
$$\sum Industry + \sum Year + \varepsilon_{i,t} \qquad (6-2)$$

其中，Down 为业绩是否下降的虚拟变量，当业绩下降时赋值为 1，否则为 0。Down×Croa 为业绩下滑（Down）与公司业绩（Croa）的交乘项，Multi×Down×Croa 为多个大股东（Multi）、业绩下滑（Down）与公司业绩（Croa）三者的交乘项，其他变量的定义与模型（6-1）相同。我们重点考察的是 Multi×Down×Croa 的回归系数，若其显著为负，说明多个大股东（Multi）显著增强了高管薪酬黏性，反之，则说明多个大股东（Multi）有利于降低高管薪酬黏性。模型（6-2）的回归结果如表 6-15 列（3）所示，Down×Croa 的回归系数显著为负，说明上市公司高管薪酬存在黏性，而 Multi×Down×Croa 的回归系数为 -0.329，并且在 10% 的水平上显著，表明多个大股东（Multi）强化了我国上市公司高管薪酬黏性，与上文预期一致。该结果从薪酬黏性的视角证明了多个大股东对高管薪酬契约有效性的负面影响。

表 6-15　多个大股东对高管薪酬黏性的影响

变量	业绩下降组 （1） ln*pay*	业绩上升组 （2） ln*pay*	全样本 （3） ln*pay*
Croa	1.183***	2.679***	2.444***
	(10.36)	(24.94)	(28.30)
Multi	0.096***	0.063***	0.068***
	(7.08)	(4.60)	(8.57)

（续）

变量	业绩下降组 （1） ln*pay*	业绩上升组 （2） ln*pay*	全样本 （3） ln*pay*
$Multi \times Croa$	-0.386^{**}	-0.145	
	(-2.22)	(-0.90)	
$Down$			0.054^{***}
			(5.93)
$Down \times Croa$			-1.108^{***}
			(-8.49)
$Multi \times Down \times Croa$			-0.329^{*}
			(-1.88)
$Size$	0.294^{***}	0.279^{***}	0.284^{***}
	(40.64)	(53.75)	(67.66)
Lev	-0.335^{***}	-0.097^{***}	-0.192^{***}
	(-8.77)	(-3.26)	(-8.20)
TQ	0.036^{***}	0.028^{***}	0.030^{***}
	(7.61)	(9.16)	(11.74)
$Mstck$	-0.099^{**}	-0.085^{***}	-0.093^{***}
	(-2.45)	(-3.03)	(-4.03)
$Growth$	0.052^{***}	-0.065^{***}	-0.046^{***}
	(2.59)	(-7.74)	(-6.01)
$Bsize$	0.022	0.144^{***}	0.100^{***}
	(0.59)	(5.14)	(4.48)
$Indep$	-0.140	-0.019	-0.057
	(-1.06)	(-0.20)	(-0.73)
$Top1$	-0.296^{***}	-0.286^{***}	-0.287^{***}
	(-6.65)	(-8.67)	(-10.84)
Soe	-0.101^{***}	-0.067^{***}	-0.080^{***}
	(-6.76)	(-5.92)	(-8.89)
$\_cons$	7.265^{***}	6.892^{***}	6.947^{***}
	(41.41)	(54.00)	(67.35)
$Industry/Year$	Y	Y	Y
N	9 129	17 144	26 273
Adj. R^2	0.391	0.430	0.415

注：括号内为 t 值；$***$、$**$、$*$ 分别代表在 1%、5%、10%的水平上显著。

六、本章小结

本章基于我国 A 股上市公司 2007—2019 年的股权结构数据、公司治理数据以及财务数据，从高管薪酬业绩敏感性的视角探讨了多个大股东对高管薪酬契约有效性的影响。相关结论有：①相比于单一大股东，多个大股东显著降低了高管薪酬业绩敏感性；上述结论在经过一系列的内生性和稳健性检验后依然成立。该结论支持了管理层权力假说，而排除了薪酬辩护假说。②通过对股东持股治理效应和高层治理效应的检验发现，其他大股东的数量越多、持股比例越高，高管薪酬业绩敏感性越低；股东向公司委派董事长或 CEO 能够有效缓解多个大股东降低高管薪酬业绩敏感性的问题。③根据信息环境好坏和内部治理水平高低分组检验后发现，在信息环境较好和内部治理水平较高的分组中，多个大股东对薪酬业绩敏感性的影响不显著，而在信息环境较差和内部治理水平较低的分组中，多个大股东对薪酬业绩敏感性的影响显著为负，这表明良好的内外部治理机制可以有效缓解多个大股东降低高管薪酬业绩敏感性的问题。④最后，我们还检验了多个大股东对高管薪酬黏性的影响，以更深入地理解多个大股东影响薪酬业绩敏感性的机理，研究发现，多个大股东强化了我国上市公司高管的薪酬黏性，表现为在公司业绩下滑时，多个大股东对高管薪酬业绩敏感性的抑制作用更为显著。以上研究结论为多个大股东参与公司治理的负面效应提供了进一步的证据支持。

本章的分析结果与第四章和第五章的结果形成了有机统一：第四章发现多个大股东对管理层的监督效率下降，使得管理层权力得以扩张，管理层趁机攫取了超额薪酬，第四章的研究结论为多个大股东参与公司治理的效果提供了负面证据。第五章探讨了多个大股东引起高管超额薪酬增长的同时，高管是否考虑到与员工薪酬的公平性问题，实证检验了多个大股东对高管员工薪酬差距的影响，研究结果表明多个大股东加大了高管员工薪酬差距，降低了高管薪酬契约的公平性。本章在前述两章研究结论的基础上，进一步从高管薪酬业绩敏感性的视角考察了多个大股东对高管薪酬契约有效性的影响，结果表明，多个大股东降低了高管薪酬业绩敏感性，也就是降低了高管薪酬契约的有效性。本章的研究为多个大股东对高管薪酬契约的影响提供了更全面的经验支持。

本章的结论可能具有如下启示作用：第一，股权结构是公司治理的主要决定因素，而多个大股东是股权结构的一种普遍形式，在看到多个大股东加强股东之间的监督制衡缓解第二类代理问题的同时，也要看到多个大股东在管理层监督方面的不足，大股东之间应积极磋商与合作，扬长避短，进一步提高公司治理效率。第二，大股东的持股比例赋予了大股东监督管理层的法律权利，但是大股东实际监督作用的发挥受到诸多因素的影响，通过向公司委派董事长或 CEO 可以提高大股东的治理效率。第三，应增强对高管薪酬问题重要性的认识，因为高管薪酬契约有效性不仅是涉及大股东与管理层之间利益分配的问题，也是涉及中小股东以及其他利益相关者利益的问题，更是关乎社会财富分配公平与正义的问题。

第七章　结论与展望

一、研究结论

为了研究多个大股东对高管薪酬契约的影响，本书首先从高管超额薪酬的视角剖析并检验了多个大股东对高管薪酬契约水平的影响，继而从高管员工薪酬差距的视角研究了多个大股东对高管薪酬契约公平性的影响，最后进一步从高管薪酬业绩敏感性的视角研究了多个大股东对高管薪酬契约有效性的影响。对应本书的研究内容，本书的主要研究结论如下：

第一，本书从高管超额薪酬的视角检验了多个大股东对高管薪酬契约水平的影响，研究发现，与单一大股东相比，多个大股东提高了高管超额薪酬水平。本书通过数据证明，多个大股东公司的高管超额薪酬水平更高，主要原因是与单一大股东相比，多个大股东对管理层的监督效率下降，导致管理层权力趁机扩张，管理层攫取了更高水平的超额薪酬。具体来讲，多个大股东的相互制衡削弱了多个大股东对管理层的监督动机，大股东之间的摩擦和利益冲突也降低了多个大股东对管理层的监督能力，表现为其他大股东的数量与持股比例均与高管超额薪酬显著正相关；但是，股东通过向公司委派董事长或 CEO 参与高层治理可以有效缓解多个大股东对高管超额薪酬的正向影响。在此基础上，我们通过中介效应模型检验了管理层权力在多个大股东影响高管超额薪酬中发挥的作用，实证结果表明，管理层权力是多个大股东提高高管超额薪酬水平的中介变量；进一步地，我们也排除了管理层能力对二者关系的影响。最后，研究发现审计监督力量会对多个大股东与高管超额薪酬之间的关系产生调节作用，当上市公司被"四大"会计师事务所审计时，多个大股东对高管超额薪酬的影响不再显著。综上，本书的第一个研究结论是多个大股东加剧了公司高管攫取超额薪酬的行为，表现为相比于单一大股东的公司，多个大股东公司的高管超额薪酬水平更高。

　　第二，本书从高管员工薪酬差距的视角研究了多个大股东对高管薪酬契约公平性的影响。通过实证分析得到的结果表明，相比于单一大股东的公司，多个大股东公司的高管员工薪酬差距更大，并且多个大股东对高管员工薪酬差距的影响仅在民营企业中显著。通过对高管薪酬差距形成原因的分析发现，从整体上看，多个大股东显著提升了公司高管的平均薪酬水平和员工平均薪酬水平，但是公司高管平均薪酬水平的提升幅度显著高于员工平均薪酬水平的提升幅度，在国有企业子样本中，高管平均薪酬水平与员工平均薪酬水平同步提升，而在民营企业子样本中，高管平均薪酬水平的提升幅度显著高于员工平均薪酬水平的提升幅度，也就是说国有企业和民营企业高管在攫取超额薪酬时不同程度地考虑了与员工薪酬的"公平性"问题，这有助于认识高管员工薪酬差距形成的机理。通过高管员工薪酬差距的经济后果分析发现，由多个大股东引起的高管员工薪酬差距显著降低了公司业绩。进一步地，我们对多个大股东的持股治理效应和高层治理效应进行了检验，结果表明其他大股东数量越多、持股比例越高，高管员工薪酬差距越大；而股东向公司委派董事长或 CEO 参与高层治理并未对多个大股东与高管员工薪酬差距之间的关系产生影响。最后，我们检验了产业类型和行业类型对多个大股东与高管员工薪酬差距之间关系的调节作用，结果显示，多个大股东对高管员工薪酬差距的影响在资本密集型行业以及非管制行业的企业中更为显著。因此，本书的第二个研究结论是多个大股东加大了高管员工之间的薪酬差距，即降低了高管薪酬契约的公平性。

　　第三，本书在前两个研究结论的基础上继续探讨多个大股东对高管薪酬业绩敏感性的影响，以回答多个大股东对高管薪酬契约有效性的影响。

研究结果表明，相比于单一大股东，多个大股东降低了高管薪酬业绩敏感性。多个大股东降低高管薪酬业绩敏感性的结果证实了"管理层权力假说"，而排除了"薪酬辩护假说"，也就是说，管理层利用手中扩张的权力直接在薪酬契约的制定过程中降低会计业绩在薪酬考核中的权重，使超额薪酬"合理合规"，避免了在攫取超额薪酬后进行"麻烦的辩护"，这也从侧面反映出多个大股东公司的管理层权力之大。从股东的持股治理效应和高层治理效应来看，其他大股东数量越多、持股比例越高，高管薪酬业绩敏感性越低；股东通过向公司委派董事长或 CEO 参与公司治理，能够有效缓解多个大股东降低高管薪酬业绩敏感性的问题。根据信息环境好坏和内部治理水平高低分组检验后发现，在信息环境较好和内部治理水平较高的分组中，多个大股东对薪酬业绩敏感性的影响不显著，而在信息环境较差和内部治理水平较低的分组中，多个大股东对薪酬业绩敏感性的影响显著为负，这表明良好的内外部治理机制能够有效缓解多个大股东降低高管薪酬业绩敏感性的问题。最后，我们还检验了多个大股东对高管薪酬黏性的影响，以更深入地理解多个大股东影响薪酬业绩敏感性的机理。研究发现，多个大股东强化了我国上市公司高管的薪酬黏性，表现为在公司业绩下滑时，多个大股东对高管薪酬业绩敏感性的降低作用更为显著。综上，本书的第三个研究结论为多个大股东降低了高管薪酬业绩敏感性，即降低了高管薪酬契约的有效性。

二、政策建议

基于本书的研究内容和研究结果，本书从股东层面、中介市场层面以及市场监管层面提出以下政策建议：

第一，股东之间应加强合作并采取适当方式提高对管理层的治理效率。本书的研究发现，多个大股东之间的协调摩擦增大，降低了对管理层的监督效率，使得高管超额薪酬水平更高、高管员工薪酬差距更大、高管薪酬业绩敏感性更低，为多个大股东的公司治理效应提供了负面证据。长期以来，学术界主要关注股权集中以及"一股独大"可能导致的公司治理问题，对多个大股东并存的股权结构对公司治理的影响研究较少，并且认为多个大股东并存可以有效缓解第一类代理问题和第二类代理问题从而提升公司价值，却极少关注多个大股东可能产生的负面影响，比如管理层趁机攫取私利。因此，为了充分发挥多个大股东参与公司治理的优势，避免管理层利用多个大股东之间的摩擦攫取私利、损害公司利益的行为，多个大股东之间应加强合作与协调，尽量减少冲突和摩擦，以提高公司价值和股东财富。另外，本书还发现其他大股东的数量越多、持股比例越高，高管超额薪酬水平越高、高管员工薪酬差距越大、高管薪酬业绩敏感性越低，而股东向公司委派董事长或 CEO 能够显著降低多个大股东对高管薪酬契约的负面影响，由此可见股东持股拥有的法律权利并不等同于其实际权利。因此，股东应采取适当的方式保障其应有权利得以行使，保障其合法权益，比如向公司委派董监高参与高层治理等。

第二，我国应发展信息中介市场，改善公司治理的信息环境。本书的研究结果表明，在公司机构投资者持股比例较高、审计师来自"四大"会计师事务所以及分析师发布的研究报告较多时，信息环境得到了改善，大大缓解了多个大股东对高管薪酬契约的负面影响，这说明良好的信息环境可以缓解信息不对称问题，进而改善公司治理。然而，我国目前的分析师市场和审计机构发展尚处于初级阶段，其提供的信息质量还有待提高。因此，我国应着力发展信息中介市场，改善公司信息环境。

第三，监管部门应全面权衡多个大股东的股权结构对公司产生的影响，采取针对性措施降低多个大股东的负面效应。多个大股东的股权结构长期存在，并且在我国资本市场的上市公司中占有相当的比例，在充分肯定多个大股东的监督作用给公司治理带来的正面效应的同时，还应看到多个大股东之间可能存在的摩擦给公司治理效应带来的负面影响，从而建立积极的应对机制，"扬长避短"。本书的研究表明，多个大股东的股权结构降低了高管薪酬契约的有效性，而良好的内外部公司治理机制可以缓解多个大股东对高管薪酬契约的负面影响。因此，监管部门应充分认识到多个大股东的股权结构存在的弊端，采取相应的方法促进大股东之间的合作，降低协调成本，并通过完善其他公司治理机制来减弱多个大股东产生的负面影响。从公司内部来讲，监管部门应引导和监督上市公司建立健全内部控制机制和决策机制，公司内部控制机制应符合规范、内部决策机制应合理合规合法，有利于减少公司内部冲突与摩擦，提高决策效率；从公司外部来讲，监管部门应促进改善公司信息环境，为其他政府部门、各方社会力量对公司进行有效监督提供畅通的渠道，以提高公司外部治理水平。

第四，我国应进一步完善上市公司信息披露机制，建立健全投资者保护法律制度，改善公司股东参与公司治理的制度环境，提高投资者保护水平。上市公司信息披露机制的不完善是导致投资者价值损失的主要原因之一，公司信息披露不全、不及时甚至信息造假会影响投资者对公司价值的准确评估甚至误导投资者，因此，进一步完善我国上市公司信息披露机制对提高投资者保护水平、减少投资者价值损失具有重要意义。在投资者法律保护方面，虽然随着我国资本市场的发展与进步，我国的投资者保护越来越受重视，但是目前投资者保护的法治环境仍有待进一步改善，近年来频频曝出管理层利用不断扩大的权力损害股东利益攫取私利的事件。如何明晰股东权利，切实保障股东权利得以执行显得尤为重要。因此，我国应当进一步完善投资者保护的法律制度，便利股东参与公司治理的途径，更好地保护投资者的合法权益。

三、研究不足与展望

股权结构是公司治理的主要决定因素（Shleifer and Vishny，1997），而多个大股东是一种普遍存在的股权结构形式。薪酬激励是现代经济学和管理学中的基本问题，长期以来受到学术界和实务界的广泛关注。本书具体分析和检验了多个大股东的股权结构对高管超额薪酬、高管员工薪酬差距以及高管薪酬业绩敏感性的影响。本书的研究可能存在一些局限，关于多个大股东与高管薪酬契约关系的研究还存在进一步的研究空间，值得探索与思考，具体表现为以下几个方面：

第一，对于多个大股东特征的衡量，本书采用的是虚拟变量的形式，首先根据现有文献和我国的现实情况，将持股比例大于 10% 的股东定义为大股东，然后，若公司具有两个或两个以上大股东，我们将多个大股东变量赋值为 1，若公司只具有一个大股东，则赋值为 0。现有文献（Chakraborty and Gantchev，2013；Fang et al.，2018；姜付秀等，2018；罗宏和黄婉，2020）基本都是采用这种方法衡量多个大股东，但这是一种比较粗糙的方法。本书研究认为，多个大股东降低了股东对管理层的监督效率，使得管理层权力得以扩张，加剧了公司高管攫取超额薪酬的行为，加大了高管员工薪酬差距并降低了薪酬业绩敏感性，我们进一步用多个大股东的数量和持股比例来替代多个大股东的虚拟变量进行实证检验，以验证多个大股东监督效率的下降。但是，大股东对上市公司的监管意愿和能力还与大股东投资于上市公司的资产价值占其总资产价值的比重有关，若大股东投资于某上市公司的资产价值比重较大，自然会加强对管理层的监督以保证自身资产的保值增值，反之，大股东可能对该上市公司的监管意愿较弱，从而影响到多个大股东对管理层的监督效率。因此，对于多个大股东公司治理效应的研究，仅关注多个大股东数量的差异是不够的，还应深入分析大股东的具体情况，以更准确地衡量大股东的监督动机与能力，以及多个大股东之间的合作与摩擦程度。但是，关于大股东的信息披露是不完善的，通过查阅上市公司报告、财经类数据库、"天眼查"网站以及其他网站均很难获取关于多个大股东更多、更完善的信息。因此，对于多个大股东公司更深入的研究在获取多个大股东进一步的数据方面存在困难。该局限也是我们未来在数据上进行突破的方向所在。

第二，内生性问题。在本书的研究样本中，包含具有多个大股东的上市公司和仅有单一大股东的上市公司，高管薪酬契约会受公司内在特征差异的影响，同时公司的股权结构也会受到公司内在特征差异的影响，这就导致比较严重的样本选择偏差问题。虽然本书在相关实证研究中已采用Heckman 两阶段法、PSM 以及 DID 等多种方法缓解样本选择偏差等内生性问题，但仍不可避免地会影响研究结论的稳健性。对于这一问题，有待进一步通过计量方法的改进和完善去克服内生性，获得更加稳健的数据结果。

第三，在研究方法上，本书主要采用了档案研究的方法，必然存在档案研究的普遍不足。下一步研究可以采用实验方法或者实地调研的方法，获取一手数据，以探索多个大股东与高管薪酬契约之间的因果关系。通过对多个大股东以及公司高管进行面谈，可以获悉多个大股东在监督和激励公司高管时的真实想法，并了解其监督中存在的优势和困难，也可以知晓公司高管在面临多个大股东的监督时所感知到的"压力"或"机会"，这将更有利于厘清多个大股东对高管薪酬契约的影响机理。

参 考 文 献

毕晓方，翟淑萍，何琼枝，2017. 财务冗余降低了企业的创新效率吗？——兼议股权制衡的治理作用 [J]. 研究与发展管理（2）：82-92.

卜君，孙光国，2021. 国资监管职能转变与央企高管薪酬业绩敏感性 [J]. 经济管理，43（6）：117-135.

步丹璐，王晓艳，2014. 政府补助、软约束与薪酬差距 [J]. 南开管理评论（2）：23-33.

蔡贵龙，柳建华，马新啸，2018. 非国有股东治理与国企高管薪酬激励 [J]. 管理世界（5）：137-149.

陈闯，张岩，吴晓晖，2017. 风险投资、创始人与高管薪酬——多边代理视角 [J]. 管理科学学报，20（6）：78-88.

陈德萍，陈永圣，2011. 股权集中度、股权制衡度与公司绩效关系研究——2007—2009年中小企业板块的实证检验 [J]. 会计研究（1）：38-43.

陈冬华，陈信元，万华林，2005. 国有企业中的薪酬管制与在职消费 [J]. 经济研究（2）：92-101.

陈婧，方军雄，2020. 高铁开通、经理人市场竞争与高管薪酬激励 [J]. 财贸经济（12）：132-146.

陈骏，徐玉德，2012. 高管薪酬激励会关注债权人利益吗？——基于我国上市公司债务期限约束视角的经验证据 [J]. 会计研究（9）：73-81.

陈克兢，2019. 非控股大股东退出威胁能降低企业代理成本吗 [J]. 南开管理评论（4）：161-175.

陈良银，黄俊，陈信元，2021. 混合所有制改革提高了国有企业内部薪酬差距吗？ [J]. 南开管理评论，24（5）：150-162.

陈林荣，刘爱东，2009. 家族企业高管薪酬治理效应的实证研究 [J]. 软科学（9）：107-114.

陈林荣，裘益政，韩洪灵，2017. 内部控制与高管薪酬激励契约的有效性 [J]. 商业经济与管理（11）：60 - 72.

陈乾坤，卞曰瑭，2015. 股权制衡、代理成本与企业绩效——基于我国 A 股民营上市公司的实证分析［J］. 科学决策（5）：74 - 92.

陈仕华，杨江变，杨周萍，叶彦，2020. 儒家文化与高管—员工薪酬差距［J］. 财贸研究，31（5）：97 - 110.

陈晓，王琨，2005. 关联交易、公司治理与国有股改革——来自我国资本市场的实证证据［J］. 经济研究（4）：77 - 86，128.

陈晓珊，刘洪铎，2019. 混合所有制企业的民营化程度如何影响高管薪酬-业绩敏感性？［J］. 商业经济与管理（1）：49 - 61.

陈晓珊，刘洪铎，2019. 内部控制质量与高管超额薪酬［J］. 审计研究（5）：86 - 94.

陈晓珊，2017. 上市公司内外治理机制如何影响高管-员工薪酬差距？［J］. 财经论丛（浙江财经大学学报），228（12）：97 - 106.

陈修德，彭玉莲，吴小节，2014. 中国上市公司 CEO 薪酬黏性的特征研究［J］. 管理科学（3）：61 - 74.

陈志军，赵月皎，刘洋，2016. 不同制衡股东类型下股权制衡与研发投入——基于双重代理成本视角的分析［J］. 经济管理（3）：57 - 66.

董志勇，2006. 行为经济学中的社会公平态度与价值取向研究——以新加坡、中国上海和兰州为例［J］. 中国工业经济（10）：75 - 81.

窦超，罗劲博，2020. 中小股东利用社交媒体"发声"能否改善高管薪酬契约［J］. 财贸经济（12）：85 - 100.

段海艳，2016. 外部董事任期对董事会监督与咨询效率的影响研究——基于中小板上市公司的经验数据［J］. 华东经济管理（8）：124 - 129.

方芳，李实，2015. 中国企业高管薪酬差距研究［J］. 中国社会科学（8）：47 - 67.

方军雄，2012. 高管超额薪酬与公司治理决策［J］. 管理世界（11）：144 - 155.

方军雄，2011. 高管权力与企业薪酬变动的非对称性［J］. 经济研究（4）：107 - 120.

方军雄，2009. 我国上市公司高管的薪酬存在黏性吗？［J］. 经济研究（3）：110 - 124.

高梦捷，柳志南，2019. 民营企业金字塔结构、高管超额薪酬与薪酬辩护［J］. 中国软科学（9）：166 - 174.

高明华，杨静，2002. 中国上市公司治理绩效的影响因素分析［J］. 国际金融研究（11）：54 - 58.

葛蓉蓉，2006. 股权结构对公司治理影响的状态依存性［J］. 金融研究（7）：151 - 156.

耿艳丽，徐灯宇，张文婷，2021. 混合所有制程度与公司内部薪酬差距 [J]. 中央财经大学学报（8）：62-73.

耿云江，马影，2020. 非国有大股东对国企超额雇员的影响：成本效应还是激励效应 [J]. 会计研究（2）：154-165.

顾乃康，周艳利，2017. 卖空的事前威慑、公司治理与企业融资行为——基于融资融券制度的准自然实验 [J]. 管理世界（2）：120-134.

桂林，陈宇峰，尹振东，2012. 官员规模、公共品供给与社会收入差距：权力寻租的视角 [J]. 经济研究（9）：140-151.

郭宏，李婉丽，高伟伟，2020. 政治治理、管理层权力与国有企业过度投资 [J]. 管理工程学报（2）：71-83.

郭科琪，2014. 上市公司高管超额薪酬问题研究——基于董事会性别构成的视角 [J]. 财政研究（5）：18-21.

郭阳生，沈烈，郭枚香，2018. 沪港通改善了上市公司信息环境吗？——基于分析师关注度的视角 [J]. 证券市场导报（10）：35-43.

贺立龙，郭劲廷，周慧珍，2020. 监事会特征对高管薪酬业绩敏感性的影响——来自国有上市企业的证据 [J]. 经济问题（6）：64-73.

贺炎林，张瀛文，莫建明，2014. 不同区域治理环境下股权集中度对公司业绩的影响 [J]. 金融研究（12）：148-163.

洪昀，谌珊，姚靠华，2020. 融资融券与高管薪酬契约有效性研究 [J]. 科研管理（4）：229-238.

胡秀群，2016. 地区市场化进程下的高管与员工薪酬差距激励效应研究 [J]. 管理学报，13（7）：980-988.

黄政，吴国萍，2017. 内部控制质量与股价崩盘风险：影响效果及路径检验 [J]. 审计研究（4）：48-55.

黄志忠，郗群，2009. 薪酬制度考虑外部监管了吗？——来自中国上市公司的证据 [J]. 南开管理评论（1）：49-56.

贾凡胜，张一林，李广众，2017. 非正式制度的有限激励作用：基于地区信任环境对高管薪酬激励影响的实证研究 [J]. 南开管理评论（6）：116-128.

贾钢，李婉丽，2008. 多个大股东制衡结构的形成及其对公司价值的影响——基于股权结构内生性视角 [J]. 软科学（4）：38-42.

姜付秀，马云飙，王运通，2015. 退出威胁能抑制控股股东私利行为吗？[J]. 管理世界

（5）：147－159.

姜付秀，蔡欣妮，朱冰，2018. 多个大股东与股价崩盘风险［J］. 会计研究（1）：68－74.

姜付秀，申艳艳，蔡欣妮，等，2020. 多个大股东的公司治理效应：基于控股股东股权质押视角［J］. 世界经济，43（2）：74－98.

姜付秀，王运通，田园，吴恺，2017. 多个大股东与企业融资约束——基于文本分析的经验证据［J］. 管理世界（12）：61－74.

雷宇，郭剑花，2012. 什么影响了高管与员工的薪酬差距［J］. 中央财经大学学报（9）：78－83.

黎文靖，胡玉明，2012. 国企内部薪酬差距激励了谁？［J］. 经济研究（12）：125－136.

李从刚，许荣，路璐，李跃然，2020. 董事高管责任保险与高管薪酬-业绩敏感性［J］. 中央财经大学学报（11）：57－72.

李四海，江新峰，宋献中，2015. 高管年龄与薪酬激励：理论路径与经验证据［J］. 中国工业经济（5）：122－134.

李万福，林斌，宋璐，2011. 内部控制在公司投资中的角色：效率促进还是抑制？［J］. 管理世界（2）：81－99.

李豫湘，米江，2016. 家族控制、机构投资者与高管薪酬［J］. 重庆大学学报（社会科学版）（5）：74－83.

林浚清，黄祖辉，孙永祥，2003. 高管团队内薪酬差距、公司绩效和治理结构［J］. 经济研究（4）：31－40.

林晚发，王雅炯，幸丽霞，2020. 企业定性信息与债券信用评级：基于股权性质的分析［J］. 中国软科学（4）：123－131.

刘贝贝，2021. 卖空的公司治理效应：来自高管薪酬业绩敏感性的证据［J］. 财贸研究，32（6）：80－97.

刘汉民，薛丽娜，齐宇，2020. 独董薪酬激励对经理人超额薪酬的影响：促进或抑制［J］. 现代财经（天津财经大学学报），40（6）：32－46.

刘慧龙，张敏，王亚平，吴联生，2010. 政治关联、薪酬激励与员工配置效率［J］. 经济研究（9）：109－121，136.

刘慧龙，2017. 控制链长度与公司高管薪酬契约［J］. 管理世界（3）：95－112.

刘剑民，张莉莉，杨晓璇，2019. 政府补助、管理层权力与国有企业高管超额薪酬［J］. 会计研究（8）：64－70.

刘坤鹏，张先治，李庆华，2017. 管理层权力、预期业绩与薪酬契约有效性［J］. 商业研究（10）：87-95.

刘新民，沙一凡，王垒，康旺霖，2021. 机构投资者抱团与高管超额薪酬 [J]. 财经论丛
（7）：90-100.

刘鑫，薛有志，严子淳，2014. 公司风险承担决定因素研究——基于两权分离和股权制衡
的分析 [J]. 经济与管理研究（2）：47-55.

刘鑫，张雯宇，2019. 独立董事参与度对 CEO 超额薪酬影响研究——基于深度与广度的
双元视角 [J]. 金融评论，11（1）：73-94.

刘星，刘伟，2007. 监督，抑或共谋？——我国上市公司股权结构与公司价值的关系研究
[J]. 会计研究（6）：68-75，96.

刘银国，高莹，白文周，2010. 股权结构与公司绩效相关性研究 [J]. 管理世界（9）：
177-179.

刘长进，2019. 高管外部薪酬差距与投资效率非线性关系研究 [D]. 武汉：中南财经政法
大学.

柳光强，孔高文，2018. 高管海外经历是否提升了薪酬差距 [J]. 管理世界（8）：130-142.

柳光强，孔高文，2021. 高管经管教育背景与企业内部薪酬差距 [J]. 会计研究（3）：
110-121.

柳志南，白文洁，2021. 财务报告问询函影响高管超额薪酬吗？[J]. 财经问题研究（5）：
102-109.

卢锐，2007. 管理层权力、薪酬差距与绩效 [J]. 南方经济（7）：60-70.

卢锐，柳建华，许宁，2011. 内部控制、产权与高管薪酬业绩敏感性 [J]. 会计研究
（10）：42-48，96.

罗宏，黄敏，周大伟，刘宝华，2014. 政府补助、超额薪酬与薪酬辩护 [J]. 会计研究
（1）：42-48，95.

罗宏，黄婉，2020. 多个大股东并存对高管机会主义减持的影响研究 [J]. 管理世界
（8）：163-178.

罗宏，秦际栋，2019. 国有股权参股对家族企业创新投入的影响 [J]. 中国工业经济
（7）：174-192.

罗建兵，邓德胜，2015. 企业激励和政府规制下的高管薪酬研究 [J]. 技术经济与管理研
究（1）：45-49.

罗进辉，2018. 媒体报道与高管薪酬契约有效性 [J]. 金融研究（3）：190-206.

罗昆，2015. 寻租抑或辩护：同业参照效应、超额薪酬增长与薪酬业绩敏感性 [J]. 财贸

研究（5）：131-138.

马惠娟，佟爱琴，2019. 卖空机制对高管薪酬契约的治理效应——来自融资融券制度的准自然实验［J］. 南开管理评论（2）：61-74.

马连福，王元芳，沈小秀，2013. 国有企业党组织治理、冗余雇员与高管薪酬契约［J］. 管理世界（5）：100-115，130.

梅洁，张明泽，2016. 基金主导了机构投资者对上市公司盈余管理的治理作用［J］. 会计研究（4）：55-60，96.

缪毅，胡奕明，2016. 内部收入差距、辩护动机与高管薪酬辩护［J］. 南开管理评论（2）：32-41.

牟韶红，李启航，陈汉文，2016. 内部控制、产权性质与超额在职消费——基于2007—2014年非金融上市公司的经验研究［J］. 审计研究（4）：90-98.

钱美琴，黄黎利，王立平，2015. 上市公司股权集中度与公司绩效关系的实证研究［J］. 华东经济管理，29（5）：169-174.

权小锋，吴世农，文芳，2010. 管理层权力、私有收益与薪酬操纵［J］. 经济研究（11）：73-87.

阮素梅，丁忠明，刘银国，杨善，2014. 股权制衡与公司价值创造能力"倒U型"假说检验——基于面板数据模型的实证［J］. 中国管理科学（2）：119-128.

施东晖，司徒大年，2004. 中国上市公司治理水平及其对绩效影响的实证研究［J］. 南开管理评论（1）：41-48.

宋敏，张俊喜，李春涛，2004. 股权结构的陷阱［J］. 南开管理评论（1）：9-23，56.

苏冬蔚，熊家财，2013. 股票流动性、股价信息含量与CEO薪酬契约［J］. 经济研究（11）：56-70.

孙光国，孙瑞琦，2018. 控股股东委派执行董事能否提升公司治理水平［J］. 南开管理评论（1）：88-98.

孙早，肖利平，2015. 产业特征、公司治理与企业研发投入——来自中国战略性新兴产业A股上市公司的经验证据［J］. 经济管理（8）：23-34.

孙泽宇，齐保垒，2021. 资本市场开放与高管薪酬契约有效性——基于沪深港通交易制度的准自然实验［J］. 当代财经（1）：124-136.

汤晓建，许书凝，林斌，2021. CEO组织认同与高管薪酬业绩敏感性［J］. 会计与经济研究，35（3）：55-71.

唐凯桃，刘雷，赵琳，2021. 三个审计师签字与审计质量［J］. 审计研究（2）：92-103.

唐松，孙铮，2014. 政治关联、高管薪酬与企业未来经营绩效［J］. 管理世界（5）：
93-105.

田利辉，2005. 国有股权对上市公司绩效影响的 U 型曲线和政府股东两手论［J］. 经济研
究（10）：48-58.

田妮，张宗益，2012. 政治激励和薪酬激励是互补的吗？［J］. 上海经济研究（11）：
26-33.

万旭仙，王虹，何佳，2019. 金融资产配置是否扩大了高管薪酬差距［J］. 现代财经（天
津财经大学学报）（9）：25-39.

王东清，刘艳辉，2016. 产品市场竞争、管理层权力与薪酬辩护［J］. 财经理论与实践
（4）：105-110.

王芳，刘琪，杨国超，2021. 审计的信息价值与保险价值——基于主体评级和债项评级异
质性视角［J］. 审计研究（2）：35-45.

王化成，曹丰，叶康涛，2015. 监督还是掏空：大股东持股比例与股价崩盘风险［J］. 管
理世界（2）：45-57.

王奇波，宋常，2006. 国外关于最优股权结构与股权制衡的文献综述［J］. 会计研究
（1）：83-88，94.

王生年，尤明渊，2015. 管理层薪酬激励能提高信息披露质量吗？［J］. 审计与经济研究
（4）：22-29.

王欣，欧阳才越，2021. 公司战略会影响高管薪酬契约有效性吗？［J］. 财经论丛（8）：
81-90.

王雄元，何捷，2012. 行政垄断、公司规模与 CEO 权力薪酬［J］. 会计研究（11）：33-
38，94.

王耀光，张丽，薛坤坤，2018. 家族企业中股权制衡与企业绩效的关系［J］. 首都经济贸
易大学学报，20（2）：92-98.

王玉涛，王彦超，2012. 业绩预告信息对分析师预测行为有影响吗［J］. 金融研究（6）：
193-206.

王运通，姜付秀，2017. 多个大股东能否降低公司债务融资成本［J］. 世界经济（10）：
119-143.

温忠麟，张雷，侯杰泰，等，2004. 中介效应检验程序及其应用［J］. 心理学报（5）：
614-620.

吴昊旻，墨沈微，孟庆玺，2018. 公司战略可以解释高管与员工的薪酬差距吗？［J］. 管

理科学学报 (9)：105 - 117.

吴淑琨，2002. 股权结构与公司绩效的 U 型关系研究——1997—2000 年上市公司的实证研究 [J]. 中国工业经济 (1)：80 - 87.

吴育辉，吴世农，2010. 高管薪酬：激励还是自利？——来自中国上市公司的证据 [J]. 会计研究 (11)：40 - 48，96 - 97.

夏立军，陈信元，2007. 市场化进程、国企改革策略与公司治理结构的内生决定 [J]. 经济研究 (7)：82 - 95.

夏雪花，2013. 债务期限约束影响高管超额薪酬吗？[J]. 财经问题研究 (11)：122 - 127.

谢德仁，林乐，陈运森，2012. 薪酬委员会独立性与更高的经理人报酬 - 业绩敏感度——基于薪酬辩护假说的分析和检验 [J]. 管理世界 (1)：121 - 140.

辛清泉，谭伟强，2009. 市场化改革、企业业绩与国有企业经理薪酬 [J]. 经济研究 (11)：68 - 81.

熊风华，黄俊，2016. 股权集中度、大股东制衡与公司绩效 [J]. 财经问题研究 (5)：69 - 75.

徐莉萍，辛宇，陈工孟，2006. 股权集中度和股权制衡及其对公司经营绩效的影响 [J]. 经济研究 (1)：90 - 100.

徐向艺，张立达，2008. 上市公司股权结构与公司价值关系研究——一个分组检验的结果 [J]. 中国工业经济 (4)：102 - 109.

徐晓东，陈小悦，2003. 第一大股东对公司治理、企业业绩的影响分析 [J]. 经济研究 (2)：64 - 74，93.

徐新鹏，王德凡，尹新哲，2019. 会计准则变迁、准则执行环境与薪酬契约有效性 [J]. 管理工程学报，33 (2)：110 - 119.

徐业坤，钱先航，李维安，2013. 政治不确定性、政治关联与民营企业投资——来自市委书记更替的证据 [J]. 管理世界 (5)：116 - 130.

许丹，2016. 高管薪酬激励是否发挥了既定效用——基于盈余管理权衡视角的经验证据 [J]. 现代财经（天津财经大学学报）(3)：73 - 89.

严也舟，2012. 外部治理环境、内部治理结构与合谋侵占实证分析 [J]. 管理评论，24 (4)：28 - 35，44.

杨德明，赵璨，2012. 媒体监督、媒体治理与高管薪酬 [J]. 经济研究 (6)：116 - 126.

杨典，2013. 公司治理与企业绩效——基于中国经验的社会学分析 [J]. 中国社会科学 (1)：72 - 94，206.

杨晶，沈艺峰，李培功，2017. 网络负面舆论对高管薪酬公平与效率的影响［J］. 经济管理（2）：117-134.

杨文君，何捷，陆正飞，2016. 家族企业股权制衡度与企业价值的门槛效应分析［J］. 会计研究（11）：38-45.

姚立杰，陈雪颖，周颖，陈小军，2020. 管理层能力与投资效率［J］. 会计研究（4）：100-118.

尤华，李恳娟，2014. 股权结构与股权代理成本关系的实证研究——基于2011年创业板上市公司的数据研究［J］. 技术经济与管理研究（1）：64-69.

余明桂，2004. 中国上市公司控股股东的代理问题研究［D］. 武汉：华中科技大学.

余威，张春莹，何鑫萍，2019. 红色文化与企业内部薪酬差距——基于革命老区视角的检验［J］. 当代财经（10）：83-94.

俞红海，徐龙炳，2011. 股权集中下的控股股东侵占与公司治理综述［J］. 经济管理（10）：127-134.

袁知柱，王泽燊，郝文瀚，2014. 机构投资者持股与企业应计盈余管理和真实盈余管理行为选择［J］. 管理科学（9）：104-119.

张光荣，曾勇，2006. 大股东的支撑行为与隧道行为——基于托普软件的案例研究［J］. 管理世界（8）：126-135，172.

张建君，张闫龙，2016. 董事长-总经理的异质性、权力差距和融洽关系与组织绩效——来自上市公司的证据［J］. 管理世界（1）：110-120.

张列柯，张倩，刘斌，2019. 会计信息可比性影响高管薪酬契约的有效性吗？［J］. 中国软科学（2）：110-127.

张路，张瀚文，2017. 超募资金与高管薪酬契约［J］. 会计研究（4）：38-44.

张敏，王成方，刘慧龙，2013. 冗员负担与国有企业的高管激励［J］. 金融研究（5）：140-151.

张其秀，冉毅，陈守明，王桂，2012. 研发投入与公司绩效：股权制衡还是股权集中？——基于国有上市公司的实证研究［J］. 科学学与科学技术管理（7）：126-132.

张泽南，马永强，2014. 市场化进程、薪酬差距与盈余管理方式选择［J］. 山西财经大学学报（7）：91-104.

张泽南，2014. 管理层权力、高管薪酬与上市公司盈余管理研究［D］. 成都：西南财经大学.

张长征，张姣，2018. 女性高管参与度对企业内部薪酬差距的影响［J］. 工业工程与管理，23（6）：51-56.

张昭，马草原，王爱萍，2020. 资本市场开放对企业内部薪酬差距的影响——基于"沪港通"的准自然实验［J］. 经济管理（6）：172-191.

张昭，马草原，杨耀武，2021. 薪酬管制会抑制企业高管的超额薪酬吗？——基于 2015年"限薪令"的准自然实验［J］. 当代经济科学（5）：114-127.

张振新，杜光文，王振山，2011. 监事会、董事会特征与信息披露质量［J］. 财经问题研究（10）：60-67.

张正堂，2008. 企业内部薪酬差距对组织未来绩效影响的实证研究［J］. 会计研究（9）：81-87.

张宗益，宋增基，2003. 上市公司股权结构与公司绩效实证研究［J］. 数量经济技术经济研究（1）：128-132.

赵国宇，禹薇，2018. 大股东股权制衡的公司治理效应——来自民营上市公司的证据［J］. 外国经济与管理，40（11）：60-72.

赵国宇，2019.CEO 会利用多个大股东"制衡"从中获利吗？——来自 CEO 超额薪酬的经验证据［J］. 外国经济与管理（8）：126-139.

赵健梅，王晶，张雪，2017. 非执行董事对超额薪酬影响研究——来自中国民营上市公司的证据［J］. 证券市场导报（10）：20-25，59.

赵景文，于增彪，2005. 股权制衡与公司经营业绩［J］. 会计研究（12）：59-64，96.

赵玉洁，万贻健，方璐，2020. 关键审计事项披露能否降低上市公司的股权融资成本？［J］. 审计研究（6）：59-67.

郑建明，范黎波，朱媚，2007. 关联担保、隧道效应与公司价值［J］. 中国工业经济（5）：64-70.

郑志刚，孙娟娟，Rui Oliver，2012. 任人唯亲的董事会文化和经理人超额薪酬问题［J］. 经济研究（12）：111-124.

郑志刚，2006. 经理人掠夺视角的股权激励设计：承诺价值和外部法律环境的影响［J］. 金融研究（12）：92-102.

钟覃琳，刘媛媛，2020. 分析师报告在经济政策不确定时期具有更高的信息含量吗？——基于投资者需求和分析师供给的双重视角［J］. 会计研究（3）：34-45.

周红根，范昕昕，2020. 股权制衡度、高管激励偏好与企业并购绩效［J］. 哈尔滨商业大学学报（社会科学版）（2）：103-115.

朱冰，张晓亮，郑晓佳，2018. 多个大股东与企业创新［J］. 管理世界（7）：151-165.

朱德胜，周晓珮，2016. 股权制衡、高管持股与企业创新效率 [J]. 南开管理评论（3）：136 – 144.

朱红军，汪辉，2004. 股权制衡可以改善公司治理吗？——宏智科技股份有限公司控制权之争的案例研究 [J]. 管理世界（10）：114 – 123.

朱信贵，2017. 股权结构、监事会治理机制与治理绩效研究 [D]. 广州：华南理工大学.

Admati A. , Pfleiderer P. , Zechner J. , 1994. Large Shareholder Activism, Risk Sharing and Financial Market Equilibrium [J]. *Journal of Political Economy*, 102 (6): 1097 – 1130.

Aggarwal R. , Erel I. , Ferreira M. , Matos P. , 2011. Does Governance Travel around the World? Evidence from Institutional Investors [J]. *Journal of Financial Economics*, 100 (1): 154 – 181.

Albuquerque A. M. , De Franco G. , Verdi R. S. , 2013. Peer Choice in CEO Compensation [J]. *Journal of Financial Economics*, 108 (1): 160 – 181.

Almazam A. , Hartzell J. C. , Starks L. T. , 2004. Conflicts of Interest and Monitoring Costs of Institutional Investors: Evidence from Executive Compensation [D]. *Working Paper*.

Attig N. , El Ghoul S. , Guedhami O. , 2009, Do Multiple Large Shareholders Play a Corporate Governance Role? Evidence from East Asia [J]. *Journal of Financial Research*, 32 (4): 395 – 422.

Attig N. , Ghoul S. E. , Guedhami O. , Rizeanu S. , 2013. The Governance Role of Multiple Large Shareholders: Evidence from the Valuation of Cash Holdings [J]. *Journal of Management and Governance*, 17 (2): 419 – 451.

Attig N. , Guedhami O. , Mishra D. , 2008. Multiple Large Shareholders, Control Contests, and Implied Cost of Equity [J]. *Journal of Corporate Finance*, 14 (5): 721 – 737.

Baker G. P. , Jensen M. C. , Murphy K. J. , 1988. Compensation and Incentives: Practice vs. Theory [J]. The *Journal of Finance*, 43 (3): 593 – 616.

Barontini R. , Bozzi S. , 2011. Board Compensation and Ownership Structure: Empirical Evidence for Italian Listed Companies [J]. *Journal of Management and Governance*, 15 (1): 59 – 89.

Barth M. E. , Kasznik R. , McNichols M. F. , 2001. Analyst Coverage and Intangible Assets [J]. *Journal of Accounting Research*, 39 (1): 1 – 34.

Basu N., Imants P., Melissa T., 2017. Reading between the Blocks [J]. *Journal of Corporate Finance*, 45 (0): 294 – 317.

Bebchuk L. A., Fried J. M., 2003. Executive Compensation as an Agency Problem [J]. *Journal of Economic Perspectives*, 17 (3): 71 – 92.

Bebchuk L. A., Grinstein Y., Peyer U., 2010. Lucky CEOS and Lucky Directors [J]. *Journal of Finance*, 65 (6): 2363 – 2401.

Bebchuk L., Fried J., Walker D., 2002. Managerial Power and Rent Extraction in the Design of Executive Compensation [J]. *The University of Chicago Law Review*, 69 (3): 751 – 846.

Ben – Nasr H., Boubaker S., Rouatbi W., 2015. Ownership Structure, Control Contestability, and Corporate Debt Maturity [J]. *Journal of Corporate Finance*, 35: 265 – 285.

Bennedsen M., Wolfenzon D., 2000. The Balance of Power in Closely Held Corporations [J]. *Journal of Financial Economics*, 58 (1 – 2): 113 – 139.

Berle A., Means G., 1932. The Modem Corporation and Private Property [M]. New York: Macmillom, 78 – 88.

Bethel J. E., Liebeskind J. P., Opler T., 1998. Block Share Purchases and Corporate Performance [J]. *Journal of Finance*, 53 (2): 605 – 634.

Bizjak J., Lemmon M., Naveen L., 2008. Does the Use of Peer Groups Contribute to Higher Pay and Less Efficient Compensation? [J]. *Journal of Financial Economics*, 90 (2): 152 – 168.

Bloom M., Michel J. G., 2002. The Relationships Among Organizational Context, Pay Dispersion and Among Managerial Turnover [J]. *Academy of Management Journal*, 45 (1): 33 – 42.

Boubaker S., Sami H., 2011. Multiple Large Shareholders and Earnings Informativeness [J]. *Review of Accounting and Finance*, 10 (3): 246 – 266.

Bradley D., Gokkaya S., Liu X., Xie F., 2017. Are All Analysts Created Equal? Industry Expertise and Monitoring Effectiveness of Financial Analysts [J]. *Journal of Accounting and Economics*, 63 (2 – 3): 179 – 206.

Brick I. E., Palmon O., Wald J. K., 2006. CEO Compensation, Director Compensation and Firm Performance: Evidence of Cronyism? [J]. *Journal of Corporate Finance*, 12 (3): 403 – 423.

Brickley J. A., Zimmerman J. L., 2010. Corporate Governance Myths: Comments on Armstrong, Guay and Weber [J]. *Journal of Accounting and Economic*, 50 (2 – 3): 235 – 245.

Cai G., Zheng G., 2016. Executive Compensation in Business Groups: Evidence from China [J]. China *Journal of Accounting Research*, 9 (1): 25 – 40.

Cao F., Peng S., Ye K., 2019. Multiple Large Shareholders and Corporate Social Responsibility Reporting [J]. *Emerging Markets Review*, 38 (C): 287 – 309.

Chakraborty I., Gantchev N., 2013. Does Shareholder Coordination Matter? Evidence from Private Placements [J]. *Journal of Financial Economics*, 108 (1): 213 – 230.

Chen F., Huyghebaert N., Lin S., Wang L. H., 2019. Do Multiple Large Shareholders Reduce Agency Problems in State – controlled Listed Firms? Evidence from China [J]. *Pacific – Basin Finance Journal*, 57 (0): 101 – 203.

Chen S., Ma H., Bu D., 2014. Board Affiliation and Pay Gap [J]. *China Journal of Accounting Research*, 7: 81 – 100.

Chen T, Harford J, Lin C., 2015. Do Analysts Matter for Governance? Evidence from Natural Experiments [J]. *Journal of Financial Economics*, 115 (2): 383 – 410.

Cheng M. Y., Lin B. X., Wei M., 2013. How Does the Relationship between Multiple Large Shareholders Affect Corporate Valuations? Evidence from China [J]. *Journal of Economics and Business*, 70: 43 – 70.

Cheng M., Lin B., Wei M., 2015. Executive Compensation in Family Firms: the Effect of Multiple Family Members [J]. *Journal of Corporate Finance*, 32 (0): 238 – 257.

Claessens S., Djankov S., Lang L. H. P., 2000. The Separation of Ownership and Control in East Asian Corporations [J]. *Journal of Financial Economics*, 58 (1 – 2): 81 – 112.

Coakley J., Lliopoulou S., 2006. Bidder CEO and Other Executive Compensation in UK M&As [J]. *European Financial Management*, 12 (4): 609 – 631.

Cook A., Ingersoll A. R., Glass C., 2019. Gender Gaps at the Top: Does Board Composition Affect Executive Compensation? [J]. *Human Relations*, 72 (8): 1292 – 1314.

Core J., Guay W., Larcker D., 2008. The Power of the Pen and Executive Compensation [J]. *Journal of Financial Economics*, 88 (1): 1 – 25.

Core J. , Holthausen R. , Larcker D. , 1999. Corporate Governance, Chief Executive Officer Compensation and Firm Performance [J]. *Journal of Financial Economics*, 51 (3): 371 – 406.

Cowherd D. M. , Levine D. I. , 1992. Product Quality and Pay Equity Between Lower – Level Employees and Top Management: An Investigation of Distributive Justice Theory [J]. *Administrative Science Quarterly*, 37 (2): 302 – 320.

Croci E. , Gonenc H. , Ozkan N. , 2012. CEO Compensation, Family Control and Institutional Investors in Continental Europe [J]. *Journal of Banking and Finance*, 36 (12): 3318 – 3335.

Crosby F. , 1976. A Model of Egoistical Relative Deprivation [J]. *Psychological Review*, 83 (2): 85 – 113.

Cyert R. , Sok – Hyon K. , Kumar P. , 2002. Corporate Governance, Takeover and Top – management Compensation: Theory and Evidence [J]. *Management Science*, 48 (4): 453 – 468.

David P. , Kochhar R. , Levitas E. , 1998. The Effect of Institutional Investors on the Level and Mix of CEO Compensation [J]. *Academy of Management Journal*, 41 (2): 200 – 208.

Demsetz H. , Lehn K. , 1985. The Structure of Corporate Ownership: Causes and Consequences [J]. *Journal of Political Economy*, 93 (6): 1155 – 1177.

Deng B. , Liu J. , Ji L. , 2020. Corporate Awards and Executive Compensation: Empirical Evidence from Chinese A – Share Listed Companies [J]. *China Journal of Accounting Studies*, 8 (1): 66 – 96.

Denis D. K. , Mcconnell J. J. , 2003. International Corporate Governance [J]. *Journal of Financial and Quantitative Analysis*, 38 (1): 1 – 36.

Devos E. , Prevost A. , Puthenpurackal J. , 2009. Are Inerlocked Directors Effective Monitors? [J]. *Financial Management*, 38 (4): 861 – 887.

Dhillon A. , Rossetto S. , 2015. Ownership Structure, Voting and Risk [J]. *The Review of Financial Studies*, 28 (2): 521 – 560.

Djankov S. , Murrell P. , 2002. Enterprise Restructuring in Transition: A Quantitative Survey [J]. *Journal of Economic Literature*, 40 (3): 739 – 792.

Doyle J. T. , Ge W. , Mc Vay S. , 2007. Accruals Quality and Internal Control over Financial Reporting [J]. *The Accounting Review*，82 (5)：1141 - 1170.

Edmans A.，Fang V. W.，Zur E.，2013. The Effect of Liquidity on Governance [J]. *The Review of Financial Studies*，26 (6)：1443 - 1482.

Edmans A.，Manso G.，2011. Governance through Trading and Intervention：A Theory of Multiple Blockholders [J]. *Review of Financial Studies*，24 (7)：2395 - 2428.

Elson C.，2003. What's Wrong with Executive Compensation? [J]. *Harvard Business Review*，81 (1)：68 - 77.

Elston J. A.，Goldber G. L.，2003. Executive Compensation and Agency Costs in Germany [J]. *Journal of Banking and Finance*，27 (7)：1391 - 1410.

Faccio M.，Lang L. H. P.，Young L.，2001. Dividends and Expropriation [J]. *The American Economic Review*，91 (1)：54 - 78.

Faccio M.，Lang L. H. P.，2002. The Ultimate Ownership of Western European Corporations [J]. *Journal of Financial Economics*，65 (3)：365 - 395.

Faleye O.，Reis E.，Venkateswaran A.，2013. The Determinants and Effects of CEO - employee Pay Ratios [J]. *Journal of Banking and Finance*，37 (8)：3258 - 3272.

Fama E. F.，Jensen M. C.，1983. Separation of Ownership and Control [J]. *Journal of Law and Economics*，26 (2)：301 - 325.

Fan J. P. H.，Wong T. J.，2002. Corporate Ownership Structure and the Informativeness of Accounting Earnings in East Asia [J]. *Journal of Accounting and Economics*，33 (3)：401 - 425.

Fang Y.，Hu M.，Yang Q.，2018. Do Executives Benefit from Shareholder Disputes? Evidence from Multiple Large Shareholders in Chinese Listed Firms [J]. *Journal of Corporate Finance*，51 (0)：275 - 315.

Firth M.，Fung P. M. Y.，Rui O. M.，2006. Corporate Performance and CEO Compensation in China [J]. *Journal of Corporate Finance*，12 (4)：693 - 714.

Fredrickson J. W.，Davis - Blake A.，Sanders W. M. G.，2010. Sharing the Wealth：Social Comparisons And Pay Dispersion in the CEO's Top Team [J]. *Strategic Management Journal*，31 (10)：1031 - 1053.

Garvey G. T.，Milbourn T. T.，2006. Asymmetric Benchmarking in Compensation：Executives are Rewarded for Good Luck but not Penalized for Bad [J]. *Journal of Financial Economics*，82 (1)：197 - 225.

Gopalan R., 2005. Large Shareholder Trading and Takeovers: The Disciplinary Role of Voting with Your Feet [D]. *Working Paper*.

Grossman S. J., Hart O. D., 1980. Takeover Bids, the Free‐rider Problem, and the Theory of the Corporation [J]. *The Bell Journal of Economics*, 11 (1): 42－64.

Gul F. A., Wu D., Yang Z., 2013. Do Individual Auditors Affect Audit Quality? Evidence from Archival Data [J]. *The Accounting Review*, 88 (6): 1993－2023.

Guthrie K., Sokolowsky J., 2010. Large Shareholders and the Pressure to Manage Earnings [J]. *Journal of Corporate Finance*, 16 (3): 302－319.

Hartzell J. C., Starks L. T., 2003. Institutional Investors and Executive Compensation [J]. *Journal of Finance*, 58 (6): 2351－2374.

Hermalin B., Weisbach M., 1998. Endogenously Chosen Boards of Directors and Their Monitoring of the CEO [J]. *American Economics Review*, 88 (1): 96－118.

Hill C. W. L., Phan P., 1991. CEO Tenure as a Determinant of CEO Pay [J]. *Academy of Management Journal*, 34 (3): 707－717.

Holmström B., Milgrom P., 1987. Aggregation and Linearity in the Provision of Interemporal Incentives [J]. *Econometrica*, 55 (2): 303－328.

Holmstrom B., 1979. Moral Hazard and Observability [J]. *The Bell Journal of Economics*, 10 (1): 74－91.

Jensen M. C. 1993. The Modern Industrial Revolution, Exit, and the Failure of Internal Control Systems [J]. *Journal of Finance*, 48 (3): 831－880.

Jensen M., Meckling W., 1976. Theory of the Firm: Managerial Behavior, Agency Costs and Ownership Structure [J]. *Journal of Financial Economics*, 3 (4): 305－360.

Jensen M., Murphy K., 1990. Performance Compensation and Top Management Incentives [J]. *Journal of Political Economy*, 98 (2): 225－264.

Jiang F., Cai W., Wang X., Zhu B., 2018. Multiple Large Shareholders and Corporate Investment: Evidence from China [J]. *Journal of Corporate Finance*, 50: 66－83.

Jiang F., Cai X., Zhan J., Nofsinger J. R., 2019. Multiple Large Shareholders and Dividends: Evidence from China [J]. *Pacific‐Basin Finance Journal*, 57 (C): 1－19.

Jiang F., Kim K. A., 2020. Corporate Governance in China: A Survey [J]. *Review of Finance*, 24 (4): 733－772.

Johnson S., La Porta R., Lopez‐De‐Silanes F., Shleifer A., 2000. Tunneling [J].

American Economic Review，90（2）：22 - 27.

Kahn C.，Winton A.，1998. Ownership Structure，Speculation，and Shareholder Interven-
tion [J]. *The Journal of Finance*，53（1）：99 - 129.

Kale J. R.，Reis E.，Venkateswaran A.，2009. Rank - Order Tournaments and Incentive
Alignment：The Effect on Firm Performance [J]. *The Journal of Finance*，64（3）：
1479 - 1512.

Kaplan S.，Minton B. A.，2006. How Has CEO Turnover Changed? Increasingly Perform-
ance Sensitive Boards and Increasingly Uneasy CEOs [D]. *NBER Working Paper*.

Kato T.，Long C.，2006. CEO Turnover，Firm Performance and Enterprise Reform in
China：Evidence from Micro Data [J]. *Journal of Comparative Economics*，34（4）：
796 - 817.

Keller W.，Olney W.，2021. Globalization and Executive Compensation [J]. *Journal of
International Economics*，129：103408.

La Porta R.，Lopez - De - Silanes F.，Shleifer A.，Vishny R. W.，2002. Investor Protec-
tion and Corporate Valuation [J]. *The Journal of Finance*，57（3）：1147 - 1170.

La Porta R.，Lopez - De - Silanes F.，Shleifer A.，Vishny，R. W.，1998. Law and Fi-
nance [J]. *Journal of Political Economy*，106（6）：1113 - 1155.

La Porta R.，Lopez - De - Silanes F.，Shleifer A.，1999. Corporate Ownership around the
World [J]. *The Journal of Finance*，54（2）：471 - 517.

Laeven L.，Levine R.，2008. Complex Ownership Structures and Corporate Valuations
[J]. *Review of Financial Studies*，21（2）：579 - 604.

Lang M. H.，Lins K. V.，Miller D. P.，2003. ADRs，Analysts and Accuracy：Does
Cross Listing in the United States Improve a Firm's Information Environment and Increase
Market Value? [J]. *Journal of Accounting Research*，41（2）：317 - 345.

Lazear E. P.，Rosen S.，1981. Rank - Order Tournaments as Optimum Labor Contracts
[J]. *The Journal of Political Economy*，89：841 - 864.

Lee K. W.，Lev B.，Yeo G. H. H.，2008. Executive Pay Dispersion，Corporate Govern-
ance and Firm Performance [J]. *Review of Quantitative Finance and Accounting*，30
（3）：315 - 338.

Lehmann E.，Weigand J.，2000. Does the Governed Corporation Perform Better? Govern-
ance Structures and Corporate Performance in Germany [J]. *Review of Finance*，

4 (2): 157 – 195.

Lin T. , Tsai H. , Imamah N. , Hung J. , 2016. Does the Identity of Multiple Large Share-holders Affect the Value of Excess Cash? Evidence from China [J]. *Pacific Basin Finance Journal*, 40 (Pt. A): 173 – 190.

Maury B. , Pajuste A. , 2005. Multiple Large Shareholders and Firm Value [J]. *Journal of Banking and Finance*, 29 (7): 1813 – 1834.

McConaughy D. L. , 2000. Family CEOs vs. Nonfamily CEOs in the Family – controlled Firm: an Examination of the Level and Sensitivity of Pay to Performance [J]. *Family Business Review*, 13 (5): 121 – 131.

McConnell J. , 1990. Servaes H. Additional Evidence on Equity Ownership and Corporate Value [J]. *Journal of Financial Economics*, 27 (2): 595 – 612.

Morse A. , Nanda V. , Seru A. , 2011. Are Incentive Contracts Rigged by Powerful CEOs? [J]. *Journal of Finance*, 66 (5): 1779 – 1821.

Ortega – Argilés R. , Moreno R. , Caralt J. S. , 2005. Ownership Structure and Innovation: Is there a Real Link? [J]. *The Annals of Regional Science*, 39 (4): 637 – 662.

Ouyang C. , Xiong J. , Huang K. , 2020. Do Multiple Large Shareholders Affect Tax A-voidance? Evidence from China [J]. *International Review of Economics & Finance*, 67 (C): 207 – 224.

Pagano M, Röell A. , 1998. The Choice of Stock Ownership Structure: Agency Costs, Monitoring, and the Decision to Go Public [J]. *Quarterly Journal of Economics*, 113 (1): 187 – 225.

Parrino R. , Sias R. W. , Starks L. T. , 2003. Voting with Their Feet: Institutional Own-ership Changes around Forced CEO Turnover [J]. *Journal of Financial Economics*, 68 (1): 3 – 46.

Pedersen T. , Thomsen S. , 1999. Economic and Systemic Explanations of Insider Owner-ship among Europe's Largest Companies [J]. *International Journal of the Economics of Business*, 6 (3): 367 – 381.

Piketty T. , Yang L. , Zucman G. , 2019. Capital Accumulation, Private Property and Ris-ing Inequality in China, 1978 – 2015 [J]. *American Economic Review*, 109 (7): 2469 – 2496.

Reichelt K. J. , Wang R. , 2010. National and Office – specific Measures of Auditor Industry

Expertise and Effects on Audit Quality [J]. *Journal of Accounting Research*，48（3）：647 – 686.

Ridge J. W. ，Aime F. ，White M. A. ，2015. When Much More of a Difference Makes a Difference：Social Comparison and Tournaments in the CEO's Top Team [J]. *Strategic Management Journal*，36（4）：618 – 636.

Rosen S. ，1986. Prizes and Incentives in Elimination Tournaments [J]. *The American Economic Review*，76（4）：701 – 715.

Ross S. A. ，2004. Compensation，Incentives，and the Duality of Risk Aversion and Riskiness [J]. *Journal of Finance*，59（1）：207 – 225.

Shaw K. W. ，Zhang M. H. ，2010. Is CEO Cash Compensation Punished for Poor Firm Performance? [J]. *The Accounting Review*，85（3）：1065 – 1093.

Shleifer A. ，Vishny R. W. ，1997. A Survey of Corporate Governance [J]. *The Journal of Finance*，52（2）：737 – 783.

Shleifer A. ，Vishny R. W. ，1986. Large Shareholders and Corporate Control [J]. *Journal of Political Economy*，94（3）：461 – 488.

Slaughter M. J. ，2001. Trade Liberalization and Per Capita Income Convergence：a Difference – In – Differences Analysis [J]. *Journal of International Economics*，55（1）：203 – 228.

Sloan R. ，1993. Accounting Earnings and Top Executive Compensation [J]. *Journal of Accounting and Economics*，16（1 – 3）：55 – 100.

Sun J. ，Cahan S. ，2009. The Effect of Compensation Committee Quality on the Association between CEO Cash Compensation and Accounting Performance [J]. *Corporate Governance：A International Review*，17（2）：193 – 207.

Thillainathan R. ，1999. A Review of corporate governance in Malaysia [J]. *Banker's Journal Malaysia*，109：23 – 55.

Vickers J. ，Yarrow G. ，1988. Privatization：An Economic Analysis [M]. Cambridge：MIT Press.

Villalonga B. ，Amit R. ，2009. How are U. S. Family Firms Controlled? [J]. *Review of Financial Studies*，22（8）：3047 – 3091.

Wang K. ，Xiao X. ，2011. Controlling Shareholders' Tunneling and Executive Compensation：Evidence from China [J]. *Journal of Accounting and Public Policy*，30（1）：

89 - 100.

Wei F. , Zhou L. , 2020. Multiple Large Shareholders and Corporate Environmental Protection Investment: Evidence from the Chinese Listed Companies [J]. *China Journal of Accounting Research* , 13 (4): 387 - 404.

Williams M. L. , McDaniel M. A. , Nguyen N. T. , 2006. A Meta - Analysis of the Antecedents and Consequences of Pay Level Satisfaction [J]. *Journal of Applied Psychology* , 91 (2): 392 - 413.

Wowak A. , Hambrick D. , Henderson A. , 2011. Do CEOs Encounter Within - tenure Setting Up? A Multiperiod Perspective on Executive Pay and Dismissal [J]. *Academy of Management Journal* , 54 (4): 719 - 739.

Zhang M. , M L. , Zhang B. , Yi Z. , 2016. Pyramidal Structure, Political Intervention and Firms' Tax Burden: Evidence from China's Local SOEs [J]. *Journal of Corporate Finance* , 36 (0): 15 - 25.

Zhong R. , Li Y. , Wang Y. , 2021. Multiple Large Shareholders, Control Contests, and Forced CEO Turnover [J]. *Emerging Markets Review* , 48: 100816.

Zwiebel J. , 1995. Block Investment and Partial Benefits of Corporate Control [J]. *Review of Economic Studies* , 62 (2): 161 - 185.

附录一： 中华人民共和国公司法[①]

（1993 年 12 月 29 日第八届全国人民代表大会常务委员会第五次会议通过；根据 1999 年 12 月 25 日第九届全国人民代表大会常务委员会第十三次会议《关于修改〈中华人民共和国公司法〉的决定》第一次修正；根据 2004 年 8 月 28 日第十届全国人民代表大会常务委员会第十一次会议《关于修改〈中华人民共和国公司法〉的决定》第二次修正；2005 年 10 月 27 日第十届全国人民代表大会常务委员会第十八次会议第一次修订；根据 2013 年 12 月 28 日第十二届全国人民代表大会常务委员会第六次会议《关于修改〈中华人民共和国海洋环境保护法〉等七部法律的决定》第三次修正；根据 2018 年 10 月 26 日第十三届全国人民代表大会常务委员会第六次会议《关于修改〈中华人民共和国公司法〉的决定》第四次修正；2023 年 12 月 29 日第十四届全国人民代表大会常务委员会第七次会议第二次修订）

目　　录

---

① 资料来源：中国人大网。

第一章　总　　则

第一条　为了规范公司的组织和行为，保护公司、股东、职工和债权人的合法权益，完善中国特色现代企业制度，弘扬企业家精神，维护社会经济秩序，促进社会主义市场经济的发展，根据宪法，制定本法。

第二条　本法所称公司，是指依照本法在中华人民共和国境内设立的有限责任公司和股份有限公司。

第三条　公司是企业法人，有独立的法人财产，享有法人财产权。公司以其全部财产对公司的债务承担责任。

公司的合法权益受法律保护，不受侵犯。

第四条　有限责任公司的股东以其认缴的出资额为限对公司承担责任；股份有限公司的股东以其认购的股份为限对公司承担责任。

公司股东对公司依法享有资产收益、参与重大决策和选择管理者等权利。

第五条　设立公司应当依法制定公司章程。公司章程对公司、股东、董事、监事、高级管理人员具有约束力。

第六条　公司应当有自己的名称。公司名称应当符合国家有关规定。

公司的名称权受法律保护。

第七条　依照本法设立的有限责任公司，应当在公司名称中标明有限责任公司或者有限公司字样。

依照本法设立的股份有限公司，应当在公司名称中标明股份有限公司或者股份公司字样。

第八条　公司以其主要办事机构所在地为住所。

第九条　公司的经营范围由公司章程规定。公司可以修改公司章程，变更经营范围。

公司的经营范围中属于法律、行政法规规定须经批准的项目，应当依法经过批准。

第十条　公司的法定代表人按照公司章程的规定，由代表公司执行公司事务的董事或者经理担任。

担任法定代表人的董事或者经理辞任的，视为同时辞去法定代表人。

法定代表人辞任的，公司应当在法定代表人辞任之日起三十日内确定新的法定代表人。

第十一条　法定代表人以公司名义从事的民事活动，其法律后果由公司承受。

公司章程或者股东会对法定代表人职权的限制，不得对抗善意相对人。

法定代表人因执行职务造成他人损害的，由公司承担民事责任。公司承担民事责任后，依照法律或者公司章程的规定，可以向有过错的法定代表人追偿。

第十二条 有限责任公司变更为股份有限公司，应当符合本法规定的股份有限公司的条件。股份有限公司变更为有限责任公司，应当符合本法规定的有限责任公司的条件。

有限责任公司变更为股份有限公司的，或者股份有限公司变更为有限责任公司的，公司变更前的债权、债务由变更后的公司承继。

第十三条 公司可以设立子公司。子公司具有法人资格，依法独立承担民事责任。

公司可以设立分公司。分公司不具有法人资格，其民事责任由公司承担。

第十四条 公司可以向其他企业投资。

法律规定公司不得成为对所投资企业的债务承担连带责任的出资人的，从其规定。

第十五条 公司向其他企业投资或者为他人提供担保，按照公司章程的规定，由董事会或者股东会决议；公司章程对投资或者担保的总额及单项投资或者担保的数额有限额规定的，不得超过规定的限额。

公司为公司股东或者实际控制人提供担保的，应当经股东会决议。

前款规定的股东或者受前款规定的实际控制人支配的股东，不得参加前款规定事项的表决。该项表决由出席会议的其他股东所持表决权的过半数通过。

第十六条 公司应当保护职工的合法权益，依法与职工签订劳动合同，参加社会保险，加强劳动保护，实现安全生产。

公司应当采用多种形式，加强公司职工的职业教育和岗位培训，提高职工素质。

第十七条 公司职工依照《中华人民共和国工会法》组织工会，开展工会活动，维护职工合法权益。公司应当为本公司工会提供必要的活动条件。公司工会代表职工就职工的劳动报酬、工作时间、休息休假、劳动安全卫生和保险福利等事项依法与公司签订集体合同。

公司依照宪法和有关法律的规定，建立健全以职工代表大会为基本形式的民主管理制度，通过职工代表大会或者其他形式，实行民主管理。

公司研究决定改制、解散、申请破产以及经营方面的重大问题、制定重要的规章制度时，应当听取公司工会的意见，并通过职工代表大会或者其他形式听取职工的意见和建议。

第十八条　在公司中，根据中国共产党章程的规定，设立中国共产党的组织，开展党的活动。公司应当为党组织的活动提供必要条件。

第十九条　公司从事经营活动，应当遵守法律法规，遵守社会公德、商业道德，诚实守信，接受政府和社会公众的监督。

第二十条　公司从事经营活动，应当充分考虑公司职工、消费者等利益相关者的利益以及生态环境保护等社会公共利益，承担社会责任。

国家鼓励公司参与社会公益活动，公布社会责任报告。

第二十一条　公司股东应当遵守法律、行政法规和公司章程，依法行使股东权利，不得滥用股东权利损害公司或者其他股东的利益。

公司股东滥用股东权利给公司或者其他股东造成损失的，应当承担赔偿责任。

第二十二条　公司的控股股东、实际控制人、董事、监事、高级管理人员不得利用关联关系损害公司利益。

违反前款规定，给公司造成损失的，应当承担赔偿责任。

第二十三条　公司股东滥用公司法人独立地位和股东有限责任，逃避债务，严重损害公司债权人利益的，应当对公司债务承担连带责任。

股东利用其控制的两个以上公司实施前款规定行为的，各公司应当对任一公司的债务承担连带责任。

只有一个股东的公司，股东不能证明公司财产独立于股东自己的财产的，应当对公司债务承担连带责任。

第二十四条　公司股东会、董事会、监事会召开会议和表决可以采用电子通信方式，公司章程另有规定的除外。

第二十五条　公司股东会、董事会的决议内容违反法律、行政法规的无效。

第二十六条 公司股东会、董事会的会议召集程序、表决方式违反法律、行政法规或者公司章程，或者决议内容违反公司章程的，股东自决议作出之日起六十日内，可以请求人民法院撤销。但是，股东会、董事会的会议召集程序或者表决方式仅有轻微瑕疵，对决议未产生实质影响的除外。

未被通知参加股东会会议的股东自知道或者应当知道股东会决议作出之日起六十日内，可以请求人民法院撤销；自决议作出之日起一年内没有行使撤销权的，撤销权消灭。

第二十七条 有下列情形之一的，公司股东会、董事会的决议不成立：

（一）未召开股东会、董事会会议作出决议；

（二）股东会、董事会会议未对决议事项进行表决；

（三）出席会议的人数或者所持表决权数未达到本法或者公司章程规定的人数或者所持表决权数；

（四）同意决议事项的人数或者所持表决权数未达到本法或者公司章程规定的人数或者所持表决权数。

第二十八条 公司股东会、董事会决议被人民法院宣告无效、撤销或者确认不成立的，公司应当向公司登记机关申请撤销根据该决议已办理的登记。

股东会、董事会决议被人民法院宣告无效、撤销或者确认不成立的，公司根据该决议与善意相对人形成的民事法律关系不受影响。

第二章　公司登记

第二十九条 设立公司，应当依法向公司登记机关申请设立登记。

法律、行政法规规定设立公司必须报经批准的，应当在公司登记前依法办理批准手续。

第三十条 申请设立公司，应当提交设立登记申请书、公司章程等文件，提交的相关材料应当真实、合法和有效。

申请材料不齐全或者不符合法定形式的，公司登记机关应当一次性告知需要补正的材料。

第三十一条 申请设立公司，符合本法规定的设立条件的，由公司登记机关分别登记为有限责任公司或者股份有限公司；不符合本法规定的设立条件的，不得登记为有限责任公司或者股份有限公司。

第三十二条 公司登记事项包括：

（一）名称；

（二）住所；

（三）注册资本；

（四）经营范围；

（五）法定代表人的姓名；

（六）有限责任公司股东、股份有限公司发起人的姓名或者名称。

公司登记机关应当将前款规定的公司登记事项通过国家企业信用信息公示系统向社会公示。

第三十三条 依法设立的公司，由公司登记机关发给公司营业执照。公司营业执照签发日期为公司成立日期。

公司营业执照应当载明公司的名称、住所、注册资本、经营范围、法定代表人姓名等事项。

公司登记机关可以发给电子营业执照。电子营业执照与纸质营业执照具有同等法律效力。

第三十四条 公司登记事项发生变更的，应当依法办理变更登记。

公司登记事项未经登记或者未经变更登记，不得对抗善意相对人。

第三十五条 公司申请变更登记，应当向公司登记机关提交公司法定代表人签署的变更登记申请书、依法作出的变更决议或者决定等文件。

公司变更登记事项涉及修改公司章程的，应当提交修改后的公司章程。

公司变更法定代表人的，变更登记申请书由变更后的法定代表人签署。

第三十六条　公司营业执照记载的事项发生变更的，公司办理变更登记后，由公司登记机关换发营业执照。

第三十七条　公司因解散、被宣告破产或者其他法定事由需要终止的，应当依法向公司登记机关申请注销登记，由公司登记机关公告公司终止。

第三十八条　公司设立分公司，应当向公司登记机关申请登记，领取营业执照。

第三十九条　虚报注册资本、提交虚假材料或者采取其他欺诈手段隐瞒重要事实取得公司设立登记的，公司登记机关应当依照法律、行政法规的规定予以撤销。

第四十条　公司应当按照规定通过国家企业信用信息公示系统公示下列事项：

（一）有限责任公司股东认缴和实缴的出资额、出资方式和出资日期，股份有限公司发起人认购的股份数；

（二）有限责任公司股东、股份有限公司发起人的股权、股份变更信息；

（三）行政许可取得、变更、注销等信息；

（四）法律、行政法规规定的其他信息。

公司应当确保前款公示信息真实、准确、完整。

第四十一条　公司登记机关应当优化公司登记办理流程，提高公司登记效率，加强信息化建设，推行网上办理等便捷方式，提升公司登记便利化水平。

国务院市场监督管理部门根据本法和有关法律、行政法规的规定，制定公司登记注册的具体办法。

第三章　有限责任公司的设立和组织机构

第一节　设　立

第四十二条　有限责任公司由一个以上五十个以下股东出资设立。

第四十三条　有限责任公司设立时的股东可以签订设立协议，明确各自在公司设立过程中的权利和义务。

第四十四条　有限责任公司设立时的股东为设立公司从事的民事活动，其法律后果由公司承受。

公司未成立的，其法律后果由公司设立时的股东承受；设立时的股东为二人以上的，享有连带债权，承担连带债务。

设立时的股东为设立公司以自己的名义从事民事活动产生的民事责任，第三人有权选择请求公司或者公司设立时的股东承担。

设立时的股东因履行公司设立职责造成他人损害的，公司或者无过错的股东承担赔偿责任后，可以向有过错的股东追偿。

第四十五条　设立有限责任公司，应当由股东共同制定公司章程。

第四十六条　有限责任公司章程应当载明下列事项：

（一）公司名称和住所；

（二）公司经营范围；

（三）公司注册资本；

（四）股东的姓名或者名称；

（五）股东的出资额、出资方式和出资日期；

（六）公司的机构及其产生办法、职权、议事规则；

（七）公司法定代表人的产生、变更办法；

（八）股东会认为需要规定的其他事项。

股东应当在公司章程上签名或者盖章。

第四十七条　有限责任公司的注册资本为在公司登记机关登记的全体股东认缴的出资额。全体股东认缴的出资额由股东按照公司章程的规定自公司成立之日起五年内缴足。

法律、行政法规以及国务院决定对有限责任公司注册资本实缴、注册资本最低限额、股东出资期限另有规定的，从其规定。

第四十八条　股东可以用货币出资，也可以用实物、知识产权、土地使用权、股权、债权等可以用货币估价并可以依法转让的非货币财产作价出资；但是，法律、行政法规规定不得作为出资的财产除外。

对作为出资的非货币财产应当评估作价,核实财产,不得高估或者低估作价。法律、行政法规对评估作价有规定的,从其规定。

第四十九条 股东应当按期足额缴纳公司章程规定的各自所认缴的出资额。

股东以货币出资的,应当将货币出资足额存入有限责任公司在银行开设的账户;以非货币财产出资的,应当依法办理其财产权的转移手续。

股东未按期足额缴纳出资的,除应当向公司足额缴纳外,还应当对给公司造成的损失承担赔偿责任。

第五十条 有限责任公司设立时,股东未按照公司章程规定实际缴纳出资,或者实际出资的非货币财产的实际价额显著低于所认缴的出资额的,设立时的其他股东与该股东在出资不足的范围内承担连带责任。

第五十一条 有限责任公司成立后,董事会应当对股东的出资情况进行核查,发现股东未按期足额缴纳公司章程规定的出资的,应当由公司向该股东发出书面催缴书,催缴出资。

未及时履行前款规定的义务,给公司造成损失的,负有责任的董事应当承担赔偿责任。

第五十二条 股东未按照公司章程规定的出资日期缴纳出资,公司依照前条第一款规定发出书面催缴书催缴出资的,可以载明缴纳出资的宽限期;宽限期自公司发出催缴书之日起,不得少于六十日。宽限期届满,股东仍未履行出资义务的,公司经董事会决议可以向该股东发出失权通知,通知应当以书面形式发出。自通知发出之日起,该股东丧失其未缴纳出资的股权。

依照前款规定丧失的股权应当依法转让,或者相应减少注册资本并注销该股权;六个月内未转让或者注销的,由公司其他股东按照其出资比例足额缴纳相应出资。

股东对失权有异议的,应当自接到失权通知之日起三十日内,向人民法院提起诉讼。

第五十三条 公司成立后,股东不得抽逃出资。

违反前款规定的，股东应当返还抽逃的出资；给公司造成损失的，负有责任的董事、监事、高级管理人员应当与该股东承担连带赔偿责任。

第五十四条　公司不能清偿到期债务的，公司或者已到期债权的债权人有权要求已认缴出资但未届出资期限的股东提前缴纳出资。

第五十五条　有限责任公司成立后，应当向股东签发出资证明书，记载下列事项：

（一）公司名称；

（二）公司成立日期；

（三）公司注册资本；

（四）股东的姓名或者名称、认缴和实缴的出资额、出资方式和出资日期；

（五）出资证明书的编号和核发日期。

出资证明书由法定代表人签名，并由公司盖章。

第五十六条　有限责任公司应当置备股东名册，记载下列事项：

（一）股东的姓名或者名称及住所；

（二）股东认缴和实缴的出资额、出资方式和出资日期；

（三）出资证明书编号；

（四）取得和丧失股东资格的日期。

记载于股东名册的股东，可以依股东名册主张行使股东权利。

第五十七条　股东有权查阅、复制公司章程、股东名册、股东会会议记录、董事会会议决议、监事会会议决议和财务会计报告。

股东可以要求查阅公司会计账簿、会计凭证。股东要求查阅公司会计账簿、会计凭证的，应当向公司提出书面请求，说明目的。公司有合理根据认为股东查阅会计账簿、会计凭证有不正当目的，可能损害公司合法利益的，可以拒绝提供查阅，并应当自股东提出书面请求之日起十五日内书面答复股东并说明理由。公司拒绝提供查阅的，股东可以向人民法院提起诉讼。

股东查阅前款规定的材料，可以委托会计师事务所、律师事务所等中介机构进行。

股东及其委托的会计师事务所、律师事务所等中介机构查阅、复制有关材料，应当遵守有关保护国家秘密、商业秘密、个人隐私、个人信息等法律、行政法规的规定。

股东要求查阅、复制公司全资子公司相关材料的，适用前四款的规定。

第二节　组织机构

第五十八条　有限责任公司股东会由全体股东组成。股东会是公司的权力机构，依照本法行使职权。

第五十九条　股东会行使下列职权：

（一）选举和更换董事、监事，决定有关董事、监事的报酬事项；

（二）审议批准董事会的报告；

（三）审议批准监事会的报告；

（四）审议批准公司的利润分配方案和弥补亏损方案；

（五）对公司增加或者减少注册资本作出决议；

（六）对发行公司债券作出决议；

（七）对公司合并、分立、解散、清算或者变更公司形式作出决议；

（八）修改公司章程；

（九）公司章程规定的其他职权。

股东会可以授权董事会对发行公司债券作出决议。

对本条第一款所列事项股东以书面形式一致表示同意的，可以不召开股东会会议，直接作出决定，并由全体股东在决定文件上签名或者盖章。

第六十条　只有一个股东的有限责任公司不设股东会。股东作出前条第一款所列事项的决定时，应当采用书面形式，并由股东签名或者盖章后置备于公司。

第六十一条　首次股东会会议由出资最多的股东召集和主持，依照本法规定行使职权。

第六十二条　股东会会议分为定期会议和临时会议。

定期会议应当按照公司章程的规定按时召开。代表十分之一以上表决权的股东、三分之一以上的董事或者监事会提议召开临时会议的，应当召开临时会议。

第六十三条　股东会会议由董事会召集，董事长主持；董事长不能履行职务或者不履行职务的，由副董事长主持；副董事长不能履行职务或者不履行职务的，由过半数的董事共同推举一名董事主持。

董事会不能履行或者不履行召集股东会会议职责的，由监事会召集和主持；监事会不召集和主持的，代表十分之一以上表决权的股东可以自行召集和主持。

第六十四条　召开股东会会议，应当于会议召开十五日前通知全体股东；但是，公司章程另有规定或者全体股东另有约定的除外。

股东会应当对所议事项的决定作成会议记录，出席会议的股东应当在会议记录上签名或者盖章。

第六十五条　股东会会议由股东按照出资比例行使表决权；但是，公司章程另有规定的除外。

第六十六条　股东会的议事方式和表决程序，除本法有规定的外，由公司章程规定。

股东会作出决议，应当经代表过半数表决权的股东通过。

股东会作出修改公司章程、增加或者减少注册资本的决议，以及公司合并、分立、解散或者变更公司形式的决议，应当经代表三分之二以上表决权的股东通过。

第六十七条　有限责任公司设董事会，本法第七十五条另有规定的除外。

董事会行使下列职权：

（一）召集股东会会议，并向股东会报告工作；

（二）执行股东会的决议；

（三）决定公司的经营计划和投资方案；

（四）制订公司的利润分配方案和弥补亏损方案；

（五）制订公司增加或者减少注册资本以及发行公司债券的方案；

（六）制订公司合并、分立、解散或者变更公司形式的方案；

（七）决定公司内部管理机构的设置；

（八）决定聘任或者解聘公司经理及其报酬事项，并根据经理的提名决定聘任或者解聘公司副经理、财务负责人及其报酬事项；

（九）制定公司的基本管理制度；

（十）公司章程规定或者股东会授予的其他职权。

公司章程对董事会职权的限制不得对抗善意相对人。

第六十八条 有限责任公司董事会成员为三人以上，其成员中可以有公司职工代表。职工人数三百人以上的有限责任公司，除依法设监事会并有公司职工代表的外，其董事会成员中应当有公司职工代表。董事会中的职工代表由公司职工通过职工代表大会、职工大会或者其他形式民主选举产生。

董事会设董事长一人，可以设副董事长。董事长、副董事长的产生办法由公司章程规定。

第六十九条 有限责任公司可以按照公司章程的规定在董事会中设置由董事组成的审计委员会，行使本法规定的监事会的职权，不设监事会或者监事。公司董事会成员中的职工代表可以成为审计委员会成员。

第七十条 董事任期由公司章程规定，但每届任期不得超过三年。董事任期届满，连选可以连任。

董事任期届满未及时改选，或者董事在任期内辞任导致董事会成员低于法定人数的，在改选出的董事就任前，原董事仍应当依照法律、行政法规和公司章程的规定，履行董事职务。

董事辞任的，应当以书面形式通知公司，公司收到通知之日辞任生效，但存在前款规定情形的，董事应当继续履行职务。

第七十一条 股东会可以决议解任董事，决议作出之日解任生效。

无正当理由，在任期届满前解任董事的，该董事可以要求公司予以赔偿。

第七十二条　董事会会议由董事长召集和主持；董事长不能履行职务或者不履行职务的，由副董事长召集和主持；副董事长不能履行职务或者不履行职务的，由过半数的董事共同推举一名董事召集和主持。

第七十三条　董事会的议事方式和表决程序，除本法有规定的外，由公司章程规定。

董事会会议应当有过半数的董事出席方可举行。董事会作出决议，应当经全体董事的过半数通过。

董事会决议的表决，应当一人一票。

董事会应当对所议事项的决定作成会议记录，出席会议的董事应当在会议记录上签名。

第七十四条　有限责任公司可以设经理，由董事会决定聘任或者解聘。

经理对董事会负责，根据公司章程的规定或者董事会的授权行使职权。经理列席董事会会议。

第七十五条　规模较小或者股东人数较少的有限责任公司，可以不设董事会，设一名董事，行使本法规定的董事会的职权。该董事可以兼任公司经理。

第七十六条　有限责任公司设监事会，本法第六十九条、第八十三条另有规定的除外。

监事会成员为三人以上。监事会成员应当包括股东代表和适当比例的公司职工代表，其中职工代表的比例不得低于三分之一，具体比例由公司章程规定。监事会中的职工代表由公司职工通过职工代表大会、职工大会或者其他形式民主选举产生。

监事会设主席一人，由全体监事过半数选举产生。监事会主席召集和主持监事会会议；监事会主席不能履行职务或者不履行职务的，由过半数的监事共同推举一名监事召集和主持监事会会议。

董事、高级管理人员不得兼任监事。

第七十七条　监事的任期每届为三年。监事任期届满，连选可以连任。

监事任期届满未及时改选，或者监事在任期内辞任导致监事会成员低于法定人数的，在改选出的监事就任前，原监事仍应当依照法律、行政法规和公司章程的规定，履行监事职务。

第七十八条 监事会行使下列职权：

（一）检查公司财务；

（二）对董事、高级管理人员执行职务的行为进行监督，对违反法律、行政法规、公司章程或者股东会决议的董事、高级管理人员提出解任的建议；

（三）当董事、高级管理人员的行为损害公司的利益时，要求董事、高级管理人员予以纠正；

（四）提议召开临时股东会会议，在董事会不履行本法规定的召集和主持股东会会议职责时召集和主持股东会会议；

（五）向股东会会议提出提案；

（六）依照本法第一百八十九条的规定，对董事、高级管理人员提起诉讼；

（七）公司章程规定的其他职权。

第七十九条 监事可以列席董事会会议，并对董事会决议事项提出质询或者建议。

监事会发现公司经营情况异常，可以进行调查；必要时，可以聘请会计师事务所等协助其工作，费用由公司承担。

第八十条 监事会可以要求董事、高级管理人员提交执行职务的报告。

董事、高级管理人员应当如实向监事会提供有关情况和资料，不得妨碍监事会或者监事行使职权。

第八十一条 监事会每年度至少召开一次会议，监事可以提议召开临时监事会会议。

监事会的议事方式和表决程序，除本法有规定的外，由公司章程规定。

监事会决议应当经全体监事的过半数通过。

监事会决议的表决，应当一人一票。

监事会应当对所议事项的决定作成会议记录，出席会议的监事应当在会议记录上签名。

第八十二条　监事会行使职权所必需的费用，由公司承担。

第八十三条　规模较小或者股东人数较少的有限责任公司，可以不设监事会，设一名监事，行使本法规定的监事会的职权；经全体股东一致同意，也可以不设监事。

第四章　有限责任公司的股权转让

第八十四条　有限责任公司的股东之间可以相互转让其全部或者部分股权。

股东向股东以外的人转让股权的，应当将股权转让的数量、价格、支付方式和期限等事项书面通知其他股东，其他股东在同等条件下有优先购买权。股东自接到书面通知之日起三十日内未答复的，视为放弃优先购买权。两个以上股东行使优先购买权的，协商确定各自的购买比例；协商不成的，按照转让时各自的出资比例行使优先购买权。

公司章程对股权转让另有规定的，从其规定。

第八十五条　人民法院依照法律规定的强制执行程序转让股东的股权时，应当通知公司及全体股东，其他股东在同等条件下有优先购买权。其他股东自人民法院通知之日起满二十日不行使优先购买权的，视为放弃优先购买权。

第八十六条　股东转让股权的，应当书面通知公司，请求变更股东名册；需要办理变更登记的，并请求公司向公司登记机关办理变更登记。公司拒绝或者在合理期限内不予答复的，转让人、受让人可以依法向人民法院提起诉讼。

股权转让的，受让人自记载于股东名册时起可以向公司主张行使股东权利。

第八十七条　依照本法转让股权后，公司应当及时注销原股东的出资证明书，向新股东签发出资证明书，并相应修改公司章程和股东名册中有关股东及其出资额的记载。对公司章程的该项修改不需再由股东会表决。

第八十八条　股东转让已认缴出资但未届出资期限的股权的，由受让人承担缴纳该出资的义务；受让人未按期足额缴纳出资的，转让人对受让人未按期缴纳的出资承担补充责任。

未按照公司章程规定的出资日期缴纳出资或者作为出资的非货币财产的实际价额显著低于所认缴的出资额的股东转让股权的，转让人与受让人在出资不足的范围内承担连带责任；受让人不知道且不应当知道存在上述情形的，由转让人承担责任。

第八十九条　有下列情形之一的，对股东会该项决议投反对票的股东可以请求公司按照合理的价格收购其股权：

（一）公司连续五年不向股东分配利润，而公司该五年连续盈利，并且符合本法规定的分配利润条件；

（二）公司合并、分立、转让主要财产；

（三）公司章程规定的营业期限届满或者章程规定的其他解散事由出现，股东会通过决议修改章程使公司存续。

自股东会决议作出之日起六十日内，股东与公司不能达成股权收购协议的，股东可以自股东会决议作出之日起九十日内向人民法院提起诉讼。

公司的控股股东滥用股东权利，严重损害公司或者其他股东利益的，其他股东有权请求公司按照合理的价格收购其股权。

公司因本条第一款、第三款规定的情形收购的本公司股权，应当在六个月内依法转让或者注销。

第九十条　自然人股东死亡后，其合法继承人可以继承股东资格；但是，公司章程另有规定的除外。

第五章　股份有限公司的设立和组织机构

第一节　设　立

第九十一条　设立股份有限公司，可以采取发起设立或者募集设立的方式。

发起设立，是指由发起人认购设立公司时应发行的全部股份而设立公司。

募集设立，是指由发起人认购设立公司时应发行股份的一部分，其余股份向特定对象募集或者向社会公开募集而设立公司。

第九十二条　设立股份有限公司，应当有一人以上二百人以下为发起人，其中应当有半数以上的发起人在中华人民共和国境内有住所。

第九十三条　股份有限公司发起人承担公司筹办事务。

发起人应当签订发起人协议，明确各自在公司设立过程中的权利和义务。

第九十四条　设立股份有限公司，应当由发起人共同制订公司章程。

第九十五条　股份有限公司章程应当载明下列事项：

（一）公司名称和住所；

（二）公司经营范围；

（三）公司设立方式；

（四）公司注册资本、已发行的股份数和设立时发行的股份数，面额股的每股金额；

（五）发行类别股的，每一类别股的股份数及其权利和义务；

（六）发起人的姓名或者名称、认购的股份数、出资方式；

（七）董事会的组成、职权和议事规则；

（八）公司法定代表人的产生、变更办法；

（九）监事会的组成、职权和议事规则；

（十）公司利润分配办法；

（十一）公司的解散事由与清算办法；

（十二）公司的通知和公告办法；

（十三）股东会认为需要规定的其他事项。

第九十六条 股份有限公司的注册资本为在公司登记机关登记的已发行股份的股本总额。在发起人认购的股份缴足前，不得向他人募集股份。

法律、行政法规以及国务院决定对股份有限公司注册资本最低限额另有规定的，从其规定。

第九十七条 以发起设立方式设立股份有限公司的，发起人应当认足公司章程规定的公司设立时应发行的股份。

以募集设立方式设立股份有限公司的，发起人认购的股份不得少于公司章程规定的公司设立时应发行股份总数的百分之三十五；但是，法律、行政法规另有规定的，从其规定。

第九十八条 发起人应当在公司成立前按照其认购的股份全额缴纳股款。

发起人的出资，适用本法第四十八条、第四十九条第二款关于有限责任公司股东出资的规定。

第九十九条 发起人不按照其认购的股份缴纳股款，或者作为出资的非货币财产的实际价额显著低于所认购的股份的，其他发起人与该发起人在出资不足的范围内承担连带责任。

第一百条 发起人向社会公开募集股份，应当公告招股说明书，并制作认股书。认股书应当载明本法第一百五十四条第二款、第三款所列事项，由认股人填写认购的股份数、金额、住所，并签名或者盖章。认股人应当按照所认购股份足额缴纳股款。

第一百零一条 向社会公开募集股份的股款缴足后，应当经依法设立的验资机构验资并出具证明。

第一百零二条 股份有限公司应当制作股东名册并置备于公司。股东名册应当记载下列事项：

（一）股东的姓名或者名称及住所；

（二）各股东所认购的股份种类及股份数；

（三）发行纸面形式的股票的，股票的编号；

（四）各股东取得股份的日期。

第一百零三条 募集设立股份有限公司的发起人应当自公司设立时应发行股份的股款缴足之日起三十日内召开公司成立大会。发起人应当在成立大会召开十五日前将会议日期通知各认股人或者予以公告。成立大会应当有持有表决权过半数的认股人出席，方可举行。

以发起设立方式设立股份有限公司成立大会的召开和表决程序由公司章程或者发起人协议规定。

第一百零四条 公司成立大会行使下列职权：

（一）审议发起人关于公司筹办情况的报告；

（二）通过公司章程；

（三）选举董事、监事；

（四）对公司的设立费用进行审核；

（五）对发起人非货币财产出资的作价进行审核；

（六）发生不可抗力或者经营条件发生重大变化直接影响公司设立的，可以作出不设立公司的决议。

成立大会对前款所列事项作出决议，应当经出席会议的认股人所持表决权过半数通过。

第一百零五条 公司设立时应发行的股份未募足，或者发行股份的股款缴足后，发起人在三十日内未召开成立大会的，认股人可以按照所缴股款并加算银行同期存款利息，要求发起人返还。

发起人、认股人缴纳股款或者交付非货币财产出资后，除未按期募足股份、发起人未按期召开成立大会或者成立大会决议不设立公司的情形外，不得抽回其股本。

第一百零六条 董事会应当授权代表，于公司成立大会结束后三十日内向公司登记机关申请设立登记。

第一百零七条 本法第四十四条、第四十九条第三款、第五十一条、第五十二条、第五十三条的规定，适用于股份有限公司。

第一百零八条 有限责任公司变更为股份有限公司时，折合的实收股本总额不得高于公司净资产额。有限责任公司变更为股份有限公司，为增加注册资本公开发行股份时，应当依法办理。

第一百零九条 股份有限公司应当将公司章程、股东名册、股东会会议记录、董事会会议记录、监事会会议记录、财务会计报告、债券持有人名册置备于本公司。

第一百一十条 股东有权查阅、复制公司章程、股东名册、股东会会议记录、董事会会议决议、监事会会议决议、财务会计报告，对公司的经营提出建议或者质询。

连续一百八十日以上单独或者合计持有公司百分之三以上股份的股东要求查阅公司的会计账簿、会计凭证的，适用本法第五十七条第二款、第三款、第四款的规定。公司章程对持股比例有较低规定的，从其规定。

股东要求查阅、复制公司全资子公司相关材料的，适用前两款的规定。

上市公司股东查阅、复制相关材料的，应当遵守《中华人民共和国证券法》等法律、行政法规的规定。

第二节　股　东　会

第一百一十一条 股份有限公司股东会由全体股东组成。股东会是公司的权力机构，依照本法行使职权。

第一百一十二条 本法第五十九条第一款、第二款关于有限责任公司股东会职权的规定，适用于股份有限公司股东会。

本法第六十条关于只有一个股东的有限责任公司不设股东会的规定，适用于只有一个股东的股份有限公司。

第一百一十三条 股东会应当每年召开一次年会。有下列情形之一的，应当在两个月内召开临时股东会会议：

（一）董事人数不足本法规定人数或者公司章程所定人数的三分之二时；

（二）公司未弥补的亏损达股本总额三分之一时；

（三）单独或者合计持有公司百分之十以上股份的股东请求时；

（四）董事会认为必要时；

（五）监事会提议召开时；

（六）公司章程规定的其他情形。

第一百一十四条 股东会会议由董事会召集，董事长主持；董事长不能履行职务或者不履行职务的，由副董事长主持；副董事长不能履行职务或者不履行职务的，由过半数的董事共同推举一名董事主持。

董事会不能履行或者不履行召集股东会会议职责的，监事会应当及时召集和主持；监事会不召集和主持的，连续九十日以上单独或者合计持有公司百分之十以上股份的股东可以自行召集和主持。

单独或者合计持有公司百分之十以上股份的股东请求召开临时股东会会议的，董事会、监事会应当在收到请求之日起十日内作出是否召开临时股东会会议的决定，并书面答复股东。

第一百一十五条 召开股东会会议，应当将会议召开的时间、地点和审议的事项于会议召开二十日前通知各股东；临时股东会会议应当于会议召开十五日前通知各股东。

单独或者合计持有公司百分之一以上股份的股东，可以在股东会会议召开十日前提出临时提案并书面提交董事会。临时提案应当有明确议题和具体决议事项。董事会应当在收到提案后二日内通知其他股东，并将该临时提案提交股东会审议；但临时提案违反法律、行政法规或者公司章程的规定，或者不属于股东会职权范围的除外。公司不得提高提出临时提案股东的持股比例。

公开发行股份的公司，应当以公告方式作出前两款规定的通知。

股东会不得对通知中未列明的事项作出决议。

第一百一十六条 股东出席股东会会议，所持每一股份有一表决权，类别股股东除外。公司持有的本公司股份没有表决权。

股东会作出决议，应当经出席会议的股东所持表决权过半数通过。

股东会作出修改公司章程、增加或者减少注册资本的决议，以及公司合并、分立、解散或者变更公司形式的决议，应当经出席会议的股东所持表决权的三分之二以上通过。

第一百一十七条 股东会选举董事、监事，可以按照公司章程的规定或者股东会的决议，实行累积投票制。

本法所称累积投票制，是指股东会选举董事或者监事时，每一股份拥有与应选董事或者监事人数相同的表决权，股东拥有的表决权可以集中使用。

第一百一十八条 股东委托代理人出席股东会会议的，应当明确代理人代理的事项、权限和期限；代理人应当向公司提交股东授权委托书，并在授权范围内行使表决权。

第一百一十九条 股东会应当对所议事项的决定作成会议记录，主持人、出席会议的董事应当在会议记录上签名。会议记录应当与出席股东的签名册及代理出席的委托书一并保存。

第三节　董事会、经理

第一百二十条 股份有限公司设董事会，本法第一百二十八条另有规定的除外。

本法第六十七条、第六十八条第一款、第七十条、第七十一条的规定，适用于股份有限公司。

第一百二十一条 股份有限公司可以按照公司章程的规定在董事会中设置由董事组成的审计委员会，行使本法规定的监事会的职权，不设监事会或者监事。

审计委员会成员为三名以上，过半数成员不得在公司担任除董事以外的其他职务，且不得与公司存在任何可能影响其独立客观判断的关系。公司董事会成员中的职工代表可以成为审计委员会成员。

审计委员会作出决议，应当经审计委员会成员的过半数通过。

审计委员会决议的表决，应当一人一票。

审计委员会的议事方式和表决程序，除本法有规定的外，由公司章程规定。

公司可以按照公司章程的规定在董事会中设置其他委员会。

第一百二十二条 董事会设董事长一人，可以设副董事长。董事长和副董事长由董事会以全体董事的过半数选举产生。

董事长召集和主持董事会会议，检查董事会决议的实施情况。副董事长协助董事长工作，董事长不能履行职务或者不履行职务的，由副董事长履行职务；副董事长不能履行职务或者不履行职务的，由过半数的董事共同推举一名董事履行职务。

第一百二十三条 董事会每年度至少召开两次会议，每次会议应当于会议召开十日前通知全体董事和监事。

代表十分之一以上表决权的股东、三分之一以上董事或者监事会，可以提议召开临时董事会会议。董事长应当自接到提议后十日内，召集和主持董事会会议。

董事会召开临时会议，可以另定召集董事会的通知方式和通知时限。

第一百二十四条 董事会会议应当有过半数的董事出席方可举行。董事会作出决议，应当经全体董事的过半数通过。

董事会决议的表决，应当一人一票。

董事会应当对所议事项的决定作成会议记录，出席会议的董事应当在会议记录上签名。

第一百二十五条 董事会会议，应当由董事本人出席；董事因故不能出席，可以书面委托其他董事代为出席，委托书应当载明授权范围。

董事应当对董事会的决议承担责任。董事会的决议违反法律、行政法规或者公司章程、股东会决议，给公司造成严重损失的，参与决议的董事对公司负赔偿责任；经证明在表决时曾表明异议并记载于会议记录的，该董事可以免除责任。

第一百二十六条 股份有限公司设经理，由董事会决定聘任或者解聘。

经理对董事会负责，根据公司章程的规定或者董事会的授权行使职权。经理列席董事会会议。

第一百二十七条 公司董事会可以决定由董事会成员兼任经理。

第一百二十八条 规模较小或者股东人数较少的股份有限公司，可以不设董事会，设一名董事，行使本法规定的董事会的职权。该董事可以兼任公司经理。

第一百二十九条 公司应当定期向股东披露董事、监事、高级管理人员从公司获得报酬的情况。

第四节 监 事 会

第一百三十条 股份有限公司设监事会，本法第一百二十一条第一款、第一百三十三条另有规定的除外。

监事会成员为三人以上。监事会成员应当包括股东代表和适当比例的公司职工代表，其中职工代表的比例不得低于三分之一，具体比例由公司章程规定。监事会中的职工代表由公司职工通过职工代表大会、职工大会或者其他形式民主选举产生。

监事会设主席一人，可以设副主席。监事会主席和副主席由全体监事过半数选举产生。监事会主席召集和主持监事会会议；监事会主席不能履行职务或者不履行职务的，由监事会副主席召集和主持监事会会议；监事会副主席不能履行职务或者不履行职务的，由过半数的监事共同推举一名监事召集和主持监事会会议。

董事、高级管理人员不得兼任监事。

本法第七十七条关于有限责任公司监事任期的规定，适用于股份有限公司监事。

第一百三十一条 本法第七十八条至第八十条的规定，适用于股份有限公司监事会。

监事会行使职权所必需的费用，由公司承担。

第一百三十二条 监事会每六个月至少召开一次会议。监事可以提议召开临时监事会会议。

监事会的议事方式和表决程序，除本法有规定的外，由公司章程规定。

监事会决议应当经全体监事的过半数通过。

监事会决议的表决，应当一人一票。

监事会应当对所议事项的决定作成会议记录，出席会议的监事应当在会议记录上签名。

第一百三十三条 规模较小或者股东人数较少的股份有限公司，可以不设监事会，设一名监事，行使本法规定的监事会的职权。

第五节 上市公司组织机构的特别规定

第一百三十四条 本法所称上市公司，是指其股票在证券交易所上市交易的股份有限公司。

第一百三十五条 上市公司在一年内购买、出售重大资产或者向他人提供担保的金额超过公司资产总额百分之三十的，应当由股东会作出决议，并经出席会议的股东所持表决权的三分之二以上通过。

第一百三十六条 上市公司设独立董事，具体管理办法由国务院证券监督管理机构规定。

上市公司的公司章程除载明本法第九十五条规定的事项外，还应当依照法律、行政法规的规定载明董事会专门委员会的组成、职权以及董事、监事、高级管理人员薪酬考核机制等事项。

第一百三十七条 上市公司在董事会中设置审计委员会的，董事会对下列事项作出决议前应当经审计委员会全体成员过半数通过：

（一）聘用、解聘承办公司审计业务的会计师事务所；

（二）聘任、解聘财务负责人；

（三）披露财务会计报告；

（四）国务院证券监督管理机构规定的其他事项。

第一百三十八条 上市公司设董事会秘书，负责公司股东会和董事会会议的筹备、文件保管以及公司股东资料的管理，办理信息披露事务等事宜。

第一百三十九条 上市公司董事与董事会会议决议事项所涉及的企业或者个人有关联关系的，该董事应当及时向董事会书面报告。有关联关系的董事不得对该项决议行使表决权，也不得代理其他董事行使表决权。该董事会会议由过半数的无关联关系董事出席即可举行，董事会会议所作决议须经无关联关系董事过半数通过。出席董事会会议的无关联关系董事人数不足三人的，应当将该事项提交上市公司股东会审议。

第一百四十条 上市公司应当依法披露股东、实际控制人的信息，相关信息应当真实、准确、完整。

禁止违反法律、行政法规的规定代持上市公司股票。

第一百四十一条 上市公司控股子公司不得取得该上市公司的股份。

上市公司控股子公司因公司合并、质权行使等原因持有上市公司股份的，不得行使所持股份对应的表决权，并应当及时处分相关上市公司股份。

第六章　股份有限公司的股份发行和转让

第一节　股份发行

第一百四十二条 公司的资本划分为股份。公司的全部股份，根据公司章程的规定择一采用面额股或者无面额股。采用面额股的，每一股的金额相等。

公司可以根据公司章程的规定将已发行的面额股全部转换为无面额股或者将无面额股全部转换为面额股。

采用无面额股的，应当将发行股份所得股款的二分之一以上计入注册资本。

第一百四十三条 股份的发行，实行公平、公正的原则，同类别的每一股份应当具有同等权利。

同次发行的同类别股份，每股的发行条件和价格应当相同；认购人所认购的股份，每股应当支付相同价额。

第一百四十四条 公司可以按照公司章程的规定发行下列与普通股权利不同的类别股：

（一）优先或者劣后分配利润或者剩余财产的股份；

（二）每一股的表决权数多于或者少于普通股的股份；

（三）转让须经公司同意等转让受限的股份；

（四）国务院规定的其他类别股。

公开发行股份的公司不得发行前款第二项、第三项规定的类别股；公开发行前已发行的除外。

公司发行本条第一款第二项规定的类别股的，对于监事或者审计委员会成员的选举和更换，类别股与普通股每一股的表决权数相同。

第一百四十五条 发行类别股的公司，应当在公司章程中载明以下事项：

（一）类别股分配利润或者剩余财产的顺序；

（二）类别股的表决权数；

（三）类别股的转让限制；

（四）保护中小股东权益的措施；

（五）股东会认为需要规定的其他事项。

第一百四十六条 发行类别股的公司，有本法第一百一十六条第三款规定的事项等可能影响类别股股东权利的，除应当依照第一百一十六条第三款的规定经股东会决议外，还应当经出席类别股股东会议的股东所持表决权的三分之二以上通过。

公司章程可以对需经类别股股东会议决议的其他事项作出规定。

第一百四十七条 公司的股份采取股票的形式。股票是公司签发的证明股东所持股份的凭证。

公司发行的股票，应当为记名股票。

第一百四十八条 面额股股票的发行价格可以按票面金额，也可以超过票面金额，但不得低于票面金额。

第一百四十九条 股票采用纸面形式或者国务院证券监督管理机构规定的其他形式。

股票采用纸面形式的，应当载明下列主要事项：

（一）公司名称；

（二）公司成立日期或者股票发行的时间；

（三）股票种类、票面金额及代表的股份数，发行无面额股的，股票代表的股份数。

股票采用纸面形式的，还应当载明股票的编号，由法定代表人签名，公司盖章。

发起人股票采用纸面形式的，应当标明发起人股票字样。

第一百五十条　股份有限公司成立后，即向股东正式交付股票。公司成立前不得向股东交付股票。

第一百五十一条　公司发行新股，股东会应当对下列事项作出决议：

（一）新股种类及数额；

（二）新股发行价格；

（三）新股发行的起止日期；

（四）向原有股东发行新股的种类及数额；

（五）发行无面额股的，新股发行所得股款计入注册资本的金额。

公司发行新股，可以根据公司经营情况和财务状况，确定其作价方案。

第一百五十二条　公司章程或者股东会可以授权董事会在三年内决定发行不超过已发行股份百分之五十的股份。但以非货币财产作价出资的应当经股东会决议。

董事会依照前款规定决定发行股份导致公司注册资本、已发行股份数发生变化的，对公司章程该项记载事项的修改不需再由股东会表决。

第一百五十三条　公司章程或者股东会授权董事会决定发行新股的，董事会决议应当经全体董事三分之二以上通过。

第一百五十四条　公司向社会公开募集股份，应当经国务院证券监督管理机构注册，公告招股说明书。

招股说明书应当附有公司章程，并载明下列事项：

（一）发行的股份总数；

（二）面额股的票面金额和发行价格或者无面额股的发行价格；

（三）募集资金的用途；

（四）认股人的权利和义务；

（五）股份种类及其权利和义务；

（六）本次募股的起止日期及逾期未募足时认股人可以撤回所认股份的说明。

公司设立时发行股份的，还应当载明发起人认购的股份数。

第一百五十五条 公司向社会公开募集股份，应当由依法设立的证券公司承销，签订承销协议。

第一百五十六条 公司向社会公开募集股份，应当同银行签订代收股款协议。

代收股款的银行应当按照协议代收和保存股款，向缴纳股款的认股人出具收款单据，并负有向有关部门出具收款证明的义务。

公司发行股份募足股款后，应予公告。

第二节 股份转让

第一百五十七条 股份有限公司的股东持有的股份可以向其他股东转让，也可以向股东以外的人转让；公司章程对股份转让有限制的，其转让按照公司章程的规定进行。

第一百五十八条 股东转让其股份，应当在依法设立的证券交易场所进行或者按照国务院规定的其他方式进行。

第一百五十九条 股票的转让，由股东以背书方式或者法律、行政法规规定的其他方式进行；转让后由公司将受让人的姓名或者名称及住所记载于股东名册。

股东会会议召开前二十日内或者公司决定分配股利的基准日前五日内，不得变更股东名册。法律、行政法规或者国务院证券监督管理机构对上市公司股东名册变更另有规定的，从其规定。

第一百六十条 公司公开发行股份前已发行的股份，自公司股票在证券交易所上市交易之日起一年内不得转让。法律、行政法规或者国务院证券监督管理机构对上市公司的股东、实际控制人转让其所持有的本公司股份另有规定的，从其规定。

公司董事、监事、高级管理人员应当向公司申报所持有的本公司的股份及其变动情况，在就任时确定的任职期间每年转让的股份不得超过其所持有本公司股份总数的百分之二十五；所持本公司股份自公司股票上市交易之日起一年内不得转让。上述人员离职后半年内，不得转让其所持有的本公司股份。公司章程可以对公司董事、监事、高级管理人员转让其所持有的本公司股份作出其他限制性规定。

股份在法律、行政法规规定的限制转让期限内出质的，质权人不得在限制转让期限内行使质权。

第一百六十一条 有下列情形之一的，对股东会该项决议投反对票的股东可以请求公司按照合理的价格收购其股份，公开发行股份的公司除外：

（一）公司连续五年不向股东分配利润，而公司该五年连续盈利，并且符合本法规定的分配利润条件；

（二）公司转让主要财产；

（三）公司章程规定的营业期限届满或者章程规定的其他解散事由出现，股东会通过决议修改章程使公司存续。

自股东会决议作出之日起六十日内，股东与公司不能达成股份收购协议的，股东可以自股东会决议作出之日起九十日内向人民法院提起诉讼。

公司因本条第一款规定的情形收购的本公司股份，应当在六个月内依法转让或者注销。

第一百六十二条 公司不得收购本公司股份。但是，有下列情形之一的除外：

（一）减少公司注册资本；

（二）与持有本公司股份的其他公司合并；

（三）将股份用于员工持股计划或者股权激励；

（四）股东因对股东会作出的公司合并、分立决议持异议，要求公司收购其股份；

（五）将股份用于转换公司发行的可转换为股票的公司债券；

（六）上市公司为维护公司价值及股东权益所必需。

公司因前款第一项、第二项规定的情形收购本公司股份的，应当经股东会决议；公司因前款第三项、第五项、第六项规定的情形收购本公司股份的，可以按照公司章程或者股东会的授权，经三分之二以上董事出席的董事会会议决议。

公司依照本条第一款规定收购本公司股份后，属于第一项情形的，应当自收购之日起十日内注销；属于第二项、第四项情形的，应当在六个月内转让或者注销；属于第三项、第五项、第六项情形的，公司合计持有的本公司股份数不得超过本公司已发行股份总数的百分之十，并应当在三年内转让或者注销。

上市公司收购本公司股份的，应当依照《中华人民共和国证券法》的规定履行信息披露义务。上市公司因本条第一款第三项、第五项、第六项规定的情形收购本公司股份的，应当通过公开的集中交易方式进行。

公司不得接受本公司的股份作为质权的标的。

第一百六十三条　公司不得为他人取得本公司或者其母公司的股份提供赠与、借款、担保以及其他财务资助，公司实施员工持股计划的除外。

为公司利益，经股东会决议，或者董事会按照公司章程或者股东会的授权作出决议，公司可以为他人取得本公司或者其母公司的股份提供财务资助，但财务资助的累计总额不得超过已发行股本总额的百分之十。董事会作出决议应当经全体董事的三分之二以上通过。

违反前两款规定，给公司造成损失的，负有责任的董事、监事、高级管理人员应当承担赔偿责任。

第一百六十四条　股票被盗、遗失或者灭失，股东可以依照《中华人民共和国民事诉讼法》规定的公示催告程序，请求人民法院宣告该股票失效。人民法院宣告该股票失效后，股东可以向公司申请补发股票。

第一百六十五条　上市公司的股票，依照有关法律、行政法规及证券交易所交易规则上市交易。

第一百六十六条　上市公司应当依照法律、行政法规的规定披露相关信息。

第一百六十七条　自然人股东死亡后，其合法继承人可以继承股东资格；但是，股份转让受限的股份有限公司的章程另有规定的除外。

第七章　国家出资公司组织机构的特别规定

第一百六十八条　国家出资公司的组织机构，适用本章规定；本章没有规定的，适用本法其他规定。

本法所称国家出资公司，是指国家出资的国有独资公司、国有资本控股公司，包括国家出资的有限责任公司、股份有限公司。

第一百六十九条　国家出资公司，由国务院或者地方人民政府分别代表国家依法履行出资人职责，享有出资人权益。国务院或者地方人民政府可以授权国有资产监督管理机构或者其他部门、机构代表本级人民政府对国家出资公司履行出资人职责。

代表本级人民政府履行出资人职责的机构、部门，以下统称为履行出资人职责的机构。

第一百七十条　国家出资公司中中国共产党的组织，按照中国共产党章程的规定发挥领导作用，研究讨论公司重大经营管理事项，支持公司的组织机构依法行使职权。

第一百七十一条　国有独资公司章程由履行出资人职责的机构制定。

第一百七十二条　国有独资公司不设股东会，由履行出资人职责的机构行使股东会职权。履行出资人职责的机构可以授权公司董事会行使股东会的部分职权，但公司章程的制定和修改，公司的合并、分立、解散、申请破产，增加或者减少注册资本，分配利润，应当由履行出资人职责的机构决定。

第一百七十三条　国有独资公司的董事会依照本法规定行使职权。

国有独资公司的董事会成员中，应当过半数为外部董事，并应当有公司职工代表。

董事会成员由履行出资人职责的机构委派；但是，董事会成员中的职工代表由公司职工代表大会选举产生。

董事会设董事长一人，可以设副董事长。董事长、副董事长由履行出资人职责的机构从董事会成员中指定。

第一百七十四条 国有独资公司的经理由董事会聘任或者解聘。

经履行出资人职责的机构同意，董事会成员可以兼任经理。

第一百七十五条 国有独资公司的董事、高级管理人员，未经履行出资人职责的机构同意，不得在其他有限责任公司、股份有限公司或者其他经济组织兼职。

第一百七十六条 国有独资公司在董事会中设置由董事组成的审计委员会行使本法规定的监事会职权的，不设监事会或者监事。

第一百七十七条 国家出资公司应当依法建立健全内部监督管理和风险控制制度，加强内部合规管理。

第八章 公司董事、监事、高级管理人员的资格和义务

第一百七十八条 有下列情形之一的，不得担任公司的董事、监事、高级管理人员：

（一）无民事行为能力或者限制民事行为能力；

（二）因贪污、贿赂、侵占财产、挪用财产或者破坏社会主义市场经济秩序，被判处刑罚，或者因犯罪被剥夺政治权利，执行期满未逾五年，被宣告缓刑的，自缓刑考验期满之日起未逾二年；

（三）担任破产清算的公司、企业的董事或者厂长、经理，对该公司、企业的破产负有个人责任的，自该公司、企业破产清算完结之日起未逾三年；

（四）担任因违法被吊销营业执照、责令关闭的公司、企业的法定代表人，并负有个人责任的，自该公司、企业被吊销营业执照、责令关闭之日起未逾三年；

（五）个人因所负数额较大债务到期未清偿被人民法院列为失信被执

行人。

违反前款规定选举、委派董事、监事或者聘任高级管理人员的，该选举、委派或者聘任无效。

董事、监事、高级管理人员在任职期间出现本条第一款所列情形的，公司应当解除其职务。

第一百七十九条 董事、监事、高级管理人员应当遵守法律、行政法规和公司章程。

第一百八十条 董事、监事、高级管理人员对公司负有忠实义务，应当采取措施避免自身利益与公司利益冲突，不得利用职权牟取不正当利益。

董事、监事、高级管理人员对公司负有勤勉义务，执行职务应当为公司的最大利益尽到管理者通常应有的合理注意。

公司的控股股东、实际控制人不担任公司董事但实际执行公司事务的，适用前两款规定。

第一百八十一条 董事、监事、高级管理人员不得有下列行为：

（一）侵占公司财产、挪用公司资金；

（二）将公司资金以其个人名义或者以其他个人名义开立账户存储；

（三）利用职权贿赂或者收受其他非法收入；

（四）接受他人与公司交易的佣金归为己有；

（五）擅自披露公司秘密；

（六）违反对公司忠实义务的其他行为。

第一百八十二条 董事、监事、高级管理人员，直接或者间接与本公司订立合同或者进行交易，应当就与订立合同或者进行交易有关的事项向董事会或者股东会报告，并按照公司章程的规定经董事会或者股东会决议通过。

董事、监事、高级管理人员的近亲属，董事、监事、高级管理人员或者其近亲属直接或者间接控制的企业，以及与董事、监事、高级管理人员有其他关联关系的关联人，与公司订立合同或者进行交易，适用前款规定。

　　第一百八十三条　董事、监事、高级管理人员，不得利用职务便利为自己或者他人谋取属于公司的商业机会。但是，有下列情形之一的除外：

　　（一）向董事会或者股东会报告，并按照公司章程的规定经董事会或者股东会决议通过；

　　（二）根据法律、行政法规或者公司章程的规定，公司不能利用该商业机会。

　　第一百八十四条　董事、监事、高级管理人员未向董事会或者股东会报告，并按照公司章程的规定经董事会或者股东会决议通过，不得自营或者为他人经营与其任职公司同类的业务。

　　第一百八十五条　董事会对本法第一百八十二条至第一百八十四条规定的事项决议时，关联董事不得参与表决，其表决权不计入表决权总数。出席董事会会议的无关联关系董事人数不足三人的，应当将该事项提交股东会审议。

　　第一百八十六条　董事、监事、高级管理人员违反本法第一百八十一条至第一百八十四条规定所得的收入应当归公司所有。

　　第一百八十七条　股东会要求董事、监事、高级管理人员列席会议的，董事、监事、高级管理人员应当列席并接受股东的质询。

　　第一百八十八条　董事、监事、高级管理人员执行职务违反法律、行政法规或者公司章程的规定，给公司造成损失的，应当承担赔偿责任。

　　第一百八十九条　董事、高级管理人员有前条规定的情形的，有限责任公司的股东、股份有限公司连续一百八十日以上单独或者合计持有公司百分之一以上股份的股东，可以书面请求监事会向人民法院提起诉讼；监事有前条规定的情形的，前述股东可以书面请求董事会向人民法院提起诉讼。

　　监事会或者董事会收到前款规定的股东书面请求后拒绝提起诉讼，或者自收到请求之日起三十日内未提起诉讼，或者情况紧急、不立即提起诉讼将会使公司利益受到难以弥补的损害的，前款规定的股东有权为公司利益以自己的名义直接向人民法院提起诉讼。

他人侵犯公司合法权益，给公司造成损失的，本条第一款规定的股东可以依照前两款的规定向人民法院提起诉讼。

公司全资子公司的董事、监事、高级管理人员有前条规定情形，或者他人侵犯公司全资子公司合法权益造成损失的，有限责任公司的股东、股份有限公司连续一百八十日以上单独或者合计持有公司百分之一以上股份的股东，可以依照前三款规定书面请求全资子公司的监事会、董事会向人民法院提起诉讼或者以自己的名义直接向人民法院提起诉讼。

第一百九十条 董事、高级管理人员违反法律、行政法规或者公司章程的规定，损害股东利益的，股东可以向人民法院提起诉讼。

第一百九十一条 董事、高级管理人员执行职务，给他人造成损害的，公司应当承担赔偿责任；董事、高级管理人员存在故意或者重大过失的，也应当承担赔偿责任。

第一百九十二条 公司的控股股东、实际控制人指示董事、高级管理人员从事损害公司或者股东利益的行为的，与该董事、高级管理人员承担连带责任。

第一百九十三条 公司可以在董事任职期间为董事因执行公司职务承担的赔偿责任投保责任保险。

公司为董事投保责任保险或者续保后，董事会应当向股东会报告责任保险的投保金额、承保范围及保险费率等内容。

第九章 公司债券

第一百九十四条 本法所称公司债券，是指公司发行的约定按期还本付息的有价证券。

公司债券可以公开发行，也可以非公开发行。

公司债券的发行和交易应当符合《中华人民共和国证券法》等法律、行政法规的规定。

第一百九十五条 公开发行公司债券，应当经国务院证券监督管理机构注册，公告公司债券募集办法。

公司债券募集办法应当载明下列主要事项：

（一）公司名称；

（二）债券募集资金的用途；

（三）债券总额和债券的票面金额；

（四）债券利率的确定方式；

（五）还本付息的期限和方式；

（六）债券担保情况；

（七）债券的发行价格、发行的起止日期；

（八）公司净资产额；

（九）已发行的尚未到期的公司债券总额；

（十）公司债券的承销机构。

第一百九十六条 公司以纸面形式发行公司债券的，应当在债券上载明公司名称、债券票面金额、利率、偿还期限等事项，并由法定代表人签名，公司盖章。

第一百九十七条 公司债券应当为记名债券。

第一百九十八条 公司发行公司债券应当置备公司债券持有人名册。

发行公司债券的，应当在公司债券持有人名册上载明下列事项：

（一）债券持有人的姓名或者名称及住所；

（二）债券持有人取得债券的日期及债券的编号；

（三）债券总额，债券的票面金额、利率、还本付息的期限和方式；

（四）债券的发行日期。

第一百九十九条 公司债券的登记结算机构应当建立债券登记、存管、付息、兑付等相关制度。

第二百条 公司债券可以转让，转让价格由转让人与受让人约定。

公司债券的转让应当符合法律、行政法规的规定。

第二百零一条 公司债券由债券持有人以背书方式或者法律、行政法规规定的其他方式转让；转让后由公司将受让人的姓名或者名称及住所记载于公司债券持有人名册。

第二百零二条 股份有限公司经股东会决议，或者经公司章程、股东会授权由董事会决议，可以发行可转换为股票的公司债券，并规定具体的转换办法。上市公司发行可转换为股票的公司债券，应当经国务院证券监督管理机构注册。

发行可转换为股票的公司债券，应当在债券上标明可转换公司债券字样，并在公司债券持有人名册上载明可转换公司债券的数额。

第二百零三条 发行可转换为股票的公司债券的，公司应当按照其转换办法向债券持有人换发股票，但债券持有人对转换股票或者不转换股票有选择权。法律、行政法规另有规定的除外。

第二百零四条 公开发行公司债券的，应当为同期债券持有人设立债券持有人会议，并在债券募集办法中对债券持有人会议的召集程序、会议规则和其他重要事项作出规定。债券持有人会议可以对与债券持有人有利害关系的事项作出决议。

除公司债券募集办法另有约定外，债券持有人会议决议对同期全体债券持有人发生效力。

第二百零五条 公开发行公司债券的，发行人应当为债券持有人聘请债券受托管理人，由其为债券持有人办理受领清偿、债权保全、与债券相关的诉讼以及参与债务人破产程序等事项。

第二百零六条 债券受托管理人应当勤勉尽责，公正履行受托管理职责，不得损害债券持有人利益。

受托管理人与债券持有人存在利益冲突可能损害债券持有人利益的，债券持有人会议可以决议变更债券受托管理人。

债券受托管理人违反法律、行政法规或者债券持有人会议决议，损害债券持有人利益的，应当承担赔偿责任。

第十章　公司财务、会计

第二百零七条 公司应当依照法律、行政法规和国务院财政部门的规定建立本公司的财务、会计制度。

第二百零八条 公司应当在每一会计年度终了时编制财务会计报告，并依法经会计师事务所审计。

财务会计报告应当依照法律、行政法规和国务院财政部门的规定制作。

第二百零九条 有限责任公司应当按照公司章程规定的期限将财务会计报告送交各股东。

股份有限公司的财务会计报告应当在召开股东会年会的二十日前置备于本公司，供股东查阅；公开发行股份的股份有限公司应当公告其财务会计报告。

第二百一十条 公司分配当年税后利润时，应当提取利润的百分之十列入公司法定公积金。公司法定公积金累计额为公司注册资本的百分之五十以上的，可以不再提取。

公司的法定公积金不足以弥补以前年度亏损的，在依照前款规定提取法定公积金之前，应当先用当年利润弥补亏损。

公司从税后利润中提取法定公积金后，经股东会决议，还可以从税后利润中提取任意公积金。

公司弥补亏损和提取公积金后所余税后利润，有限责任公司按照股东实缴的出资比例分配利润，全体股东约定不按照出资比例分配利润的除外；股份有限公司按照股东所持有的股份比例分配利润，公司章程另有规定的除外。

公司持有的本公司股份不得分配利润。

第二百一十一条 公司违反本法规定向股东分配利润的，股东应当将违反规定分配的利润退还公司；给公司造成损失的，股东及负有责任的董事、监事、高级管理人员应当承担赔偿责任。

第二百一十二条 股东会作出分配利润的决议的，董事会应当在股东会决议作出之日起六个月内进行分配。

第二百一十三条 公司以超过股票票面金额的发行价格发行股份所得

的溢价款、发行无面额股所得股款未计入注册资本的金额以及国务院财政部门规定列入资本公积金的其他项目，应当列为公司资本公积金。

第二百一十四条 公司的公积金用于弥补公司的亏损、扩大公司生产经营或者转为增加公司注册资本。

公积金弥补公司亏损，应当先使用任意公积金和法定公积金；仍不能弥补的，可以按照规定使用资本公积金。

法定公积金转为增加注册资本时，所留存的该项公积金不得少于转增前公司注册资本的百分之二十五。

第二百一十五条 公司聘用、解聘承办公司审计业务的会计师事务所，按照公司章程的规定，由股东会、董事会或者监事会决定。

公司股东会、董事会或者监事会就解聘会计师事务所进行表决时，应当允许会计师事务所陈述意见。

第二百一十六条 公司应当向聘用的会计师事务所提供真实、完整的会计凭证、会计账簿、财务会计报告及其他会计资料，不得拒绝、隐匿、谎报。

第二百一十七条 公司除法定的会计账簿外，不得另立会计账簿。

对公司资金，不得以任何个人名义开立账户存储。

第十一章 公司合并、分立、增资、减资

第二百一十八条 公司合并可以采取吸收合并或者新设合并。

一个公司吸收其他公司为吸收合并，被吸收的公司解散。两个以上公司合并设立一个新的公司为新设合并，合并各方解散。

第二百一十九条 公司与其持股百分之九十以上的公司合并，被合并的公司不需经股东会决议，但应当通知其他股东，其他股东有权请求公司按照合理的价格收购其股权或者股份。

公司合并支付的价款不超过本公司净资产百分之十的，可以不经股东会决议；但是，公司章程另有规定的除外。

公司依照前两款规定合并不经股东会决议的，应当经董事会决议。

第二百二十条　公司合并，应当由合并各方签订合并协议，并编制资产负债表及财产清单。公司应当自作出合并决议之日起十日内通知债权人，并于三十日内在报纸上或者国家企业信用信息公示系统公告。债权人自接到通知之日起三十日内，未接到通知的自公告之日起四十五日内，可以要求公司清偿债务或者提供相应的担保。

第二百二十一条　公司合并时，合并各方的债权、债务，应当由合并后存续的公司或者新设的公司承继。

第二百二十二条　公司分立，其财产作相应的分割。

公司分立，应当编制资产负债表及财产清单。公司应当自作出分立决议之日起十日内通知债权人，并于三十日内在报纸上或者国家企业信息公示系统公告。

第二百二十三条　公司分立前的债务由分立后的公司承担连带责任。但是，公司在分立前与债权人就债务清偿达成的书面协议另有约定的除外。

第二百二十四条　公司减少注册资本，应当编制资产负债表及财产清单。

公司应当自股东会作出减少注册资本决议之日起十日内通知债权人，并于三十日内在报纸上或者国家企业信用信息公示系统公告。债权人自接到通知之日起三十日内，未接到通知的自公告之日起四十五日内，有权要求公司清偿债务或者提供相应的担保。

公司减少注册资本，应当按照股东出资或者持有股份的比例相应减少出资额或者股份，法律另有规定、有限责任公司全体股东另有约定或者股份有限公司章程另有规定的除外。

第二百二十五条　公司依照本法第二百一十四条第二款的规定弥补亏损后，仍有亏损的，可以减少注册资本弥补亏损。减少注册资本弥补亏损的，公司不得向股东分配，也不得免除股东缴纳出资或者股款的义务。

依照前款规定减少注册资本的，不适用前条第二款的规定，但应当自股东会作出减少注册资本决议之日起三十日内在报纸上或者国家企业信用信息公示系统公告。

公司依照前两款的规定减少注册资本后，在法定公积金和任意公积金累计额达到公司注册资本百分之五十前，不得分配利润。

第二百二十六条　违反本法规定减少注册资本的，股东应当退还其收到的资金，减免股东出资的应当恢复原状；给公司造成损失的，股东及负有责任的董事、监事、高级管理人员应当承担赔偿责任。

第二百二十七条　有限责任公司增加注册资本时，股东在同等条件下有权优先按照实缴的出资比例认缴出资。但是，全体股东约定不按照出资比例优先认缴出资的除外。

股份有限公司为增加注册资本发行新股时，股东不享有优先认购权，公司章程另有规定或者股东会决议决定股东享有优先认购权的除外。

第二百二十八条　有限责任公司增加注册资本时，股东认缴新增资本的出资，依照本法设立有限责任公司缴纳出资的有关规定执行。

股份有限公司为增加注册资本发行新股时，股东认购新股，依照本法设立股份有限公司缴纳股款的有关规定执行。

第十二章　公司解散和清算

第二百二十九条　公司因下列原因解散：

（一）公司章程规定的营业期限届满或者公司章程规定的其他解散事由出现；

（二）股东会决议解散；

（三）因公司合并或者分立需要解散；

（四）依法被吊销营业执照、责令关闭或者被撤销；

（五）人民法院依照本法第二百三十一条的规定予以解散。

公司出现前款规定的解散事由，应当在十日内将解散事由通过国家企业信用信息公示系统予以公示。

第二百三十条　公司有前条第一款第一项、第二项情形，且尚未向股东分配财产的，可以通过修改公司章程或者经股东会决议而存续。

依照前款规定修改公司章程或者经股东会决议，有限责任公司须经持有三分之二以上表决权的股东通过，股份有限公司须经出席股东会会议的股东所持表决权的三分之二以上通过。

第二百三十一条 公司经营管理发生严重困难，继续存续会使股东利益受到重大损失，通过其他途径不能解决的，持有公司百分之十以上表决权的股东，可以请求人民法院解散公司。

第二百三十二条 公司因本法第二百二十九条第一款第一项、第二项、第四项、第五项规定而解散的，应当清算。董事为公司清算义务人，应当在解散事由出现之日起十五日内组成清算组进行清算。

清算组由董事组成，但是公司章程另有规定或者股东会决议另选他人的除外。

清算义务人未及时履行清算义务，给公司或者债权人造成损失的，应当承担赔偿责任。

第二百三十三条 公司依照前条第一款的规定应当清算，逾期不成立清算组进行清算或者成立清算组后不清算的，利害关系人可以申请人民法院指定有关人员组成清算组进行清算。人民法院应当受理该申请，并及时组织清算组进行清算。

公司因本法第二百二十九条第一款第四项的规定而解散的，作出吊销营业执照、责令关闭或者撤销决定的部门或者公司登记机关，可以申请人民法院指定有关人员组成清算组进行清算。

第二百三十四条 清算组在清算期间行使下列职权：

（一）清理公司财产，分别编制资产负债表和财产清单；

（二）通知、公告债权人；

（三）处理与清算有关的公司未了结的业务；

（四）清缴所欠税款以及清算过程中产生的税款；

（五）清理债权、债务；

（六）分配公司清偿债务后的剩余财产；

（七）代表公司参与民事诉讼活动。

第二百三十五条　清算组应当自成立之日起十日内通知债权人，并于六十日内在报纸上或者国家企业信用信息公示系统公告。债权人应当自接到通知之日起三十日内，未接到通知的自公告之日起四十五日内，向清算组申报其债权。

债权人申报债权，应当说明债权的有关事项，并提供证明材料。清算组应当对债权进行登记。

在申报债权期间，清算组不得对债权人进行清偿。

第二百三十六条　清算组在清理公司财产、编制资产负债表和财产清单后，应当制订清算方案，并报股东会或者人民法院确认。

公司财产在分别支付清算费用、职工的工资、社会保险费用和法定补偿金，缴纳所欠税款，清偿公司债务后的剩余财产，有限责任公司按照股东的出资比例分配，股份有限公司按照股东持有的股份比例分配。

清算期间，公司存续，但不得开展与清算无关的经营活动。公司财产在未依照前款规定清偿前，不得分配给股东。

第二百三十七条　清算组在清理公司财产、编制资产负债表和财产清单后，发现公司财产不足清偿债务的，应当依法向人民法院申请破产清算。

人民法院受理破产申请后，清算组应当将清算事务移交给人民法院指定的破产管理人。

第二百三十八条　清算组成员履行清算职责，负有忠实义务和勤勉义务。

清算组成员怠于履行清算职责，给公司造成损失的，应当承担赔偿责任；因故意或者重大过失给债权人造成损失的，应当承担赔偿责任。

第二百三十九条　公司清算结束后，清算组应当制作清算报告，报股东会或者人民法院确认，并报送公司登记机关，申请注销公司登记。

第二百四十条　公司在存续期间未产生债务，或者已清偿全部债务的，经全体股东承诺，可以按照规定通过简易程序注销公司登记。

通过简易程序注销公司登记，应当通过国家企业信用信息公示系统予以公告，公告期限不少于二十日。公告期限届满后，未有异议的，公司可以在二十日内向公司登记机关申请注销公司登记。

公司通过简易程序注销公司登记，股东对本条第一款规定的内容承诺不实的，应当对注销登记前的债务承担连带责任。

第二百四十一条 公司被吊销营业执照、责令关闭或者被撤销，满三年未向公司登记机关申请注销公司登记的，公司登记机关可以通过国家企业信用信息公示系统予以公告，公告期限不少于六十日。公告期限届满后，未有异议的，公司登记机关可以注销公司登记。

依照前款规定注销公司登记的，原公司股东、清算义务人的责任不受影响。

第二百四十二条 公司被依法宣告破产的，依照有关企业破产的法律实施破产清算。

第十三章　外国公司的分支机构

第二百四十三条 本法所称外国公司，是指依照外国法律在中华人民共和国境外设立的公司。

第二百四十四条 外国公司在中华人民共和国境内设立分支机构，应当向中国主管机关提出申请，并提交其公司章程、所属国的公司登记证书等有关文件，经批准后，向公司登记机关依法办理登记，领取营业执照。

外国公司分支机构的审批办法由国务院另行规定。

第二百四十五条 外国公司在中华人民共和国境内设立分支机构，应当在中华人民共和国境内指定负责该分支机构的代表人或者代理人，并向该分支机构拨付与其所从事的经营活动相适应的资金。

对外国公司分支机构的经营资金需要规定最低限额的，由国务院另行规定。

第二百四十六条 外国公司的分支机构应当在其名称中标明该外国公司的国籍及责任形式。

外国公司的分支机构应当在本机构中置备该外国公司章程。

第二百四十七条　外国公司在中华人民共和国境内设立的分支机构不具有中国法人资格。

外国公司对其分支机构在中华人民共和国境内进行经营活动承担民事责任。

第二百四十八条　经批准设立的外国公司分支机构，在中华人民共和国境内从事业务活动，应当遵守中国的法律，不得损害中国的社会公共利益，其合法权益受中国法律保护。

第二百四十九条　外国公司撤销其在中华人民共和国境内的分支机构时，应当依法清偿债务，依照本法有关公司清算程序的规定进行清算。未清偿债务之前，不得将其分支机构的财产转移至中华人民共和国境外。

第十四章　法律责任

第二百五十条　违反本法规定，虚报注册资本、提交虚假材料或者采取其他欺诈手段隐瞒重要事实取得公司登记的，由公司登记机关责令改正，对虚报注册资本的公司，处以虚报注册资本金额百分之五以上百分之十五以下的罚款；对提交虚假材料或者采取其他欺诈手段隐瞒重要事实的公司，处以五万元以上二百万元以下的罚款；情节严重的，吊销营业执照；对直接负责的主管人员和其他直接责任人员处以三万元以上三十万元以下的罚款。

第二百五十一条　公司未依照本法第四十条规定公示有关信息或者不如实公示有关信息的，由公司登记机关责令改正，可以处以一万元以上五万元以下的罚款。情节严重的，处以五万元以上二十万元以下的罚款；对直接负责的主管人员和其他直接责任人员处以一万元以上十万元以下的罚款。

第二百五十二条　公司的发起人、股东虚假出资，未交付或者未按期交付作为出资的货币或者非货币财产的，由公司登记机关责令改正，可以处以五万元以上二十万元以下的罚款；情节严重的，处以虚假出资或者未出资金额百分之五以上百分之十五以下的罚款；对直接负责的主管人员和其他直接责任人员处以一万元以上十万元以下的罚款。

第二百五十三条 公司的发起人、股东在公司成立后，抽逃其出资的，由公司登记机关责令改正，处以所抽逃出资金额百分之五以上百分之十五以下的罚款；对直接负责的主管人员和其他直接责任人员处以三万元以上三十万元以下的罚款。

第二百五十四条 有下列行为之一的，由县级以上人民政府财政部门依照《中华人民共和国会计法》等法律、行政法规的规定处罚：

（一）在法定的会计账簿以外另立会计账簿；

（二）提供存在虚假记载或者隐瞒重要事实的财务会计报告。

第二百五十五条 公司在合并、分立、减少注册资本或者进行清算时，不依照本法规定通知或者公告债权人的，由公司登记机关责令改正，对公司处以一万元以上十万元以下的罚款。

第二百五十六条 公司在进行清算时，隐匿财产，对资产负债表或者财产清单作虚假记载，或者在未清偿债务前分配公司财产的，由公司登记机关责令改正，对公司处以隐匿财产或者未清偿债务前分配公司财产金额百分之五以上百分之十以下的罚款；对直接负责的主管人员和其他直接责任人员处以一万元以上十万元以下的罚款。

第二百五十七条 承担资产评估、验资或者验证的机构提供虚假材料或者提供有重大遗漏的报告的，由有关部门依照《中华人民共和国资产评估法》、《中华人民共和国注册会计师法》等法律、行政法规的规定处罚。

承担资产评估、验资或者验证的机构因其出具的评估结果、验资或者验证证明不实，给公司债权人造成损失的，除能够证明自己没有过错的外，在其评估或者证明不实的金额范围内承担赔偿责任。

第二百五十八条 公司登记机关违反法律、行政法规规定未履行职责或者履行职责不当的，对负有责任的领导人员和直接责任人员依法给予政务处分。

第二百五十九条 未依法登记为有限责任公司或者股份有限公司，而冒用有限责任公司或者股份有限公司名义的，或者未依法登记为有限责任公司或者股份有限公司的分公司，而冒用有限责任公司或者股份有限公司的分公司名义的，由公司登记机关责令改正或者予以取缔，可以并处十万元以下的罚款。

第二百六十条 公司成立后无正当理由超过六个月未开业的，或者开业后自行停业连续六个月以上的，公司登记机关可以吊销营业执照，但公司依法办理歇业的除外。

公司登记事项发生变更时，未依照本法规定办理有关变更登记的，由公司登记机关责令限期登记；逾期不登记的，处以一万元以上十万元以下的罚款。

第二百六十一条 外国公司违反本法规定，擅自在中华人民共和国境内设立分支机构的，由公司登记机关责令改正或者关闭，可以并处五万元以上二十万元以下的罚款。

第二百六十二条 利用公司名义从事危害国家安全、社会公共利益的严重违法行为的，吊销营业执照。

第二百六十三条 公司违反本法规定，应当承担民事赔偿责任和缴纳罚款、罚金的，其财产不足以支付时，先承担民事赔偿责任。

第二百六十四条 违反本法规定，构成犯罪的，依法追究刑事责任。

第十五章 附 则

第二百六十五条 本法下列用语的含义：

（一）高级管理人员，是指公司的经理、副经理、财务负责人，上市公司董事会秘书和公司章程规定的其他人员。

（二）控股股东，是指其出资额占有限责任公司资本总额超过百分之五十或者其持有的股份占股份有限公司股本总额超过百分之五十的股东；出资额或者持有股份的比例虽然低于百分之五十，但依其出资额或者持有的股份所享有的表决权已足以对股东会的决议产生重大影响的股东。

（三）实际控制人，是指通过投资关系、协议或者其他安排，能够实际支配公司行为的人。

（四）关联关系，是指公司控股股东、实际控制人、董事、监事、高级管理人员与其直接或者间接控制的企业之间的关系，以及可能导致公司利益转移的其他关系。但是，国家控股的企业之间不仅因为同受国家控股而具有关联关系。

第二百六十六条　本法自 2024 年 7 月 1 日起施行。

本法施行前已登记设立的公司，出资期限超过本法规定的期限的，除法律、行政法规或者国务院另有规定外，应当逐步调整至本法规定的期限以内；对于出资期限、出资额明显异常的，公司登记机关可以依法要求其及时调整。具体实施办法由国务院规定。

附录二： 上市公司治理准则①

第一章　总　则

第一条　为规范上市公司运作，提升上市公司治理水平，保护投资者合法权益，促进我国资本市场稳定健康发展，根据《中华人民共和国公司法》（以下简称《公司法》）、《中华人民共和国证券法》及相关法律、行政法规等确定的基本原则，借鉴境内外公司治理实践经验，制定本准则。

第二条　本准则适用于依照《公司法》设立且股票在中国境内证券交易所上市交易的股份有限公司。

上市公司应当贯彻本准则所阐述的精神，改善公司治理。上市公司章程及与治理相关的文件，应当符合本准则的要求。鼓励上市公司根据自身特点，探索和丰富公司治理实践，提升公司治理水平。

第三条　上市公司应当贯彻落实创新、协调、绿色、开放、共享的发展理念，弘扬优秀企业家精神，积极履行社会责任，形成良好公司治理实践。

上市公司治理应当健全、有效、透明，强化内部和外部的监督制衡，保障股东的合法权利并确保其得到公平对待，尊重利益相关者的基本权益，切实提升企业整体价值。

第四条　上市公司股东、实际控制人、董事、监事、高级管理人员，应当依照法律、行政法规、部门规章、规范性文件（以下统称法律法规）

---

① 资料来源：中国证券监督管理委员会官网。

和自律规则行使权利、履行义务，维护上市公司利益。董事、监事、高级管理人员应当持续学习，不断提高履职能力，忠实、勤勉、谨慎履职。

第五条 在上市公司中，根据《公司法》的规定，设立中国共产党的组织，开展党的活动。上市公司应当为党组织的活动提供必要条件。

国有控股上市公司根据《公司法》和有关规定，结合企业股权结构、经营管理等实际，把党建工作有关要求写入公司章程。

第六条 中国证监会及其派出机构依法对上市公司治理活动及相关主体的行为进行监督管理，对公司治理存在重大问题的，督促其采取有效措施予以改善。

证券交易所、中国上市公司协会以及其他证券基金期货行业自律组织，依照本准则规定，制定相关自律规则，对上市公司加强自律管理。

中国证监会及其派出机构和有关自律组织，可以对上市公司治理状况进行评估，促进其不断改善公司治理。

第二章　股东与股东大会

第一节　股东权利

第七条 股东依照法律法规和公司章程享有权利并承担义务。

上市公司章程、股东大会决议或者董事会决议等应当依法合规，不得剥夺或者限制股东的法定权利。

第八条 在上市公司治理中，应当依法保障股东权利，注重保护中小股东合法权益。

第九条 上市公司应当建立与股东畅通有效的沟通渠道，保障股东对公司重大事项的知情、参与决策和监督等权利。

第十条 上市公司应当积极回报股东，在公司章程中明确利润分配办法尤其是现金分红政策。上市公司应当披露现金分红政策制定及执行情况，具备条件而不进行现金分红的，应当充分披露原因。

第十一条 股东有权依照法律、行政法规的规定，通过民事诉讼或者其他法律手段维护其合法权利。

第二节　股东大会的规范

第十二条　上市公司应当在公司章程中规定股东大会的召集、召开和表决等程序。

上市公司应当制定股东大会议事规则，并列入公司章程或者作为章程附件。

第十三条　股东大会提案的内容应当符合法律法规和公司章程的有关规定，属于股东大会职权范围，有明确议题和具体决议事项。

第十四条　上市公司应当在公司章程中规定股东大会对董事会的授权原则，授权内容应当明确具体。股东大会不得将法定由股东大会行使的职权授予董事会行使。

第十五条　股东大会会议应当设置会场，以现场会议与网络投票相结合的方式召开。现场会议时间、地点的选择应当便于股东参加。上市公司应当保证股东大会会议合法、有效，为股东参加会议提供便利。股东大会应当给予每个提案合理的讨论时间。

股东可以本人投票或者依法委托他人投票，两者具有同等法律效力。

第十六条　上市公司董事会、独立董事和符合有关条件的股东可以向公司股东征集其在股东大会上的投票权。上市公司及股东大会召集人不得对股东征集投票权设定最低持股比例限制。

投票权征集应当采取无偿的方式进行，并向被征集人充分披露具体投票意向等信息。不得以有偿或者变相有偿的方式征集股东投票权。

第十七条　董事、监事的选举，应当充分反映中小股东意见。股东大会在董事、监事选举中应当积极推行累积投票制。单一股东及其一致行动人拥有权益的股份比例在30％及以上的上市公司，应当采用累积投票制。采用累积投票制的上市公司应当在公司章程中规定实施细则。

第三章　董事与董事会

第一节　董事的选任

第十八条　上市公司应当在公司章程中规定规范、透明的董事提名、选任程序，保障董事选任公开、公平、公正。

第十九条　上市公司应当在股东大会召开前披露董事候选人的详细资料，便于股东对候选人有足够的了解。

董事候选人应当在股东大会通知公告前作出书面承诺，同意接受提名，承诺公开披露的候选人资料真实、准确、完整，并保证当选后切实履行董事职责。

第二十条　上市公司应当和董事签订合同，明确公司和董事之间的权利义务、董事的任期、董事违反法律法规和公司章程的责任以及公司因故提前解除合同的补偿等内容。

第二节　董事的义务

第二十一条　董事应当遵守法律法规及公司章程有关规定，忠实、勤勉、谨慎履职，并履行其作出的承诺。

第二十二条　董事应当保证有足够的时间和精力履行其应尽的职责。

董事应当出席董事会会议，对所议事项发表明确意见。董事本人确实不能出席的，可以书面委托其他董事按其意愿代为投票，委托人应当独立承担法律责任。独立董事不得委托非独立董事代为投票。

第二十三条　董事应当对董事会的决议承担责任。董事会的决议违反法律法规或者公司章程、股东大会决议，致使上市公司遭受严重损失的，参与决议的董事对公司负赔偿责任。但经证明在表决时曾表明异议并记载于会议记录的，该董事可以免除责任。

第二十四条　经股东大会批准，上市公司可以为董事购买责任保险。责任保险范围由合同约定，但董事因违反法律法规和公司章程规定而导致的责任除外。

第三节　董事会的构成和职责

第二十五条　董事会的人数及人员构成应当符合法律法规的要求，专业结构合理。董事会成员应当具备履行职责所必需的知识、技能和素质。鼓励董事会成员的多元化。

第二十六条　董事会对股东大会负责，执行股东大会的决议。

董事会应当依法履行职责，确保上市公司遵守法律法规和公司章程的规定，公平对待所有股东，并关注其他利益相关者的合法权益。

第二十七条　上市公司应当保障董事会依照法律法规和公司章程的规定行使职权，为董事正常履行职责提供必要的条件。

第二十八条　上市公司设董事会秘书，负责公司股东大会和董事会会议的筹备及文件保管、公司股东资料的管理、办理信息披露事务、投资者关系工作等事宜。

董事会秘书作为上市公司高级管理人员，为履行职责有权参加相关会议，查阅有关文件，了解公司的财务和经营等情况。董事会及其他高级管理人员应当支持董事会秘书的工作。任何机构及个人不得干预董事会秘书的正常履职行为。

第四节　董事会议事规则

第二十九条　上市公司应当制定董事会议事规则，报股东大会批准，并列入公司章程或者作为章程附件。

第三十条　董事会应当定期召开会议，并根据需要及时召开临时会议。董事会会议议题应当事先拟定。

第三十一条　董事会会议应当严格依照规定的程序进行。董事会应当按规定的时间事先通知所有董事，并提供足够的资料。两名及以上独立董事认为资料不完整或者论证不充分的，可以联名书面向董事会提出延期召开会议或者延期审议该事项，董事会应当予以采纳，上市公司应当及时披露相关情况。

第三十二条　董事会会议记录应当真实、准确、完整。出席会议的董事、董事会秘书和记录人应当在会议记录上签名。董事会会议记录应当妥善保存。

第三十三条　董事会授权董事长在董事会闭会期间行使董事会部分职权的，上市公司应当在公司章程中明确规定授权的原则和具体内容。上市公司重大事项应当由董事会集体决策，不得将法定由董事会行使的职权授予董事长、总经理等行使。

第五节　独立董事

第三十四条　上市公司应当依照有关规定建立独立董事制度。独立董事不得在上市公司兼任除董事会专门委员会委员外的其他职务。

第三十五条　独立董事的任职条件、选举更换程序等，应当符合有关规定。独立董事不得与其所受聘上市公司及其主要股东存在可能妨碍其进行独立客观判断的关系。

第三十六条　独立董事享有董事的一般职权，同时依照法律法规和公司章程针对相关事项享有特别职权。

独立董事应当独立履行职责，不受上市公司主要股东、实际控制人以及其他与上市公司存在利害关系的组织或者个人影响。上市公司应当保障独立董事依法履职。

第三十七条　独立董事应当依法履行董事义务，充分了解公司经营运作情况和董事会议题内容，维护上市公司和全体股东的利益，尤其关注中小股东的合法权益保护。独立董事应当按年度向股东大会报告工作。

上市公司股东间或者董事间发生冲突、对公司经营管理造成重大影响的，独立董事应当主动履行职责，维护上市公司整体利益。

第六节　董事会专门委员会

第三十八条　上市公司董事会应当设立审计委员会，并可以根据需要设立战略、提名、薪酬与考核等相关专门委员会。专门委员会对董事会负责，依照公司章程和董事会授权履行职责，专门委员会的提案应当提交董事会审议决定。

专门委员会成员全部由董事组成，其中审计委员会、提名委员会、薪酬与考核委员会中独立董事应当占多数并担任召集人，审计委员会的召集人应当为会计专业人士。

第三十九条　审计委员会的主要职责包括：

（一）监督及评估外部审计工作，提议聘请或者更换外部审计机构；

（二）监督及评估内部审计工作，负责内部审计与外部审计的协调；

（三）审核公司的财务信息及其披露；

（四）监督及评估公司的内部控制；

（五）负责法律法规、公司章程和董事会授权的其他事项。

第四十条 战略委员会的主要职责是对公司长期发展战略和重大投资决策进行研究并提出建议。

第四十一条 提名委员会的主要职责包括：

（一）研究董事、高级管理人员的选择标准和程序并提出建议；

（二）遴选合格的董事人选和高级管理人员人选；

（三）对董事人选和高级管理人员人选进行审核并提出建议。

第四十二条 薪酬与考核委员会的主要职责包括：

（一）研究董事与高级管理人员考核的标准，进行考核并提出建议；

（二）研究和审查董事、高级管理人员的薪酬政策与方案。

第四十三条 专门委员会可以聘请中介机构提供专业意见。专门委员会履行职责的有关费用由上市公司承担。

第四章 监事与监事会

第四十四条 监事选任程序、监事会议事规则制定、监事会会议参照本准则对董事、董事会的有关规定执行。职工监事依照法律法规选举产生。

第四十五条 监事会的人员和结构应当确保监事会能够独立有效地履行职责。监事应当具有相应的专业知识或者工作经验，具备有效履职能力。上市公司董事、高级管理人员不得兼任监事。

上市公司可以依照公司章程的规定设立外部监事。

第四十六条 监事有权了解公司经营情况。上市公司应当采取措施保障监事的知情权，为监事正常履行职责提供必要的协助，任何人不得干预、阻挠。监事履行职责所需的有关费用由公司承担。

第四十七条 监事会依法检查公司财务，监督董事、高级管理人员履职的合法合规性，行使公司章程规定的其他职权，维护上市公司及股东的合法权益。监事会可以独立聘请中介机构提供专业意见。

第四十八条　监事会可以要求董事、高级管理人员、内部及外部审计人员等列席监事会会议，回答所关注的问题。

第四十九条　监事会的监督记录以及进行财务检查的结果应当作为对董事、高级管理人员绩效评价的重要依据。

第五十条　监事会发现董事、高级管理人员违反法律法规或者公司章程的，应当履行监督职责，并向董事会通报或者向股东大会报告，也可以直接向中国证监会及其派出机构、证券交易所或者其他部门报告。

第五章　高级管理人员与公司激励约束机制

第一节　高级管理人员

第五十一条　高级管理人员的聘任，应当严格依照有关法律法规和公司章程的规定进行。上市公司控股股东、实际控制人及其关联方不得干预高级管理人员的正常选聘程序，不得越过股东大会、董事会直接任免高级管理人员。

鼓励上市公司采取公开、透明的方式，选聘高级管理人员。

第五十二条　上市公司应当和高级管理人员签订聘任合同，明确双方的权利义务关系。

高级管理人员的聘任和解聘应当履行法定程序，并及时披露。

第五十三条　上市公司应当在公司章程或者公司其他制度中明确高级管理人员的职责。高级管理人员应当遵守法律法规和公司章程，忠实、勤勉、谨慎地履行职责。

第五十四条　高级管理人员违反法律法规和公司章程规定，致使上市公司遭受损失的，公司董事会应当采取措施追究其法律责任。

第二节　绩效与履职评价

第五十五条　上市公司应当建立公正透明的董事、监事和高级管理人员绩效与履职评价标准和程序。

第五十六条　董事和高级管理人员的绩效评价由董事会或者其下设的薪酬与考核委员会负责组织，上市公司可以委托第三方开展绩效评价。

独立董事、监事的履职评价采取自我评价、相互评价等方式进行。

第五十七条　董事会、监事会应当向股东大会报告董事、监事履行职责的情况、绩效评价结果及其薪酬情况，并由上市公司予以披露。

第三节　薪酬与激励

第五十八条　上市公司应当建立薪酬与公司绩效、个人业绩相联系的机制，以吸引人才，保持高级管理人员和核心员工的稳定。

第五十九条　上市公司对高级管理人员的绩效评价应当作为确定高级管理人员薪酬以及其他激励的重要依据。

第六十条　董事、监事报酬事项由股东大会决定。在董事会或者薪酬与考核委员会对董事个人进行评价或者讨论其报酬时，该董事应当回避。

高级管理人员的薪酬分配方案应当经董事会批准，向股东大会说明，并予以充分披露。

第六十一条　上市公司章程或者相关合同中涉及提前解除董事、监事和高级管理人员任职的补偿内容应当符合公平原则，不得损害上市公司合法权益，不得进行利益输送。

第六十二条　上市公司可以依照相关法律法规和公司章程，实施股权激励和员工持股等激励机制。

上市公司的激励机制，应当有利于增强公司创新发展能力，促进上市公司可持续发展，不得损害上市公司及股东的合法权益。

第六章　控股股东及其关联方与上市公司

第一节　控股股东及其关联方行为规范

第六十三条　控股股东、实际控制人对上市公司及其他股东负有诚信义务。控股股东对其所控股的上市公司应当依法行使股东权利，履行股东义务。控股股东、实际控制人不得利用其控制权损害上市公司及其他股东的合法权益，不得利用对上市公司的控制地位谋取非法利益。

第六十四条　控股股东提名上市公司董事、监事候选人的，应当遵循法律法规和公司章程规定的条件和程序。控股股东不得对股东大会人事选举结果和董事会人事聘任决议设置批准程序。

第六十五条　上市公司的重大决策应当由股东大会和董事会依法作出。控股股东、实际控制人及其关联方不得违反法律法规和公司章程干预上市公司的正常决策程序，损害上市公司及其他股东的合法权益。

第六十六条　控股股东、实际控制人及上市公司有关各方作出的承诺应当明确、具体、可执行，不得承诺根据当时情况判断明显不可能实现的事项。承诺方应当在承诺中作出履行承诺声明、明确违反承诺的责任，并切实履行承诺。

第六十七条　上市公司控制权发生变更的，有关各方应当采取有效措施保持上市公司在过渡期间内稳定经营。出现重大问题的，上市公司应当向中国证监会及其派出机构、证券交易所报告。

第二节　上市公司的独立性

第六十八条　控股股东、实际控制人与上市公司应当实行人员、资产、财务分开，机构、业务独立，各自独立核算、独立承担责任和风险。

第六十九条　上市公司人员应当独立于控股股东。上市公司的高级管理人员在控股股东不得担任除董事、监事以外的其他行政职务。控股股东高级管理人员兼任上市公司董事、监事的，应当保证有足够的时间和精力承担上市公司的工作。

第七十条　控股股东投入上市公司的资产应当独立完整、权属清晰。

控股股东、实际控制人及其关联方不得占用、支配上市公司资产。

第七十一条　上市公司应当依照法律法规和公司章程建立健全财务、会计管理制度，坚持独立核算。

控股股东、实际控制人及其关联方应当尊重上市公司财务的独立性，不得干预上市公司的财务、会计活动。

第七十二条　上市公司的董事会、监事会及其他内部机构应当独立运作。控股股东、实际控制人及其内部机构与上市公司及其内部机构之间没有上下级关系。

控股股东、实际控制人及其关联方不得违反法律法规、公司章程和规定程序干涉上市公司的具体运作，不得影响其经营管理的独立性。

第七十三条　上市公司业务应当独立于控股股东、实际控制人。

控股股东、实际控制人及其控制的其他单位不应从事与上市公司相同或者相近的业务。控股股东、实际控制人应当采取有效措施避免同业竞争。

第三节　关联交易

第七十四条　上市公司关联交易应当依照有关规定严格履行决策程序和信息披露义务。

第七十五条　上市公司应当与关联方就关联交易签订书面协议。协议的签订应当遵循平等、自愿、等价、有偿的原则，协议内容应当明确、具体、可执行。

第七十六条　上市公司应当采取有效措施防止关联方以垄断采购或者销售渠道等方式干预公司的经营，损害公司利益。关联交易应当具有商业实质，价格应当公允，原则上不偏离市场独立第三方的价格或者收费标准等交易条件。

第七十七条　上市公司及其关联方不得利用关联交易输送利益或者调节利润，不得以任何方式隐瞒关联关系。

第七章　机构投资者及其他相关机构

第七十八条　鼓励社会保障基金、企业年金、保险资金、公募基金的管理机构和国家金融监督管理机构依法监管的其他投资主体等机构投资者，通过依法行使表决权、质询权、建议权等相关股东权利，合理参与公司治理。

第七十九条　机构投资者依照法律法规和公司章程，通过参与重大事项决策，推荐董事、监事人选，监督董事、监事履职情况等途径，在上市公司治理中发挥积极作用。

第八十条　鼓励机构投资者公开其参与上市公司治理的目标与原则、表决权行使的策略、股东权利行使的情况及效果。

第八十一条　证券公司、律师事务所、会计师事务所等中介机构在为上市公司提供保荐承销、财务顾问、法律、审计等专业服务时，应当积极关注上市公司治理状况，促进形成良好公司治理实践。

上市公司应当审慎选择为其提供服务的中介机构，注重了解中介机构诚实守信、勤勉尽责状况。

第八十二条　中小投资者保护机构应当在上市公司治理中发挥积极作用，通过持股行权等方式多渠道保护中小投资者合法权益。

第八章　利益相关者、环境保护与社会责任

第八十三条　上市公司应当尊重银行及其他债权人、员工、客户、供应商、社区等利益相关者的合法权利，与利益相关者进行有效的交流与合作，共同推动公司持续健康发展。

第八十四条　上市公司应当为维护利益相关者的权益提供必要的条件，当其合法权益受到侵害时，利益相关者应当有机会和途径依法获得救济。

第八十五条　上市公司应当加强员工权益保护，支持职工代表大会、工会组织依法行使职权。董事会、监事会和管理层应当建立与员工多元化的沟通交流渠道，听取员工对公司经营、财务状况以及涉及员工利益的重大事项的意见。

第八十六条　上市公司应当积极践行绿色发展理念，将生态环保要求融入发展战略和公司治理过程，主动参与生态文明建设，在污染防治、资源节约、生态保护等方面发挥示范引领作用。

第八十七条　上市公司在保持公司持续发展、提升经营业绩、保障股

东利益的同时，应当在社区福利、救灾助困、公益事业等方面，积极履行社会责任。

鼓励上市公司结对帮扶贫困县或者贫困村，主动对接、积极支持贫困地区发展产业、培养人才、促进就业。

第九章　信息披露与透明度

第八十八条　上市公司应当建立并执行信息披露事务管理制度。上市公司及其他信息披露义务人应当严格依照法律法规、自律规则和公司章程的规定，真实、准确、完整、及时、公平地披露信息，不得有虚假记载、误导性陈述、重大遗漏或者其他不正当披露。信息披露事项涉及国家秘密、商业机密的，依照相关规定办理。

第八十九条　董事、监事、高级管理人员应当保证上市公司披露信息的真实、准确、完整、及时、公平。

上市公司应当制定规范董事、监事、高级管理人员对外发布信息的行为规范，明确未经董事会许可不得对外发布的情形。

第九十条　持股达到规定比例的股东、实际控制人以及收购人、交易对方等信息披露义务人应当依照相关规定进行信息披露，并配合上市公司的信息披露工作，及时告知上市公司控制权变更、权益变动、与其他单位和个人的关联关系及其变化等重大事项，答复上市公司的问询，保证所提供的信息真实、准确、完整。

第九十一条　鼓励上市公司除依照强制性规定披露信息外，自愿披露可能对股东和其他利益相关者决策产生影响的信息。

自愿性信息披露应当遵守公平原则，保持信息披露的持续性和一致性，不得进行选择性披露，不得利用自愿性信息披露从事市场操纵、内幕交易或者其他违法违规行为，不得违反公序良俗、损害社会公共利益。自愿披露具有一定预测性质信息的，应当明确预测的依据，并提示可能出现的不确定性和风险。

第九十二条　信息披露义务人披露的信息，应当简明清晰、便于理解。上市公司应当保证使用者能够通过经济、便捷的方式获得信息。

第九十三条 董事长对上市公司信息披露事务管理承担首要责任。

董事会秘书负责组织和协调公司信息披露事务，办理上市公司信息对外公布等相关事宜。

第九十四条 上市公司应当建立内部控制及风险管理制度，并设立专职部门或者指定内设部门负责对公司的重要营运行为、下属公司管控、财务信息披露和法律法规遵守执行情况进行检查和监督。

上市公司依照有关规定定期披露内部控制制度建设及实施情况，以及会计师事务所对上市公司内部控制有效性的审计意见。

第九十五条 上市公司应当依照法律法规和有关部门的要求，披露环境信息以及履行扶贫等社会责任相关情况。

第九十六条 上市公司应当依照有关规定披露公司治理相关信息，定期分析公司治理状况，制定改进公司治理的计划和措施并认真落实。

第十章　附　　则

第九十七条 中国证监会及其他部门依法对相关上市公司治理安排有特别规定的，应当遵守其规定。试点红筹企业在境内发行股票或者存托凭证并上市的，除适用境外注册地法律法规的事项外，公司治理参照本准则执行。

第九十八条 本准则自公布之日起施行。2002 年 1 月 7 日发布的《上市公司治理准则》（证监发〔2002〕1 号）同时废止。

图书在版编目（CIP）数据

多个大股东对高管薪酬契约的影响研究 / 宋冰洁著.
北京：中国农业出版社，2024.8. -- ISBN 978-7-109
-32140-3

Ⅰ. F279.246

中国国家版本馆 CIP 数据核字第 20246EP492 号

多个大股东对高管薪酬契约的影响研究
DUOGE DAGUDONG DUI GAOGUAN XINCHOU QIYUE DE YINGXIANG YANJIU

中国农业出版社出版

地址：北京市朝阳区麦子店街 18 号楼

邮编：100125

责任编辑：王秀田　　文字编辑：张楚翘

版式设计：小荷博睿　　责任校对：张雯婷

印刷：北京中兴印刷有限公司

版次：2024 年 8 月第 1 版

印次：2024 年 8 月北京第 1 次印刷

发行：新华书店北京发行所

开本：700mm×1000mm　1/16

印张：16.5

字数：237 千字

定价：88.00 元